本书受以下项目和经费资助：

（1）国家社科基金重大项目“中国社会质量基础数据库建设”
（项目号:16ZDA079）

（2）中国社会科学院“登峰计划重点学科发展社会学建设”

（3）中国社会科学院“社会发展指标综合集成实验室”

（4）中国社会科学院“2021 年中国社会状况综合调查”

（5）中国社会科学院国家治理领域重大创新项目“共同富裕的阶段性衡量标准”
（项目编号：2023YZD002）

智库 中社 年度报告
Annual Report

当代中国社会质量报告

第三辑

THE REPORT OF CONTEMPORARY
SOCIAL QUALITY IN CHINA

主　编　邹宇春　李炜
副主编　任莉颖　崔岩　林红　田志鹏

中国社会科学出版社

图书在版编目（CIP）数据

当代中国社会质量报告．第三辑／邹宇春，李炜主编．—北京：
中国社会科学出版社，2023.4
（中社智库年度报告）
ISBN 978－7－5227－1243－7

Ⅰ．①当…　Ⅱ．①邹…②李…　Ⅲ．①社会发展—调查报告—中国
Ⅳ．①D668

中国国家版本馆 CIP 数据核字（2023）第 017037 号

出 版 人　赵剑英
责任编辑　李凯凯　彭　丽
责任校对　郝阳洋
责任印制　王　超

出　　版　中国社会科学出版社
社　　址　北京鼓楼西大街甲 158 号
邮　　编　100720
网　　址　http://www.csspw.cn
发 行 部　010－84083685
门 市 部　010－84029450
经　　销　新华书店及其他书店

印　　刷　北京君升印刷有限公司
装　　订　廊坊市广阳区广增装订厂
版　　次　2023 年 4 月第 1 版
印　　次　2023 年 4 月第 1 次印刷

开　　本　710×1000　1/16
印　　张　20.25
字　　数　322 千字
定　　价　109.00 元

前　言

本书是中国社会科学院社会学研究所"中国社会质量指标体系研究"项目组撰写的第三部有关中国社会质量状况研究的专题报告，汇集了自2021年《当代中国社会质量报告》第二辑出版以来国内学界在中国社会质量领域的主要研究成果。研究报告依据的数据，来源于中国社会科学院社会学研究所开展的"2021年中国社会状况综合调查"（CSS2021），也是中国社会质量状况的第五期调查。此期CSS调查，正值中国全面建成小康社会、消除绝对贫困之后，经济社会发展进入"十四五"的开局时期；同时也是新冠疫情防控常态化时期。在新冠疫情仍然散发全国的情形下，项目组团队和各地合作机构仍不辞辛苦，不避风险，虽历经周折，多次暂停调查，延长了调查执行周期，但最终还是在2022年的8月中旬圆满收官。因此读者也可从本辑研究报告中感受到，虽然疫情对公众生活造成了一定的困扰，但也同时激发了社会凝聚力和对政府的信心。

本辑报告和前两辑报告的体例大致相同，仍然以现有社会质量理论研究起首，而后聚焦于当前中国社会质量的社会经济保障、社会凝聚、社会包容、社会赋权四大维度的描述分析，最终给出中国社会质量的总体评估。对于各维度下的次级指标，大体都依据受访者的年龄、受教育程度、职业、收入、城乡居住状况、所在区域等个人基本变量进行细致分析，以期刻画当前中国社会质量每个层面的特征。

第一章社会质量理论研究综述，主要介绍社会质量的概念、理论体系及其指标体系，并对近年来的重要研究成果提要述评。特别值得关注的是，近年来国内学者采用社会质量的理论及指标体系开展的研究"井喷式"涌现，以"中国知网"的"社会质量"主题词检索为例，2018年甫过500篇，2021年就几乎翻了一番超过1000篇，2022年竟高达1500

余篇。因此本辑报告的第一章在前两辑的基础上，大幅扩充了国内学者致力于社会质量本土化的学术研究的内容介绍。

其一是社会质量指标本土化构建的研究。如徐延辉等学者设计了具有中国特色的社会质量指标体系，在欧洲社会质量传统的四大核心指标（社会经济保障、社会凝聚、社会融入、社会赋权）之外，增添了社会创新和社区建设的维度；周小毛的研究根据当今中国社会特征，将社会质量理论的核心构件归纳为社会安全、社会保障、社会动员、社会融合、社会活力与社会文化等六个方面；范逢春基于中国典型的“县级政府”的治理形态，建构了县级政府社会治理质量测评指标体系；杨明洪的研究根据中国社会现实对社会质量各维度下级指标的建设性扩充。上述这些社会质量指标的本土化研究的努力，说明中国学者更加明确认识到，一个“好社会”的评判标准存在着不同社会文化之间的差异，也进而引申出“社会质量”概念的指标测量之“跨文化情境效度”议题，值得高度关注和进一步深入探究。

其二是对社会质量指标维度的本土化验证研究。如孙秀林等以上海地区社会质量调查数据，分析了中国情境下社会质量中社会经济保障维度具有较高的信度与效度；任莉颖的研究以 CSS 调查数据开展的研究发现社会质量四大维度的大多数指标都与公众的社会总体评价显著相关，具有较高的准则效度，其中各维度的主观态度类指标对社会总体评价的作用更大；社会凝聚领域指标对于公众社会总体评价变异的解释力贡献最大，而社会赋权指标的贡献最小。这一研究成果一定程度上展现社会质量指标的效度结构特征，进而引发未来在社会质量维度结构效度的相同或相异的跨国比较研究方向。

其三是社会质量的本土应用研究。近年来国内学者开展了大量以社会质量为主题的全国性或区域性的调查研究，体现了社会质量理论和指标体系的丰富应用。如张新文等根据江苏省 2005—2014 年的面板数据，发现社会质量与农村社会满意度高度关联，并依此倡导改善农村社会质量，提升社会满意度，有助于实现农村治理现代化；莫思凡等通过实地调研与访谈，研究了丝绸之路经济带背景下居民对于社会质量内涵和概念的本土化理解和现实体验，解释和分析中国本土的社会发展质量问题；唐魁玉等人的研究从经济高质量发展和社会发展质量双重视角出发，为东北地区"十四五"期间的发展路径建言献策；高海珍根据 CSS2013 数据分析了中国农村民生建设现状，发现社会质量的 4 个维度对于中国农村民生建设的重要性有所差异，据此提出扩大农村社会保障内容与覆盖面，建立健全弱势群体的政策诉求表达机制和渠道是加强农村民生建设的核心措施；王景荣等学者的经验研究探讨了当前乡村可持续发展建设中影响社会质量各维度发挥作用的障碍点，如乡村环境污染影响了社会经济保障机能，"熟人社会"的衰落影响到社会凝聚力，乡村社会排斥现象制约了包容性发展，乡村主体参与的局限性阻碍权能的实现。

除上述研究之外，还有大量围绕社会质量开展的社会群体之间、区域之间、城乡之间的比较研究，基于社会质量理论视角研究社会质量水平与获得感、幸福感、生活满意度等主观心理感受之间关系的专题性成果，以社会质量理论为导向的社会政策研究，限于篇幅，此处难以一一枚举。可以说社会质量这一理论经过十余年国内研究者的译介、理论探讨和创新性运用，已成功地扎根中国土壤，绽放本土之花，结出丰硕成果。

本辑后续的第二章至第七章，分别围绕社会质量的社会经济保障、社会凝聚、社会包容、社会赋权四大维度展开指标的细致分析，其主要发现和观点可参见各章之末的小结，限于篇幅此处仅对较之往辑新增的分析视角或较为新颖的发现做扼要的导读。

第二章社会经济保障报告之家庭经济安全篇，从收入充足性、收入贫困与保障、收入不平等三个层面描述中国城乡居民家庭经济状况。鉴于 2020 年是脱贫攻坚的决胜年，中国农村贫困人口全部脱贫的目标业已实现，相对贫困成为社会经济安全的重点关注，本章新增了"收入贫困与保障"一节，依据城镇居民家庭人均收入中位值的 40% 和农村居民家庭人均收入中位值的 50% 为相对贫困的标准，测算出中国处于相对贫困的家庭比例：全国有近 1/5 的家庭属于相对贫困范畴。这一数据结果提示人们，贫困问题在我国以新形式呈现，在谋求全民共同富裕的中国式现代化道路上，减除贫困依然是长久的任务目标。

第三章社会经济保障报告之居住与社会保障篇，分析了中国城乡居民的房屋财产状况、房屋居住状况及社会保障状况。此章有些比较新颖的发现值得关注：一是第二辑中发现中国正在形成以地/县级城市城区为核心的城市化发展趋势这一现象更为突出，2019—2021 年购置新房的居民家庭中选择购买地/县级市城区和县城住房的比例已超过 6 成；二是农村和乡镇的居民在更高层级地区类型购置新房的“向上流动”趋势更加明显，目前农村居民家庭购买新房一半以上已不在老家，他们更愿意通过购置新房进入县城或市区，分享城市资源；三是公众对社会保障应由政府承担的“刚性期望”已经形成，而对社会保障的现实体验偏低。由“刚性期望”和“现实体验”的差值综合出的社会保障“期望—体验”指数更呈现了不同社会群体之间的差距，社会资源占有的弱势群体大多对政府应供给社会保障的刚性期望较高，而对目前享有的社会保障水平的体验较低。这一分析意味着实现了社会保障面全覆盖的同时，要更加关注公众社会保障红利的“获得感”。

第四章社会经济保障报告之就业与教育篇，从就业和教育两方面评估了当前中国的社会经济保障状况。就业是民生之本，也是经济形势景气与否的标志，我们特别关注新冠疫情对就业产生的可能性影响。其一，新冠疫情并未显著影响劳动参与率。2021 年调查时点有工作者的比例为 66.8%，基本与 2019 年调查的 67.25% 持平，但未就业者中“料理家务、照看家人”的比例大幅上升了，由 2019 年的 34.3% 增加到 42.34%；其二，非农就业的职业收入略有下降但变动不大，2021 年非农就业者月均收入为 5936.12 元，和 2019 年相比降幅不足 3%，其中机构负责人和专业技术人员的收入下降了大约 4—6 个百分点，而办事人员与有关人员的收入却有较大幅度的上升，很可能和疫情防控的一线人员补贴增加有关；其三，有明确劳动关系的就业占比降低了，由 2019 年的 52.19% 降至 2021 年的 38.56%，这既可能是非正规就业、灵活用工的增加，也可能是疫情防控工作的大量临时用人所致；其四，失业预期有所上升，认为自己未来 6 个月可能失业的比例为 26.47%，比 2019 年上升了 2.5 个百分点。其五，公众对当前就业质量的主观评价基本是积极的。对工作的总体满意度、对工作与就业的公平性、对政府就业保障的满意评分、对政府扩大就业提供保障的认可都较 2019 年有一定提升。

第五章社会凝聚报告主要包括社会信任、社会规范与价值观以及国家认同三个子维度的测量。与 2019 年相比，2021 年公众的社会信任、对当前的社会规范的评价（主要指道德水平和遵纪守法水平）和国家认同都有明显提升。其中一个独特的发现是，公众认为新冠疫情以来“愿意相信陌生人的善意”有所增强的比例（31%），要大大高于认为有所减弱的比例（16.1%）；有89.4%的受访者表示，疫情以来对于中国会越来越好的信心程度普遍增高。这说明新冠疫情对人民身体健康和生活生产造成了巨大的伤害，但此期间公众守望相恤，社会各界倾力扶助，使得社会信任水平整体有所提升，对国家未来走向充满信心，增强了社会的整体凝聚力。

第六章社会包容报告主要考察了社会成员对非主流群体的宽容程度和社会公平感。从数据来看我国公众的社会宽容度还有待提高，对不同宗教信仰者、刑满释放者、婚前同居者、同性恋者、乞讨者、艾滋病患者6个群体的平均宽容度不足50%，和2019年相比提升幅度不大；与2019年相比，公众遭遇到的社会不公正现象呈现减少趋势，尤其明显的体现在教育、职业、家庭背景及社会关系方面；同样，与2019年相比公众的社会公平感均有所提升，其中城乡差异方面的公平感提升最为明显，其次是公共医疗、政治权利、司法与执法，这反映了城乡融合、社会保障政策、法治建设的效果。

第七章社会赋权报告主要包括对公众社会参与、政治参与和政治效能感三方面的测量，其中大部分的指标分析结果与2019年相差不大。我国公众社会组织的线下参与水平尚显不足，至少参加一个社会组织的比例仍尚未及半数，且城镇居民的组织参与水平大幅高于乡村居民。但互联网的广泛应用使得近7成的公众以线上圈群形式组构各类社会群体并参与活动，在覆盖率上已无城乡差距；我国公众日常政治参与形式多样，但总体参与比例偏低；政治效能感的测量反映出公众具有中等程度的内在效能感，但外在效能感较低。

两年前在出版此报告的第二辑时，我们曾预判，随着中国经济社会转向“高质量发展阶段”的重大历史时期，中国社会质量的研究将逐步向中国社会现代化研究拓展。未曾预料到时代发展如此迅猛，两年期间，不仅国家提出“高质量发展是全面建设社会主义现代化国家的首要任务”，2022年10月召开的中共二十大更是擘画了“中国式现代化”的雄伟蓝图。在此历史背景下，本课题组的发展社会学研究方向，也将由中国社会质量研究转进到中国式现代化的研究领域，由“他山之石可以攻玉”进入到以中国现代化建设经验为世界文明进步做出贡献的学术努力阶段。

我们该如何看待“中国社会质量”和“中国式现代化”之间的关系？毋庸讳言，“中国社会质量”的概念脱胎于20世纪90年代以来欧盟的“欧洲社会质量”的研究和实践，而后者与21世纪“中国式现代化”都分别展现了欧洲社会和地处东亚的中国两大文明体各自的美好社会愿景，都是人类社会发展进程中的里程碑，也都体现了欧洲和中国对两百多年来世界现代化的反思和对各自发展道路重大面向的选择。这种反思和选择具有相当的共通性。其一，二者都警惕市场或资本力量带来的社会不平等分化，力主避免单一的以市场为导向的发展目标。如在欧洲社会质量理念的倡导者看来，“全球层面的自由市场理论与实践将摧毁具有历史根源的共同体认同”①；中国式现代化的主张者则从马克思主义的视角认识到西方现代化道路“遵循的是以资本为中心的价值逻辑，资本不可遏制地成为资产阶级社会中凌驾、支配和异化一切的社会权力和坚固枷锁，……它形成的是以两极分化为标志的社会结构，极少数人的财富积累和大多数人的贫困积累始终以‘铁的必然性’同时发生作用”②。其二，二者都注重社会的整体性发展。欧洲社会质量理论极其重视“社会性”维度，即作为社会存在的个体的自我实现和集体认同形成之间的相互依赖③，由此将个人发展与社会发展同步起来，并以社会经济保障、社会凝聚、社会包容和社会赋权作为其表征；而中国式现代化则以“实现全体人民共同富裕”为本质特征，以经济、政治、文化、社会、生态文明各领域“五位一体”的总体格局开展现代化建设事业。欧洲和中国的各自表述角度虽有不同，但都秉持着鲜明的“大社会系统”的整体发展观。其三，二者都强调以人为本的发展理念。1997年发布的《欧洲社会质量阿姆斯特丹宣言》开宗明义地指出，社会质量是指“公民在那些能够提升他们的福利状况和个人潜能的条件下，能够参与共同体的社会、经济和文化

① 沃尔夫冈·贝克等：《社会质量：欧洲愿景》，社会科学文献出版社2015年版，第2页。

② 王娟：《脉络·蕴涵·意义：大历史观视域下的中国式现代化》，《学习与实践》2022年第1期。

③ 劳伦·范德蒙森等主编：《社会质量：从理论到指标》，社会科学文献出版社2015年版，第37—40页。

生活的程度”；中国式现代化则倡导“以人民为中心”的发展思想，“不断实现人民对美好生活的向往”。其四，二者都强调社会政策作为实现发展愿景的重要手段。欧洲社会质量概念和理论之旨趣本身就是为了“改变世界”，目前其理论和指标体系已发展成评估欧洲社会政策的标准和引导新型政策设计的框架。这些旨在追求更加公正的社会政策或具有一定的再分配功用，或增加了社会福利新供给的空间，如在欧洲的第三部门领域就有良好的运用①；而中国作为后发现代化国家，以党和政府的强大权威有计划地推动现代化建设更是应有之义。中共二十大报告中以“实现高质量发展，发展全过程人民民主，丰富人民精神世界，实现全体人民共同富裕，促进人与自然和谐共生”的表述，已经为中国式现代化的经济、政治、文化、社会、生态文明的五大建设奠定了政策基调，也将成为“十四五”至“十六五”期间初步实现现代化阶段的政策方向。

由此可见，浮现于20世纪末和21世纪之初的“社会质量”的欧洲愿景和“中国式现代化”的中华民族伟大复兴之梦，共同体现着人类对18世纪中晚期以来200余年世界现代化进程的反思、匡正，以及未来理想的发展道路选择。这一道路应该基于和平、发展、公平、正义、民主、自由的全人类共同价值，正如“布伦特兰德报告”的主旨所示，是“我们共同的未来”（Our Common Future）。

本书的撰稿人以中国社会科学院社会学研究所的研究人员为主。具体各章的撰稿人为：

第一章：社会质量理论研究综述

撰稿人：崔岩（中国社会科学院社会学研究所）、赵常杰（中国社会科学院大学社会与民族学院）、兰雨（中国社会科学院社会学研究所）

第二章：社会经济保障报告（一）：家庭经济安全

撰稿人：任莉颖（中国社会科学院社会学研究所）、侯中扬（中国社会科学院大学社会与民族学院）

第三章：社会经济保障报告（二）：居住与社会保障

撰稿人：李炜（中国社会科学院社会学研究所）、米兰（中国社会科

① 沃尔夫冈·贝克等：《社会质量：欧洲愿景》，社会科学文献出版社2015年版，第188—206页。

学院大学社会与民族学院)、兰雨(中国社会科学院社会学研究所)

第四章:社会经济保障报告(三):就业与教育

撰稿人:李晓菁(天津师范大学政治与行政学院)、田志鹏(中国社会科学院社会学研究所)

第五章:社会凝聚报告

撰稿人:邹宇春(中国社会科学院社会学研究所)、梁茵岚(中国社会科学院大学社会与民族学院)、王卡(中国社会科学院大学社会与民族学院)

第六章:社会包容报告

撰稿人:高海燕(北京工业大学文法学部社会学系)、徐鹤溧(北京师范大学社会学院)

第七章:社会赋权报告

撰稿人:林红(中国社会科学院社会学研究所)、张宾(中国青少年研究中心青年发展研究所)

第八章:社会质量综合评估报告

撰稿人:崔岩(中国社会科学院社会学研究所)、席东杰(中国社会科学院大学社会与民族学院)、张春燕(中国社会科学院大学社会与民族学院)

本书撰写过程中崔岩副研究员为全书提供了写作大纲,田志鹏助理研究员为本书的写作提供了统一的数据版本,邹宇春副研究员、崔岩副研究员负责了全书的通校。另外,社会学研究所开展的历次社会质量调查数据也发布在“中国社会质量基础数据库平台”(https://csqr.cass.cn),面向公众开放。

最后,特别向为中国社会质量研究提供支持的国家社会科学基金、中国社会科学院登峰计划、中国社会科学院社会发展指标综合集成实验室等机构和研究计划资助方表示衷心的感谢!向新冠疫情期间不避风险、努力完成高质量 CSS2021 调查的全国合作机构的师生们表示真诚的感谢!

目　　录

第一章

社会质量理论研究综述

第一节 社会质量概念的起源和基本界定

2021 年中国全面建成了小康社会，标志着第一个百年奋斗目标已经实现。习近平总书记指出，全面建成小康社会不是终点，而是新生活、新奋斗的起点。我国进一步提出，“十四五”时期，在巩固全面建成小康社会成果的基础上，实现共同富裕，向第二个百年奋斗目标进军。随着中国开启全面建设社会主义现代化国家新征程，社会建设水平和社会发展水平逐渐成为决策者和学者的关注重点，如何实事求是地把握中国社会发展的脉搏，如何面对和解决发展进程中的诸多问题，实现高质量发展，需要我们从宏观与微观的结合上对中国社会发展的形势加以分析和判断。然而，不同于经济发展可以通过 GDP 等指标进行简单测量，社会发展如何界定、如何测量成为当前学者研究的重点之一。在此之前，很多学者尝试建立指标对社会发展水平进行测量，例如人类发展指数（HDI）、物质生活质量指数（PQLI）、社会进步指数（ASHA 和 ISP）等，虽然这在一定程度上体现了社会进步的一些层面，但是，却没能够有效地把“社会发展”和“经济发展”进行区分。

社会质量这一概念的提出，其理论核心的基础是在社会结构下个体的能动性空间。换言之，社会质量理论充分体现了社会学意义中“社会”的内涵，完整地表现了“社会”作为“公共领域”与“国家”“市场”的不同边界。社会质量理论中的公共领域，作为由社会人组成的集合，与政府之间不是简单的管理与被管理的关系。因而，在倡导建立现代社会治理模式下，社会质量理论中的公共领域（结构）与个体（能动）互动是社会建设所植根的深层社会基础，为社会发展的测量提供了基础。因此，通过对社会质量理论进行深入研究，并结合本土条件进行重新建构，可以有力地提供衡量社会发展水平的框架和指标。

一 “社会质量”概念的提出和理论发展

（一）欧洲社会质量理论的提出与发展

“社会质量”作为对社会发展的评价标准，其在欧洲国家的影响力远远大于我国，其理论分析架构和测量指标体系也对我国学界有着广泛的影响。我国学者当前对“社会质量”的探讨，主要源于欧洲的社会质量研究。1997 年，欧洲学者在阿姆斯特丹欧盟会议上，提出了“社会质量”（social quility）这一概念，社会质量是指“公民在那些能够提升他们的福利状况和个人潜能的条件下，能够参与共同体的社会、经济和文化生活的程度”①，并通过了《欧洲社会质量阿姆斯特丹宣言》（以下简称《宣言》），《宣言》指出：“我们希望欧洲是一个经济上获得成功的社会，同时也希望通过提升社会公正和社会参与，使欧洲成为具有较高社会质量的社会。”正如《宣言》所指出的，社会质量的宗旨是改善人们的福利状况和促进其个人潜能的发挥，在集体认同中完成个体的自我实现，其根本动机是考虑到所有市民的基本尊严。

欧洲“社会质量”概念的提出有其特殊的历史背景。② 20 世纪 90 年代欧洲的快速发展导致贫困问题、社会福利问题以及难民问题日益凸显，这一点在《宣言》中也有所体现：“考虑到所有市民的基本尊严，我们声明：我们不想在欧洲城市目睹日益增长的乞讨者、流浪汉，我们也不希望面对数量巨大的失业群体、日益增长的贫困人群，以及只能获得有限医疗服务和社会服务的人群。这些以及其他指标都表明欧洲社会为所有市民提供社会质量不足。”与此同时，新自由主义的地位在欧洲有所上升，该理念将社会政策置于从属于经济政策的地位，使得其经济政策和

---

① Beck Wolfgang, L. van der Maesen & A. Walker (eds.), *The Social Quality of Europe*, The Hague: Kluwer Law International, 1997, pp. 267 – 268.

② 张海东、石海波、毕婧千：《社会质量研究及其新进展》，《社会学研究》2012 年第 3 期。

社会政策间的不均衡关系日益强化。新自由主义的经济价值观为：“在欧洲语境下，社会政策通常被民族国家以及地区和地方当局等同于社会管理，通过收入转移以维持社会经济保障，最初是雇员的社会经济保障，后来扩大到全体公民的社会经济保障。”① 在这种经济价值观的主导下，“经济系统中运行的问题被方便地定义为‘社会问题’并被化为‘外在性’问题”②，而社会质量的提出是对社会发展滞后于经济发展现象的纠正，是对单纯追求经济增长的发展、忽视社会整体福祉增长的批评。

《宣言》通过后，欧盟在 1997 年 6 月成立了“欧洲社会质量基金会”（EFSQ）以推动社会质量的研究。1997 年欧洲社会质量基金会出版了社会质量研究的第一本著作《欧洲社会质量》，书中对社会质量的理论、研究领域、政策取向等进行了探索。1999 年《欧洲社会质量期刊》（*The European Journal of Social Quality*）开始出版，而后学界推出了一系列有关社会质量的学术论文。欧洲社会质量基金会在 2001 年提出了“社会质量”的四个条件性因素，即社会经济保障、社会凝聚、社会包容和社会赋权，并出版了社会质量研究的第二本著作《社会质量：欧洲的视角》，书中着重阐述了社会质量的概念、理论和政策相关的问题。2001 年至 2005 年，欧洲社会质量基金会将研究重心转移到社会质量指标体系上，构建了由 95 个指标组成的完整的指标体系进行经验研究。

社会质量这一概念的提出，是为了批判以“私有化”为导向的改革措施，倡导选择“可持续的福利社会”的改革思路。同时，随着欧洲一体化进程的加快，欧共体的成员国迫切需要在设立社会标准方面做出努力，以关注民众的社会福利、社会参与等。正是在这种背景下，提高社会质量这一理念逐渐成为人们的共识，其所代表的是欧洲社会福利政策改革的范式转变，其核心是摒弃以市场为导向的发展目标，重新强调“社会”取向，注重社会发展的整体品质，为建构“社会欧洲”提供了理论基础。③ 2006 年以后，欧洲社会质量基金会则致力于在亚洲和国际社会

---

① 张海东、石海波、毕婧千：《社会质量研究及其新进展》，《社会学研究》2012 年第 3 期。

② 艾伦·沃克、张海东：《社会质量取向：连接亚洲与欧洲的桥梁》，《江海学刊》2010 年第 4 期。

③ 黄新锋：《社会质量理论研究述评》，《厦门特区党校学报》2013 年第 2 期。

上拓展并推广社会质量研究和以此为核心的政策取向。

（二）社会质量理论在亚洲的发展及全球化转向

2006年，社会质量理论开始在亚洲发展起来。日本千叶大学与欧洲社会质量基金会合作召开亚洲社会质量的第一次国际会议——“基于关系基础上的社会正义、平等和民主的人类福利与公共政策：建立可持续福利社会亚洲面临的挑战”。2006年以后，亚洲社会对于社会质量的研究逐渐重视起来。2007年，第二次亚洲社会质量国际会议——“社会质量与可持续福利社会”在中国台湾地区举行，主要围绕可持续福利概念进行讨论；2008年第三次亚洲社会质量国际会议在南京举行，主题为“亚洲和欧洲的社会质量：探寻增进社会凝聚和社会赋权之路”，之后相继在泰国曼谷、韩国首尔、中国香港召开了社会质量会议，并成立了亚洲社会质量研究联合会（ACSQ）。亚洲社会质量研究主要包括两方面内容：一是研讨欧洲社会质量指标在亚洲社会的适用性，通过改造形成亚洲社会质量标准问卷（SQSQ），并将其运用于亚洲社会研究；二是在社会质量理论的视角下探讨亚洲国家和地区的实际问题。比如，在韩国，社会质量主要探讨风险社会的管控问题；在日本，讨论较多的是人口老龄化问题；近年来，在中国主要聚焦于城乡社会质量、青少年发展以及由此带来的社会政策的改变。

社会质量在亚洲的发展，区别于欧洲起源的社会质量理论，亚洲社会质量研究将社会质量理论推进至应用层面，这与近年来社会质量研究在中国的发展相吻合，正如艾伦·沃克、张海东等学者所提出的：“社会质量在起源上是一个纯粹的欧洲概念，并且没有想到拓展其应用性的可能。事实上这种想法主要源于亚洲学者的推动，最早是小川哲夫教授的提议，他看到了在亚洲应用这个概念的潜力。当然，社会质量概念的架构被设计为一个整体的取向，但是在观念中只是为了在欧洲的应用，而且在实践中已经在包括欧洲委员会在内的欧盟各种不同的层面得到了运用。”①

与此同时，欧洲的社会质量理论进一步发展，社会质量概念在欧洲

---

① 艾伦·沃克、张海东：《社会质量取向：连接亚洲与欧洲的桥梁》，《江海学刊》2010年第4期。

的各个层面中得到了运用。1992 年，欧盟委员会考虑到欧洲各国之间具有较强的异质性，希望通过制定一些政策从而减少成员国之间的差异。1997 年，欧盟委员会指出，不能仅仅依靠经济促进政策来解决各国出现的问题，以经济政策为中心不能解决欧盟的结构性问题，只有重新审视社会政策，才能更有效地保证欧盟各国的政治、经济、社会稳定。同时随着欧盟国家的整合，各种社会问题层出不穷，学界和政策制定者逐渐认识到，新自由主义思潮主导下经济优先的理念已经不再能适应经济社会发展，社会发展应与经济发展同步，而不应当是一味强调经济发展的优先地位。近年来，随着全球新冠肺炎疫情形势影响，国际社会风云变幻，欧洲社会质量理论聚焦于国际社会的具体问题进行深入的研究，提出加强人类安全（human security）、人类修复力（human resilience），[①] 提升社会可持续发展的研究主题。

社会质量理论的不断发展，促进了社会质量理论的全球化转向。EFSQ 与荷兰国际社会科学研究所（International Institute of Social Studies）合作，研究人类安全以及可持续发展等问题，并提出了发展绿色经济的主张；创立的《国际社会质量期刊》取代了原有的《欧洲社会质量期刊》。至此，社会质量理论的研究视角逐步从欧洲转向亚洲以及全球。2011 年以后，社会质量理论更具全球视野，重点研究全面可持续发展、城市可持续发展和社会复杂性的变化等议题。其后 EFSQ 更名为国际社会质量协会（IASQ），并出版了第三本专著《社会质量：从理论到指标》，将理论应用于最紧张的政策挑战，包括可持续发展、英国脱欧的社会影响、欧盟的未来、全球视野下的反贫困战略、发展的不平等问题等。[②]

综上所述，就社会质量这一概念的产生而言，正如黄新锋在对艾伦·沃克的理论评述中谈道："社会质量理论形成的推动力可以概括为本体论的、方法论的、社会学的和政治/伦理的四个方面……推动社会质量诞生的一个强大的动力在于，我们已经意识到'社会'从社会科学中的

---

① *ISS Working Paper on* 2030 *SDG Agenda*，https：//socialquality. org.

② 参见徐延辉、龚紫钰《社会质量：欧洲议题与中国走向》，《南京社会科学》2018 年第 7 期。

消失……社会质量的提出正是对个体在社会中的主体地位重申；其次，社会质量作为一种概念工具，是为了建立一套宽泛的、具有整体性的框架来解释正在进行的全球性的大规模转型，以弥补现存框架的不足；再次，社会质量是为了改变‘经济政策’和‘社会政策’之间功能失调的不均衡关系；最后，社会质量是为了改变社会性和社会政策遭到新自由主义的排斥以及欧洲的最贫困者和最弱势者受到威胁的局面……因此可见，社会质量在某种程度上是一个纯粹的欧洲概念，它形成于欧洲社会的语境当中。”①

二 社会质量概念的界定和指标体系的建立

社会质量理论通过对经济和社会指标的测量，以个体在社会中的各个方面的保障水平、融入程度、发展机遇和能动能力等方面为视角，对整体的社会发展水平进行衡量，从而考量社会发展的质量。Beck 等学者将社会质量界定为“个体在参与社会、经济生活中基于来自社会社区等各种限定性条件下为提高个体生活和潜能所具有的能动空间”②。从 Beck 等学者的定义可以看出，社会质量概念的提出具有很强的政策导向，这一理论也对欧洲社会政策的制定产生了一定的影响，正如 Beck 等所述，社会质量理论提出的目的就是力图重新建立社会政策与经济政策的平衡。社会质量理论并不否认经济增长与社会发展之间的关联，但却反对经济增长必将提升民众生活质量和社会总体质量的单一路径模式。在这一背景下，欧盟发布了《欧洲社会质量阿姆斯特丹宣言》，指出欧盟各国必须要致力于提高各国的就业水平，减少贫困，提升公众所能享有的医疗和社会资源。在《宣言》的指导下，提升社会质量成为欧盟政策制定的重中之重。同时，《宣言》中明确指出了社会质量由四个指标构成，即社会保障、社会凝聚、社会包容、社会赋权。

改革开放以来，我国的经济水平实现了跨越式发展，经济社会结构也出现了较为显著的变化，总体而言，我国的社会结构出现了迅速

---

① 黄新锋：《社会质量理论研究述评》，《厦门特区党校学报》2013 年第 2 期。

② Beck Wolfgang, L. van der Maesen & A. Walker (eds.), *The Social Quality of Europe*, The Hague: Kluwer Law International, 1997, pp. 267 - 268.

阶层化的倾向，社会利益分配格局既受到市场因素的影响，同时也受到非市场因素的影响。在这一社会背景下，诸多学者对中国的社会发展研究从之前单一地注重经济增长速度，开始转变为聚焦于社会发展质量，对“社会质量”这一概念的内涵，如何测量社会质量，以及如何提高社会发展质量等方面进行了深入的探讨和分析。社会质量问题的提出，标志着社会发展的研究在我国进入了一个全新的发展阶段：从理论层面而言，社会质量问题的提出意味着学者们已经开始关注社会发展过程中的深层次问题；从经验层面而言，发展社会学的研究模式也从对单一的经济社会增长的量的经验性总结提升到对社会作为有机体，在增长过程中的质的变化的讨论，从而揭开了发展社会学研究的崭新一页。

综上所述，社会质量概念的提出，提供了如何全面衡量现代社会发展的路径。自从库兹涅茨 1934 年发明 GDP 理论以来，GDP 便成为衡量社会进步的重要测量标准，但是其在测量社会进步方面存在明显的局限性，既不能反映非经济性活动，也不能全面衡量社会发展水平状况。同时任何统计指标都有其确切对象和适用范围，一旦被过度使用或倚重都会产生非期然性后果，GDP 作为一项测量经济状况的指标同样如此。此后，诺贝尔经济学奖获得者阿玛蒂亚·森提出了人类发展指数（HDI），并被联合国开发计划署（UNDP）采纳作为国际比较的一个指标。人类发展指数（HDI）体系包括预期寿命、教育水准和生活质量三项指标，其中教育水准按照成人识字能力和综合入学注册率两项指标进行加权测量；生活质量用实际人均国内生产总值测定。人类发展指数（HDI）主要测量国家经济社会发展的现状，对于经济社会未来发展情况的测量不足，并不能完全体现可持续发展的内涵。鉴于这一理论和实践上的空白，20 世纪 90 年代后期欧盟学者提出了社会质量理论，众多欧洲国家按照社会质量指标体系衡量各自国家的社会质量，并据此对有关的社会政策进行调整。目前，这一理论范式已受到全球许多国家和地区的高度重视并逐步采纳。社会质量理论框架依据两个范畴生成，一个维度是个人发展与社会发展的关系；另一个维度是组织之间的关系。这两组关系在结构性相互依赖的原则下交互形成具有四个象限的关系图谱，每一个象限代表社会质量的一个条件性要素，分别是社会保障、社会凝聚、社会包容和社会赋权，以下将进行详细阐述。

第二节 社会质量的理论体系

一 社会质量理论对个体社会属性的重视

社会质量概念的提出具有很强的政策导向，社会质量的产生和社会政策的制定与评估是密不可分的，因此，社会质量理论体系的构建全面涵盖了经济社会发展中“个体与社会”之间产生交集的各个重要领域。Beck Wolfgang 等提出，“社会质量指的是‘公民在那些能够提升他们的福利状况和个人潜能的条件下，参与其共同体的社会与经济生活的程度’”①，这说明了衡量社会质量的重要标准即为社会促进个体发展和推动社会参与的程度。Phillips 也曾论述，社会质量理论体系力图通过全面、系统的理论建构，切实反映社会—个体互动的质量和水平。② 不同于传统的社会发展指标，比如物质生活质量指数（the physical quality of life index）、人类发展指标（human development index）等，社会质量更为注重体现个体与社会的互动过程。换言之，社会质量理论体系始终突出个体的社会属性的发展空间，重点体现了个体的社会性层面的意义。因此，社会属性这一问题在社会质量理论体系中的各个方面得以充分显现。其中，与“个体身份”相对应的“社会身份”，作为社会属性的操作变量，在社会质量理论中成为重要的维度之一。社会质量研究更为重视个体的国家、社区、社团身份，以及这些身份在个人实现和个体发展中的作用。具体而言，个体在社会发展中，作为经济个体，能否得到基本社会经济保障，作为社会个体，能否与社会实现有机凝聚，作为团体个体，能否得到社会接纳包容，作为政治个体，能否有效参与社会政治活动，都成为社会质量体系研究的核心。

同时，在社会质量理论中，social quality 经常与 wellbeing 作为同

---

① Bec Wolfgang, L. van der Maesen & A. Walker (eds.), *The Social Quality of Europe*, The Hague: Kluwer Law International, 1997: 267 - 268.

② Berman Y. & Phillips D., "Indicators of Social Quality and Social Exclusion at National and Community Level", *Social Indicators Research*, Vol. 50, No. 3 (2000), pp. 329 - 350.

义语。[1] Ward 等学者指出，就定义来说，wellbeing 并不能被简单地理解为狭义的个体的身体上的健康，个体的 wellbeing 与较高的社会质量应当是同义词，指的都是在社区、社会的促进下，个体的生活幸福感和意义感。

二　社会质量理论架构：建构性因素、条件性因素和规范性因素

社会质量理论基于“个体与社会”这一组概念的关系，首先，可以从建构性因素（constitutional factor）来讨论，也就是从个体与社会这一组关系的构成本质来理解。个体与社会之间关系的内在构成因素可以从四个方面讨论：(1) 个体（人类）安全，即社会是否能够给个体安全保障；(2) 社会认知，即个体如何认识作为一个整体的社会，而同时，社会又如何塑造个体的认知；(3) 社会反应，即个体的各种社会属性会引发何种来自社会结构的反应，其可能是正反馈，即予以赞许、肯定，也可能是负反馈，即给予排斥、否定；(4) 个体（人类）能力，即社会赋予个体何种能力，以及个体有何种能力改变社会结构。

其次，社会质量理论包含了四个条件性因素，分别为：(1) 社会经济保障，指个体必须有获得社会支持的机会；(2) 社会凝聚，是指社会必须拥有共同认可的价值观和规范；(3) 社会包容，指社会结构与社会制度必须具有包容性；(4) 社会赋权，指个体必须有能力参与到社会互动的关系中。以上四个条件性因素，都是社会质量的衡量标准，社会应对个体提供基本的经济保障支持、提供共同认可的价值观念、构建对个体充分的包容社会结构与制度、赋予个体充分参与社会互动的权利。

同时，社会质量理论讨论个体与社会这一组关系的内涵是为了实现社会发展所追求的规范性因素（normative factor），也就是社会发展所应当实现的价值理念，分别为：(1) 社会正义（平等）；(2) 团结；(3) 平等价值观；(4) 人的尊严。而建构性因素所对应和体现的就应当是规范性因素。第一，个体安全对应的是社会正义：不论何种社会形态，高质

---

① Ward, “Petal Operationalzing the Theory of Social Quality: Theoretical and Experiential Reflections from the Develo pment and Implementation of a Pubic Health Programme in the UK”, *The European Journal of Social Quality*, 2006, Vol 6 (2): 9–18.

量的社会中，任何个体都应当享有同等水平的基本安全保障，不能因为等级、种族、阶层、性别、出身等而有所不同。因此，普惠性的个体安全对应的社会价值观（即规范性因素）应当是社会正义（平等）。第二，社会认知所对应的价值观是社会团结：作为有内在凝聚力的社会，其必然是在社会成员中具有普遍性的共识，具有相一致或者近似的价值观。因此，高质量的社会中，社会成员的一致性认知所追求的规范性因素是社会团结。社会反应意指个体的某种社会属性是否会引发社会结构产生相应的反馈，而在一个高质量的社会中，社会结构和社会成员应当具有一定的宽容度，而具有某些社会属性的群体不应当引发社会过多的负反馈，其所追求的规范性因素是社会普遍的平等价值观。第三，就个体来说，个体对结构能力的体现是个体在多大程度上可以对结构进行改善，也就是个体的自由度。这在规范性因素上的体现就是人的尊严。一个高质量的社会不应当是压抑个体的社会，社会结构应当是具有一定可塑性的。只有这样，个体在社会中才能有更多的改造与发展空间，成为社会的主动塑造者，而不是社会中被动的顺从者。上述规范性因素分别与社会质量理论的建构性因素一一对应，从内在价值理念的层面提出了高质量社会所应当具有的内在特征（见表 1－1）。

表 1－1　社会质量理论建构性因素、条件性因素和规范性因素

建构性因素	条件性因素	规范性因素
个体（人类）安全（Individual Security）	社会经济保障→	社会正义（平等）（Social Justice）
社会认知（Social Recognition）	社会凝聚→	团结（Solidarity）
社会反应（Social Responsiveness）	社会包容→	平等价值观（Equal Value）
个体（人类）能力（Individual Capacity）	社会赋权→	人的尊严（Human Dignity）

第三节　社会质量指标体系

一　社会质量指标体系组成部分

社会质量这一概念作为评价社会发展质量的标准，不仅是一个理论体系，还具有一整套指标体系来对经济社会发展中的各个方面进行评价。

社会质量指标已经在诸多研究中用来对欧盟国家的社会发展状况进行评价，例如，2001 年的《欧盟社会状况报告》（*The Social Situation of the European Union*，2001）就全面使用了社会质量的指标体系对 14 个欧盟成员国的社会发展水平进行了全面的描述和报告。

社会质量包含建构性因素、条件性因素和规范性因素，形成了完整的指标体系，对建构性因素和规范性因素进一步进行操作化，使其成为可以具体测量的指标，形成指标体系，成为对社会发展水平评价有实际意义的测量体系。因此，社会质量理论的四个条件性因素（conditional factor）——社会经济保障、社会凝聚、社会包容、社会赋权——为社会质量指标体系的四大维度。

社会经济保障在社会质量指标体系中对应的规范性因素是社会正义（平等），其所内含的建构性因素是个体安全。Maesen 等人指出，高质量的社会应当为公民提供生活安全的最基本保障，也是社会正义的指向。[①] 社会经济保障指标正是测量这一维度的指标，公民在社会中，应当通过其已有的社会关系，取得物质以及非物质的资源，而社会福利的提供，能够在最低限度内为公民提供抵御贫困、无业、疾病或者其他物质上的贫困状态。在具体指标的选择上，现有的社会质量体系选取了财政资源、住房与环境、健康医疗、工作教育作为社会经济保障的主要指标。

社会凝聚指标更多地关注个体在社会中是以有机融和的方式融入社会，还是以“原子化”的形态在社会中存在。因此，社会凝聚在规范性因素层面对应的价值观是指以团结为基础的群体身份认同，其核心是社会是否存在基于共识的价值和规范基础上的有机的个体—社会关系的本质。在建构性因素中，社会凝聚对应的是社会认知，也就是考量在公众认知层面，社会关系在何种程度上能保有整体性和维系基本价值规范。因此，在社会凝聚指标的选择上，其指向的是基于社会关系形成的共同身份、价值和规范，以及如何通过社会网络的形成，促进社会团结和社会整合，从而在最大限度上促进公民从个体化的存在形式转换为社会化的社会人身份。正如有学者指出的，为了减少社会分化、对少数民族的

① Maesen L. J. G. & Walker A.，“Indicators of Social Quality: Outcomes of the European Scientific Network”，*European J ournal of Social Quality*，Vol. 5，No. 12（200 5），pp. 8 – 24.

排斥、公共服务的不均享等有，必须提升社会整合（social integration）力度，促进社会凝聚，因此，在指标选择上，社会凝聚选择的指标主要为：社会信任、社会整合规范和价值观、社会网络和身份认同。

社会包容指标希望反映出社会平等价值观这一规范性因素，其意指在社会结构的支持下，社会上存在的对特定社会标签的群体的整体性排斥可以被降低或者消除，个体不会因为特定的社会属性与身份受到歧视性的待遇。从另一层面来说，社会包容对应的建构性指标是社会反应，也可以理解为社会反馈，即社会整体对个体的特定社会身份属性的反馈，因此，在指标选择上，公民权利、劳动力市场进入、公共和私人服务的可选择性、社会网络等成为测量社会包容的主要指标。

社会赋权的价值指向是人的尊严，换言之，在社会中，个体应当有能力在社会生活、经济生活的参与中最大限度地发挥个体的能力和潜能。对这方面的考量主要集中在社会网络和社会机构在多大程度上给个体以自由度和空间，这一指向直接对应了建构性因素中个体能力这一方面。同时，Menachem 和 Yitzhak 提出，社会赋权有着主动赋权和被动赋权双重内涵。[①] 首先，主动赋权指的是个人通过个体自身的能动性，主动自我赋权，从而实现在个体—社会的互动中提高个体的掌控力，最大限度地实现个体的尊严；而被动赋权则指社会是否能够通过制度设计、规则设定，对个体的能动空间予以提升。在指标设定上，社会赋权主要选择知识能动、劳动力市场赋权、社会机构的开放型、社会网络的支持、公共领域开放、个体社会关系构建等层次（Hermann，2005）。[②]

综上所述，社会经济保障、社会凝聚、社会包容、社会赋权，构成了社会质量的四个维度。正如 Phillips（2000）所述，[③] 社会质量的四个维度突出了个体与社会这一组概念的关系，分别为：个体能够从社会取

---

① Menachem M. & Yitzhak B.，"Empowerment，The Core of Social Quality Social Indicators Research"，Vol. 86，No. 3，2008，pp. 525 – 538.

② Herrmann. P，"Empowerment，The Core of Social Quality，The European Journal of Social Quality"，Vol. 5，No. 1/2，*Indicators of Social Quality*：*Applications*，*in Fourteen European Countries*，2006，pp. 289 – 299.

③ Phillips，D. "Indicators of Social Quality and Social Exclusion at National and Community Level"，*Social Indicators Research*，Vol. 50，2000，pp. 329 – 350.

得哪些资源；社会建构了哪些规范、价值体系、关系等，这些建构又如何影响了个体的属性；以群体身份为标签形成的社会群体具有哪些接纳/排斥的属性，进而如何影响着个体身份的归属和个体的社会资源的可取得性；社会如何给予个体能动的边界，个体又有何种权能对社会建构予以改造。因此，社会质量理论体系基本上就是围绕着个体与社会关系来进行建构的。

在社会质量指标体系的本土化研究上，我国学者着重突出社会公平与社会公正。张海东、丛玉飞认为从本体论基础来说，社会质量思想本质上是一种以人为核心的发展观。① 四个条件性因素中，社会经济保障领域，社会质量强调普惠共享，这是社会公正实现的首要的基本前提；社会凝聚领域，社会质量突出了团结共存，这是社会公正的内在诉求；社会包容领域，社会质量倡导平等融合，表达了社会公正的现实关怀；社会赋权领域，社会质量强调增能赋权，这是社会公正根本的价值取向。社会质量的视角中，社会公正的实现是以制度世界的保障为基础的，最终体现为人们在生活世界中实现个人的发展与集体认同的统一。崔岩、黄永亮认为，在社会质量指标中，社会经济保障的指标设计突出的是对个体安全和保障的关注；社会凝聚指标设计突出的是社会价值观整合对社会团结的意义；社会包容的指标设计突出的是对群体间融合、减少社会矛盾与冲突的关注；社会赋权的指标设计突出的是社会成员参与社会治理和国家治理的能动性。②

二　社会质量指标次级体系

具体来说，社会质量的条件性因素实际上也就可以理解为其作为指标体系的操作层面，通过对社会经济保障、社会凝聚、社会包容、社会赋权四个维度的测量，可以对社会质量的高低进行评价性研究。对每个维度，现有的西方社会质量研究都提出了分项指标（二级指标），合计共95个指标，其具体结构如下。

---

① 张海东、丛玉飞：《社会质量与社会公正——社会发展研究的重要议题》，《吉林大学社会科学学报》2011年第4期。

② 崔岩、黄永亮：《中国社会质量指标指数分析》，《国家行政学院学报》2018年第4期。

（一）社会经济保障因素

测量指标包括金融资源、住房与环境、健康与照顾、就业和教育 5 个方面。金融资源领域包括收入充足性和收入保障 2 个子领域共 3 个指标，住房与环境领域包括住房保障、住房条件、环境条件 3 个子领域共 6 个指标，健康与照顾领域包括健康供给保障、健康服务和照顾服务 3 个子领域共 5 个指标，就业领域包括就业保障和工作环境 2 个子领域共 7 个指标，教育领域包括教育保障和教育质量 2 个子领域共 3 个指标。

（二）社会凝聚因素

测量指标包括信任、整合的规范与价值观、社会网络、认同 4 个方面。信任领域包括一般信任和特殊信任 2 个子领域共 4 个指标，整合的规范与价值观领域包括利他主义、宽容、社会契约 3 个子领域共 9 个指标，社会网络领域包括网络 1 个子领域共 3 个指标，认同领域包括国家/欧洲的认同、区域/社区/地方认同、人际关系认同 3 个子领域共 4 个指标。

（三）社会包容因素

测量指标包括公民权、劳动力市场、服务和社会网络 4 个方面。其中公民权领域包括宪法/政治权利、社会权利、公民权利、经济政治的网络 4 个子领域共 8 个指标，劳动力市场领域包括获得有偿就业 1 个子领域共 2 个指标，服务领域包括健康服务、住房、教育、社会照顾、金融服务、交通、公民/文化服务 7 个子领域共 12 个指标，社会网络领域包括邻里参与、友谊、家庭生活 3 个子领域 5 个指标。

（四）社会赋权因素

测量指标包括知识基础、劳动力市场、制度的开放性和支持性、公共空间、人际关系 5 个方面。其中知识基础领域包括知识应用、信息的可获得性、信息的方便性 3 个子领域共 6 个指标，劳动力市场领域包括雇佣合同控制、工作流动前景、工作和家庭生活的协调 3 个子领域共 7 个指标，制度的开放性和支持性领域包括政策系统的开放性和支持性、经济系统的开放性和组织的开放性 3 个子领域共 3 个指标，公共空间领域包括对集体行动的支持和文化丰富性 2 个子领域共 5 个指标，人际关系领域包括支持个人生理的和社会自立的服务、个人服务的支持、社会互动的支持 3 个子领域共 3 个指标。

三　社会质量指标体系之间的关系讨论

社会质量理论体系中的各个指标并不是相互独立的，其相互之间是存在着内在的有机联系的。西方学者对其中的若干指标都进行了较为深入的研究，以下是西方学者对社会经济保障、社会信任、社会凝聚、社会支持、社会包容、社会身份认同、社会参与等概念的讨论进行的简单梳理。

（一）社会经济保障以及与其他指标之间的联系

随着新自由主义的兴起，“国家和政府为其公民提供社会经济保障是理所当然的”这一观点受到质疑，福利社会这一概念随着后工业化的发展应当成为过时的概念。在现有的社会质量理论中，作为对要求废弃福利社会的声音，有学者指出，作为社会整体，为其公民提供基本生活条件的保证，是一个社会应当实现的最基本的体现。

然而，有部分研究社会质量理论的学者指出，社会经济保障的提供者可以不仅仅限定为国家/政府。例如，Van Ginneken 提出，社会福利既可以是由国家、政府提供的，也可以通过其他形式的集体协议形式来提供，这可以包括市民团体、社会组织，或者是市场经济组织。[①] 然而，Beck 等学者提出了一些不同意见，其指出，对社会经济保障的定义应当是由社会宏观结构提供的对公民的最基本生活条件的保障。[②]

（二）社会凝聚以及与其他指标之间的联系

首先，有学者对社会凝聚的概念与测量进行了讨论。有学者指出，社会凝聚是一个社会能否有效地在社会组成部分之间（例如个体、群体、社会组织、区域等）建立紧密的社会联系。[③] 还有一些研究机构对社会凝聚的定义为：在社会中通过建立共享的价值体系、共担的社会挑战、共

---

① Van Ginneken, W., “Social Security for the Informal Sector-a New Challerge for the Developing Countries”, *International Social Security Revies*, 1999, pp. 52 - 71.

② Beck. W, van der Maesen, L. & Walker, A., “Social Quality: From Issue to Concept”, In W. Beck, L. van der Maesen & Walker A (Eds.), *The Social Quality of Europe*, The Hague: Kluwer Law International, 1997, p. 286.

③ McCracken, M., “Social Cohesion and Macroeconomic Performance”, Paper Presented at the Conference, “The State of Living Standards and the Quality of Life”, Centre for the Study of Living Standards (CSLS), October 30 - 31, 1998, Ottawa Orntario/Canada.

筑的机会平等，从而在全体公民中实现相互信任、希望和互惠的社会过程。对于社会凝聚概念的内涵，尽管学者们的视角有所不同，但是在一些核心要素上，还是达成了一致[①]：社会关系的强弱、社会网络和社会组织、社会身份认同、社会价值观认同、社会信任、机会平等性、社会差异、社会分歧和社会排斥等。当然，也有学者将上述各维度归纳为两个方面：社会资本和社会排斥。例如，Dahrendorf 等认为社会凝聚就是最大限度地防止社会排斥的发生,[②] 还有其他学者提出社会凝聚的基础是社会资本,[③] 这里的“社会资本”是指一切能够加强社会联结、社会关系和社会关系的因素。在 Berger-Schmitt 的研究中,[④] 社会凝聚被界定为：（1）最大限度减少社会不平等待遇，提高机会均等性，减少社会差异，防止社会排斥；（2）全面提高个体的社会资本，增强社会关系的纽带，提高社会互动质量。作者进一步指出，减少社会不平等待遇，就是要减少区域差异、消除种族、性别、年龄、社会地位等产生的歧视性待遇，消除社会排斥；提高个体社会资本，就要增加个体社会纽带的广度和质量，提高社会信任，改善社会机构的效率、信用、可靠性等。此外，作者还提出，社会凝聚在一定程度上可以影响经济发展、社会进步水平、教育发展、犯罪率等多个方面。同时，作者还从测量角度阐述了社会凝聚指标应当包含的二级指标，并对部分西方国家的社会凝聚水平进行了比较性研究。Fairweather 等学者[⑤]指出，在以往研究中，社会凝聚这一概

---

① Jenson, J. , “Mapping Social Cohesion: The State of Canadian Research”, Canadian Policy Research Networks, CPRN Study of No FI03 1998.

② Dahrendorf, R. , *Report on Wealth Creation and Social Cohesion in a Free Society*, London Press 1995.

③ McCracken, M. , “Social Cohesion and Macroecoromic Performance”, Paper Presented at the Conference, “The State of Living Standards and the Quality of Life”, Centre for the study of Living Standards (CSLS), October 30 – 31, 1998. Ottawa, Ontario/Canada; Maxwell, J. , “Social Dimensions of Economic Growth”, *Eric John Harson Memorial Lecture Series*, Vol. VIII, 1996, University of Alberta, 2001.

④ Berger-Schmitt, “Regina, Considering Social Cohesion in Quality of life Assessment Concept and Measurement”, *Social Indicators Research*, Vol. 58, No. 1/3, Assessing National Quality of life and Living Condition, 2002, pp. 403 – 428.

⑤ Fairweather, A. , Koncevic, B. Rydbjerg. M. , Valentova, M. , and Zajc M. , “Reconceptua-lisation of Social Quality”, *The European Journal of Social Quality*, Vol. 3, No. 1/2, Citizenship and Welfare Protection, 2001, pp. 118 – 143.

念经常与社会整合（social integration）相等同，然而，这种理解是有偏差的，社会凝聚应当参考 Landecker 的定义。Landecker 认为，社会凝聚应当包含以下几个方面：（1）文化领域，即社会内部是否存在有差异性的文化不同选择；（2）规范领域，即个体与社会之间是否存在共识性的标准和价值；（3）沟通领域，即个体之间、群体之间是否存在一定的机制来保障社会、群体的内聚力；（4）功能领域，即社会各个部分之间是否能形成相互依存的有机关系，从而维系社会整体的运行。①

其次，在社会凝聚中，社会信任是其中的重要指标之一。有学者指出，社会信任在社会质量理论中占据着至关重要的地位，信任应当与公平正义等同样成为社会质量理论的规范性因素之一，如 Ward 等人所述，社会信任问题在社会学和政治学中都受到了广泛的关注，诸多研究表明，社会信任与个体的 wellbeing 和整体社会发展水平有着密不可分的关系。②只有当社会信任达到一定水平时，个体的社会属性才能完整，社会价值才能得以实现，社会发展才能更加平稳，社会进步才能具有持续性和稳定性。然而，也有大量研究表明，随着西方文明的进步，以及现代社会的发展和市场经济的扩张，人际信任（个体的一般信任）和对组织机构的信任（机构信任）都处于一个逐渐降低的过程中。③ 同时，社会信任的降低也带来了各种社会问题。因此，Ward 等人认为，不论是社会赋权，还是社会凝聚与社会包容，其内在的正反馈得以实现的动因都是因为社会信任的存在：如果个体没有较高的社会信任水平，则不可能参与到社会/政治活动中，社会赋权就无从谈起；而较低的社会信任水平导致的必然是社会凝聚的降低和社会包容度的收敛。同时，在一个缺乏社会信任的环境中，各种社会福利政策会因为部分群体对权利的滥用，引发福利

---

① Landecker, W. S., "Types of Integration and their Measurement", *American Journal of Sociology*, Vol. 56, 1951.

② Ward, Paul. Samantha Meyer, "Trust. Social Quality and Wellbeing: A Sociological Exegesis", *Development and Society*, Vol. 38, No. 2, 2009, pp. 339 – 363.

③ Davies, H., "Falling Public Trust in Health Services: Implications for Acountability", *Journal of Health Services Research & Policy*, 1999, 4 (4): pp. 193 – 194; Welsh, T, and M. Pringle, "Social Capital. Trusts Need to Recreate Trust", *British Medical Journal*, 323 (7306): 2001, pp. 177 – 178.

政策的转向，从而降低社会福利政策的覆盖面。[①]

综合上述不同学派的看法，社会凝聚的存在与否有赖于特定个体、群体之间的沟通机制是否存在，这些机制包含：共同规范体系（common norms），使得个体能自愿地遵从社会正式的和非正式的规则；社会信任体系（trust），保证合作性的社会行为的可持续性。

（三）社会包容以及与其他指标之间的联系

社会包容（social inclusion）这一概念在现有研究中还没有形成一个特别明确的学理界定。在一些研究中，研究者多以社会排斥（social exclusion）作为研究视角[②]。

就社会排斥（social exclusion）的定义来说，Trbanc 指出[③]，社会排斥应当被界定为将特定个体或者群体排斥出社会其他成员普遍享有的机会、福利和权利中的情景和过程。同时，社会排斥研究应当立足于研究个体与社会之间的紧张关系，以及个体是因为何种机制被排斥出各种不同的社会空间。因此，在很多的欧盟研究中，社会排斥研究与社会体系的分割化、公民权利的剥夺、社会权利的缺位紧密相连[④]。同时，社会排斥的结果是个体不能享有社会普遍的生活标准，缺乏对提供社会福利的系统和机构的影响力，从而导致社会资源、社会福利、社会机会、社会权利极大的差异化分配格局。

就现有研究现状来看，社会排斥研究主要集中在个体与社会之间的关系问题，例如不充分的社会参与，缺乏社会整合机制等。Silver 指出[⑤]，

---

① Ward, Paul, Samantha Meyer, "Trust. Social Quality and Wellbeing: A Sociological Exegesis", *Development and Society*, Vol. 38, No. 2, 2009, pp. 339 – 363; P Ward, S Meyer, "Trust, Social Quality and Wellbeing: A Sociological Exegesis-Development and Society", *Social Quality in Asia and Europe* (December 2009), Vol. 38, No. 2.

② Yitzhak Bermanl & David Phillips, "Indicators of Social Quality and Social Exclusion at National and Community Level", *Social Indicators Research* (volume 50), 2000, pp. 329 – 350.

③ Trbarc, M., "Social Exclusion: the Concept and Data Indicating Exclusion in Slovenia", *Druzboslovne Razprave*, Vol. 2, 1996, pp. 22 – 23.

④ Berghman, J., "Social Exclusion in Europe: Poling Context and Analytical Framework", Beyond The Threshold: *The Measurement and Analysis of Social Exclusion*, ed G. Room. Bristol: Policy Press, 1995.

⑤ Sliver, H., "Reconceptualizing Social Disadvantage: Three Daradigms of Social Exclusion", *Social Exclusion*: *Rhetoric*, *Reality*, *Responses*, eds by Kodgers, G. et al., Geneva: International institute of Labour Studies, 1995.

社会排斥在很大程度上会影响社会共同价值观的形成，导致社会原子化，影响社会整合，并提出，源于后现代思潮的社会包容概念，重点强调公民权利的平等最重要的是实现对多元社会的尊重和认可，对不同群体的包容，和对有社会污点群体的保护。Saraceno 提出，较高的社会排斥会引发个体脱离现有的社会秩序，从而影响社会的稳定发展。① Abrahamson 提出，社会包容必须要考虑到少数民族是如何从中产阶级社会中被排斥出来的动态过程。② 除了学术研究，社会排斥问题还在政策层面受到了西方国家政策制定者的关注。1992 年，欧盟委员会（The European Commission）发布了欧盟关于消除社会排斥的年度报告。③ 1995 年，欧盟委员会又发布了欧盟社会排斥报告。④ 1996 年，欧盟委员会举办了特别会议，就公共福利政策和社会排斥进行了专题讨论，并就如何更加有效地提高社会包容水平，提高公共服务的覆盖性进行了专题讨论。⑤

但是，社会包容和社会质量的其他条件性因素有所不同：社会经济保障、社会凝聚、社会赋权在很大程度上与社会的宏观结构和政策制定有关，而社会包容则更多地源于社区、群体、个体等微观因素，而不仅仅是机构、组织等宏观因素。⑥ 换言之，社会包容不能从社会权利的层面来理解，而是应当从社会身份认同和社会参与的层面来讨论，同时，还可以建立群体身份认知、共同兴趣、归属感、语言、组织参与、文化活动、休闲、社会交往等指标体系予以测量。

---

① Saraceno, C., "The Importance of the Concept of Social Exclusion", in W. Beck, L. van der Maesen and A. Walker (eds), *The Social Quality of Europe* (Kluwer Law International, The Hague, Netherlands), 1997, pp. 157 - 164.

② Abrahamson, P., "Combating Poverty and Social Exclusion in Europe", W. Beck, L. Van der Maesen and A Walker (eds.), *The Social Quality of Europe* (Kluwer Law International, The Hague, Netherlands), 1997, pp. 127 - 155.

③ Room, G., "Poverty in Europe: Competing Paradigms of Analysis", *Plicy and Politics*, Vol. 23 (2), 1995.

④ Duffy, K., *Social Exlusion and Human Dignity in Europe* (Council of Europe, strasbourg), 1995.

⑤ Beck, W., van der Maesen, L. & Walker, A., "Social Quality: From Issue to Concept", In W. Beck. L, Van der Maesen, & A. Walker (Eds.), *The Social Quality of Europe*, The Hague, Kluwer Law International, 1997.

⑥ Yitzhak Bermanl & David Phillips, "Indicators of Social Quality and Social Exclusion at National and Community Level", *Social Indicators*, Vol. 50, 2000, p. 338.

(四) 社会赋权以及与其他指标之间的联系

社会赋权(empowerment)与社会服从(subordination)通常被社会质量理论研究者认为是一对相对应的概念。这组概念映射的社会层次主要是社会的微观层次,其实质是作为公民的个体是否被赋予了实现他们自身全部潜能的社会条件。例如,Beck 等人就指出,社会赋权应当被界定为社会为个体提供的为实现个体能动性,从而自主性参与日常生活的条件性因素。①

从概念的构成来看,社会赋权可以从以下几个方面来讨论:首先,社会赋权的目的是提升个体的能动能力和与群体的交互能力,从而使个体能更好地掌控自己的生活空间、工作环境、生活质量。其次,社会赋权不是一个静态的概念,强调的是一个过程,体现的是个体与社区组织的互动。同时,社会赋权强调的是一个结果,其指向是个体和群体实现社会群体性参与的结果。

Somerville 从权力依存关系层面对社会赋权概念进行了分类,也就是,社会赋权的资源性因素是来源于社会有权者还是社会无权者。如果社会赋权是来源于社会有权者(即通过政策制定、政策干预等形式),这种社会赋权只能被称为自上而下的赋权,而如果社会赋权是来源于社会无权者,这种社会赋权就可以被称为自下而上的赋权。Somerville 认为,这两种赋权过程是完全不同的,对权力的高度依赖关系只会减弱社会赋权的水平。②

Fairweather 等学者对社会赋权的内涵进行了界定③并指出,首先,社会赋权的研究单位是个体、社会组织、社区。而赋权研究的动态关系是赋权者和被赋权者之间的张力关系,这就把研究重点放在了赋权的过程是自上而下的政策干预,还是自下而上的社会行动的过程差异。同时,

---

① Beck, W. van der Maesen, L. Thomése, F. & Walker A., *Social Quality*: *Avision for Europe*, The Hague: Kluwer International, 1997.

② Somerville, P., "Empowerment Through Residence", *Housing Studies*, 1998, Vol. 13, pp. 2 - 11.

③ Fairweather, A. Roncevic, B. Rydbjerg, M. Valentova, M. and zajc M., "Reconceptuation of Social Quality", *The European Journal of Social Quality*, Vol. 3, No. 1/2, Citizenship and Welfare Pro tection, 2001, pp. 118 - 143.

社会赋权维度则包含社会权利的赋予、政治权利的赋予、心理权利的赋予。在这个过程中，个体不仅仅可以被理解为赋权的对象，还可以被理解为赋权的来源。也就是说，在自下而上的社会赋权过程中，个体，而非社会系统，才是真正社会赋权的来源。

就社会赋权在社会质量理论中的位置，Herrmann 认为，在社会质量理论体系中，就条件性因素来说，最核心的应当是社会赋权，因为其反映了社会发展所追求的最重要的价值，即个体的尊严，同时，从建构性因素来说，个体—社会关系中，社会发展的最终体现就是提升个体的能力。Herrmann 提出，谈到社会性活跃的个体，其意指在个体独立的前提下，提升有活力的个体之间所具有的相互依存性，同时提升由个体建构的社会与社会个体之间的依存性。[①]

综上所述，社会赋权的内在含义在于：社会个体所具有的能动性以及由社会关系的提升而实现的个体能力的提升。因此，不论是社会经济保障，还是社会凝聚与社会包容，其最终指向都是提升社会的赋权水平。而赋权水平的体现，则是个体能否通过有效的社会参与、政治参与，能动地改造社会结构，实现个体对结构的有效建构。换言之，一定水平的社会经济保障是个体社会参与、政治参与的前提；较高程度的社会凝聚是有能动能力的个体之间相互依存、形成互动的基础；同时，只有当社会包容水平较高、社会群体之间具有一定的开放性时，个体才能有效地利用各种资源，实现个体的社会再造的能动能力。因此，就互构关系来说，社会经济保障、社会凝聚、社会包容是因，其因果关系指向的是社会赋权。

由上文论述可知，社会质量理论的四个维度之间相互关联又彼此独立。社会经济保障是社会凝聚的体现，也是社会赋权与社会包容的衡量标准；社会凝聚则是社会包容、社会赋权的基础，尤其是社会凝聚中的社会信任指标，是社会包容、社会赋权以及社会凝聚得以实现的动因；社会包容则以社会排斥研究为主要视角，对社会凝聚产生了较大的影响；

---

① Herrmann, P., "Empowerment: The Core of Social Quality", *The European Journal of Social Quality*, Vol. 5, No. 1/2; Indicators of Social Quality: Applications in Fourteen European Countries; 2006, pp. 289 – 299.

社会赋权是社会质量条件性因素中的核心要素，也是社会经济保障、社会包容和社会凝聚的结果所在。除此之外，四个维度之间，是否也存在矛盾的空间？比如，社会凝聚与社会包容、社会赋权之间的关系。社会包容与社会凝聚、社会赋权相比，更强调个体、社区等微观层次，而非宏观的制定社会政策；社会赋权中，自下而上的赋权模式，强调对权力的高度依赖只会减弱社会赋权的水平。这些相互冲突所在，也是“个体—社会”这一关系之间的张力，如何解决这一问题，制定全面、平衡的社会政策，亦是社会质量研究的目标之一。

四 对社会质量构成的讨论

不少学者对现有的社会质量理论框架提出了一定的置疑。例如，Fairweather 等学者指出①，虽然现有的社会质量理论旨在讨论其构成的四个方面的不同内在结构和动因，从而全景式地展示出社会质量概念的建构性因素，但是现有理论并没有更多地讨论各个因素是如何影响社会质量的，其内在机制是什么，以及如何从各个因素最终整合性的讨论社会质量水平等核心问题。同时，当讨论到每个建构性因素，其测量指标和整体社会质量测量的关系又是如何的，也没有得到充分的讨论。因此，现在大多数基于社会质量理论的研究基本上都遵循着这样一个假设：社会质量的建构性因素和社会质量呈现出完全的正相关关系，每个构成因素各自作用于社会质量的整体，而子系统之间的关联关系却没有必要讨论。在这种假设基础上，测量社会质量就出现了一个根本性问题：如果各个构成因素之间具有相互作用关系，那么在没有厘清这种相互关系之前，就没有办法讨论每个构成因素对社会质量的“净作用”，而这样也就不能通过对子系统进行整合，综合性地讨论社会质量的概念，而只能简单地以一对一的形式单纯讨论各个子系统对社会质量的作用。这显然是不符合通过构建社会质量子系统来测量社会质量水平这一最初理论架构原意的。

同时，现有的社会质量讨论还有一个内在的假设，也就是各个子系统

---

① Fairweather, A, Roncevic, B. Rydbjerg, M. Walentova, M. and Zajc M, “Reconceptualisation of Social Quality”, *The European Jouranl of Social Quality*, Vol. 3, No. 1/2, Citizenship and Welfare Protection, 2001, pp. 118 – 143.

对整体社会质量的权重是无差异的。也就是说，每个子系统对整体社会质量测量的贡献是一样的。但是，这一隐含的假设显然是没有经过实证验证的。我们完全有理由认为，处于不同发展阶段的社会，其发展水平决定了不同子系统对整体社会质量的作用权重是不同的。例如，在经济发展水平较为落后的发展中国家，社会经济保障的提升可能会更快地提高社会质量水平，也就是具有较高的边际效应；而随着经济的不断发展，其边际效应逐渐递减，相应的权重也会逐渐降低。同时，具有不同文化背景的社会，各个子系统对整体社会质量的贡献水平也是不同的。例如，在一个强调多元化的社会，社会凝聚对整体社会质量的贡献可能就与一个强调文化统一性的社会有所不同，其相应的权重也就有可能有所差异。对于这些基础性问题，现有的社会质量理论都没能够给出较好的解释。

其实，上述问题都指向了一个方法论的问题，也就是在测量社会质量时，是否应当仅仅把社会质量作为其构成各个子系统的“潜变量”来测量。换言之，在讨论社会质量时，如果社会质量概念本身是不可被观测的，那么，只能通过其可观测、可测量的子系统来整合测量社会质量。如果是这样，对子系统之间的关系问题的讨论，则似乎就不是一个首要问题了。然而，如果从一个因果关系的路径来讨论社会质量，则在方法上就有了不同的模式。假如社会经济保障、社会赋权、社会包容、社会赋权是因，社会质量是果，而因和果都是在方法上具有可测量的属性的，那么就可以更加完整、系统地讨论各个建构性因素之间的关系以及各个因素对社会质量的作用效应。当然，这种研究路径的问题是，如果社会质量的指标不是通过其子系统构成的，那么又应当如何测量社会质量，其作为因变量的测量指标又是什么？这些问题显然不能从现有的社会质量研究中得到答案。

第四节　社会质量国际比较与本土化研究

一　社会质量国际比较研究

基于社会质量的国际比较的现有研究主要还是在欧盟成员国之间进行。近年来，随着其他国家和地区对社会质量理论的关注，越来越多的学者开始对社会质量理论是否可以进行更为广泛的国际比较做出讨论。

例如韩国学者 Jaeyeol Yee 和 Dukjin Chang 通过实证分析，对欧亚国家的社会质量进行了全面比较，并指出，以 GDP 为指标的经济发展不能全面地反映社会发展的水平，“软发展”在衡量发展水平中应当占有更多的权重。[①] 值得注意的是，现有的社会质量理论体系中，其指标的具体设定还是具有一定的西方国家色彩，使得一些指标在其他地区和国家的适用性受到了一定的置疑。而具有明显西方社会特征的指标如果用来描述、评价其他地区和国家，则可能在国际比较和政策建议中产生偏差。同时，其他地区和国家的特征没有能够在现有的社会质量指标体系中得以体现，如果进行国际比较，则需要对现有的指标体系进行修正。因此，Jaeyeol Yee 和 Dukjin Chang 的研究对社会质量指标体系进行了比较大的调整。

Walker 在文中指出，欧洲国家与东亚国家在历史、文化、社会经济发展中有着诸多不同，因此，建立的社会质量理论模型也应有所不同。[②] 徐延辉对此进行进一步的阐述，指出亚洲和欧洲在社会福利制度及社会文化上存在重要差别，东亚社会的福利模式主要以高福利分层、高家庭福利责任、低社会保障开支、高个人福利支出和低养老金覆盖率为特征，与西方社会的福利制度分类框架自由主义体制、保守主义体制和社会民主体制存在较大差异。[③]

综合西方社会与东亚社会的发展差异，依据亚洲国家的发展现状，我们认为研究亚洲国家的社会发展问题应该与欧洲福利制度区别开来。社会质量理论研究给各国的研究者提供了较为宽泛的空间，可以更好地适应不同国家地区的具体情况，在统一的理论分析框架下建立不同的指标体系，以更好地反映区域的差异化特制。在此基础上的比较才能更具有科学性和实践政策的指导意义。

---

① Jaeyeol Yee & Dukjin Chang, Transparency, “A Key Factor to Improve Social Cohesion: A Review of the Korean Experience in the Context of Social Quality Research, Development and Society”, *Social Quality in Asia and Europe* (December 2009), Vol. 38, No. 2, pp. 259 – 275.

② Walker, A., “The Social Quality Approach: Bridging Asia and Europe”, *Development and Society*, Vol. 38, No. 2, 2009, pp. 209 – 235.

③ 徐延辉、龚紫钰：《社会质量：欧洲议题与中国走向》，《南京社会科学》2018 年第 7 期。

二　社会质量理论的本土化研究

在社会质量这一概念提出之前，学者们更多讨论的是社会发展过程中的规律性，对于如何衡量与评价社会发展的程度和状态，却一直没有形成系统性的理论体系和分析框架。传统发展社会学的核心是对不同的社会发展模式以及社会发展过程出现的各种社会问题的研究，而对于社会发展的质量却少有涉及。

近年来，随着国内“社会质量”理论的不断发展，学界在社会发展研究领域中对发展质量问题也越来越重视，对发展的界定也从单一经济增长向社会全面发展转变，对“社会质量”的研究也从概念与内涵层面的研究进一步深入到实际的应用层面。

（一）中国早期对社会质量的研究

1989 年王沪宁在《中国：社会质量与新政治秩序》一文中最先提出社会质量的概念，[①] 王沪宁从中国建立新政治秩序的条件和可行的选择这一角度出发，指出“任何社会政治秩序的格式和发展，都与该社会所提供的历史—社会—文化条件密切相关。而这些条件对一个社会的设定，归之为一个总体的概括性的概念，即社会质量”。而所谓“社会质量”，指的是“社会非政治有序化程度”，“非政治有序化程度指的是社会各个环节、各种运动和各种因素自我组织的程度，即在没有政治控制和协调下它们的自组织达到何种程度”。作者将现代社会分为两大类，一类为政治的有序化社会，一类为非政治的有序化社会，这两大类各有高低之分，从而生成四大基本类型：（1）政治的有序化低的社会；（2）政治的有序化高的社会；（3）非政治的有序化低的社会；（4）非政治的有序化高的社会。中国属于第二种类型社会。作者进一步论述，“一个社会能否实现政治秩序的再组合，关键在于其社会质量有否发生变化。非政治有序化低的社会难以建成适应于非政治有序化高的社会的政治秩序。中国的变化究竟是从前述第二种类型过渡到了第三种类型或是第四种类型目前尚难下定论，但种种迹象告诉人们，走向第三种类型并非没有可能性，走向第四种却并非必然。能否走到第四种类型，基本条件是社会的有序化

① 王沪宁：《中国：社会质量与新政治秩序》，《社会科学》1989 年第 6 期。

能否达到较高的程度。社会如何能达成高度的有序化，要看社会的各种体制、机制、程序和规范能否有效运行”。从作者角度而言，社会质量这一概念与社会秩序之间存在着一定的对应关系，一个高质量的社会应当具有特定的机制和规范，从而可以有效地维护社会高度有序化的状态。

吴忠民在《论社会质量》一文中，对社会质量进行了全面的论述：“所谓社会质量，是指社会机体在运转、发展过程中满足其自身特定的内在规定要求和需求的一切特性的总和。”[①] 作者进一步分析了社会质量的三个特征：“第一，它所反映的是同一时代的条件下，社会机体的实际状况同自身内在的最佳规定要求及最适合需要之间的吻合程度；第二，社会质量虽不直接反映‘时代’状况，但毫无疑问，它是附着于‘时代’内容的；第三，它所反映的是一种社会整体性的品格。”就研究内容而言，他指出，“社会质量这一课题所包括的内容极为丰富，大致上可以分为两类内容的研究。一类是有关社会质量的理论研究，主要是侧重这样一些内容的研究：社会质量的基本特性、基本品质问题；社会质量的分类问题；影响社会质量的各种因素、变量等。另一类是有关社会质量问题的应用研究，这主要是指：关于社会质量的测量方法及指标体系（包含客观指标体系和主观指标体系）；对于社会质量理想模型的设计及其具体的技术性方法；对于社会质量进行国别性的研究；优化社会质量的具体措施等等”。其后，吴忠民在《中国社会发展论》一书中，提出将社会质量作为衡量社会完善与否的重要尺度。[②]

杨晓莉在《社会质量：社会进步的评价尺度》一文中，从社会进步评价尺度的角度，论述了对本土化社会质量理论的构想。[③] 作者提出：“发展不直接等同于进步，如果我们把人类生活在某一时期的主要目标或某一时期某一个方面的目标作为整个社会生活的目标，例如片面地以生产力的发展作为目标，进而作为评价社会进步的尺度，显然是缺乏普遍合理性的。”而对于什么尺度是具有普遍合理性的，作者提出：“对于这

---

① 吴忠民：《论社会质量》，《社会学研究》1990 年第 4 期。

② 吴忠民：《中国社会发展论》，湖南出版社 1995 年版，第 13 页。

③ 杨晓莉：《社会质量：社会进步的评价尺度》，《扬州大学学报》（人文社会科学版）1999 年第 5 期。

个尺度，应该是一种历史尺度和道德尺度，生产力尺度和人的价值尺度的辩证统一，我们认为是社会质量。”对于“社会质量”，作者的界定为：“社会质量是指社会机体在运转、发展过程中满足其自身特定的内在要求的一切特征和总和……社会质量……主要是指国家意义上的社会机体的质量，它包括生产力发展水平及这种发展对人的合目的性状况。”而社会质量之所以能够对社会进步进行衡量，是因为社会质量具有具体性、整体性、可操作性等特征。对于上述这三个特征，作者论述道：“社会质量的具体性和整体性特征表明从理论理性上看可以作为社会进步的评价尺度，因为社会质量作为评价社会进步的尺度，既不是纯主体的尺度，也不是纯客体的尺度，它是主体与客体的辩证统一……从实践理性看来，社会质量尺度意味着对自然资源的内涵式利用，对人类社会内部的公正、合理诉求的满足，它着眼解决人类生存和发展的两个基本的问题：人与自然的关系问题；人与人的关系问题。”由此可见，在作者看来，社会质量这一概念意在强调维持人类社会生存和发展中，生产力发展和人的价值、生产力发展和自然的价值之间的平衡关系。

（二）近年来中国学者对社会质量的研究

1. 社会质量研究的理论问题

近年来，我国学界对社会质量理论的讨论基本上是沿着欧洲社会质量理论架构展开的。学者们对于如何把西方社会质量理论同我国社会转型、建设和谐社会相结合进行了广泛而深入的讨论，也产生了大量的学术研究成果。

林卡在《为中国社会质量把脉》一文中提出，社会质量这一理论在我国和谐社会建设的实践中具有积极的指导意义。[①] 具体而言，首先，源自欧洲的社会质量理论设立了“可持续性的福利社会”理念作为实现“社会欧洲”这一模式的价值目标，要求增进社会体系的融合，提升社会团结和社会包容的程度，其所蕴含的社会正义、社会平等、社会团结等价值导向与建设和谐社会所倡导的价值和规范因素高度一致。其次，社会质量理论有助于把握中国社会目前所存在的各种焦点问题，纠正长期存在的重视经济发展、忽视社会发展的问题，把更多的注意力放到民生

① 林卡：《为中国社会质量把脉》，《中国社会报》2010 年 5 月 24 日第 3 版。

问题上，重新审视社会公正、社会团结、社会平等和人的尊严在社会发展中的重要性。再次，社会质量理论倡导建立“社会”与“市场”之间的平衡，从社会政策角度强调政府的社会责任，反对把“社会”置于“市场”的从属地位，反对社会政策屈从于经济政策之下。换言之，社会质量理论的提出，重新界定了政府部门在提高社会福祉、增加社会福利方面的职能。最后，林卡在该文中还提出，社会质量的研究要考察公民对于社会政治、经济生活的积极参与程度，公民组织在增进社会团结、社会包容和社会赋权方面所起到的作用，以及家庭、社区和市民组织之间的相互联系。其所倡导的公民社会能够为改善社会生活环境发挥积极作用，把政府通过自上而下的社会政策制定的努力与自下而上的社会建设的努力结合起来，使人们通过参与社会生活来实现他们的价值、愿望和发展潜能。

韩克庆在《社会质量理论：一个研究综述》一文中对欧洲社会质量理论的历史渊源和发展进行了介绍，并进一步指出，社会质量理论提供了一个社会科学研究的新视角，使理论界重新检视人类社会发展的未来图景，并且，社会质量理论既为中国的福利改革提供了更多的选择和参照，也为进行国别和地区间比较研究提供了新的理论支撑与分析工具。作者还指出：“对于中国正在进行的福利改革来说，社会质量理论及其倡导的社会发展模式，提供了福利世界的另一个普世价值，使我们可以高屋建瓴地思考中国社会福利体制与社会发展的目标走向。”同时，作者也指出了作为本土化社会质量理论中存在的不足之处。例如，社会质量中的“社会”是否包含了整体社会系统中的经济、政治、市民社会甚至文化子系统？社会质量标准及其指标体系的操作性程度仍然有待提高等。①

张海东等学者针对我国社会质量研究的现状指出：“当前社会质量研究还处于起步阶段，研究的整体水平还不够高。而且从现有研究成果来看，大部分研究成果的主题聚焦在对欧洲社会质量的概念、理论、方法和指标等的翻译介绍；从研究的内容上看，突出体现在对社会质量的四个条件性因素的依赖上，还没有完全从欧洲社会质量框架中跳出来。”作者还指出，基于我国本土化的社会质量理论研究还没有取得实质性的进展，能真正结

① 韩克庆：《社会质量理论：一个研究综述》，《东吴学术》2010 年第 1 期。

合我国社会的特质解读社会质量理论的研究尚不多见。同时，对欧洲社会质量指标的适用性问题也没有进行充分的研究。基于欧洲特质的社会质量指标体系在很多方面不适合我国的实际国情。如何将中国社会特质体现在社会质量的指标体系中应当是国内社会质量研究的重点。①

王星指出国家与社会互动关系是欧洲社会质量建设的动力源。② 在西方国家，规定国家与社会互动原则的基本制度框架已经成熟。但是在社会质量建设的行动过程中，依然内嵌着国家与社会之间的矛盾：一是社会质量增强与国家能力削弱之间的矛盾；二是欧洲社会与主权国家之间的内在张力。这种矛盾对于反思欧洲社会质量理论本土化具有重要价值。社会质量理论本土化的要义或许不在于通过指标体系的调整对中国或区域的社会质量状态进行评测，而在于其对“社会性”的追求给予中国社会建设的指引，这才是欧洲社会质量理论给予我们最大的启示。

杨泉明等提出由于欧洲与中国在制度背景和社会环境上截然不同，所以在欧洲语境中产生的社会质量概念不能当然适用于中国，应当立足中国自身国情和发展愿景提出具有中国特色的社会质量概念。③ 在借鉴吸收欧洲社会质量概念合理成分和我国现有研究的基础上，着眼于中国基本国情，可以将中国特色社会质量概念界定为“人们在提升其自由而全面的发展的条件下，能够参与社会生活和享有社会成果的程度”。中国特色社会质量概念在内涵上应当回应当代中国社会发展的内在需求，不能局限在欧洲社会质量的四个维度上。和谐社会本质上是一个高质量的社会，大力提升社会质量是当前促进社会和谐稳定的一个新的视角和要求，要着眼于社会质量提升，全面推进和谐社会建设。为此，应当转变经济社会发展范式，在发展理念中强化“质量”意识，在发展目标中强化“质量”标准，在发展过程中强化“质量”监控，并按照全面提升社会质量的要求认真审视和切实解决当前影响社会和谐稳定的重大现实问题。

---

① 张海东、石海波、毕婧千：《社会质量及其新进展》，《社会学研究》2012 年第 3 期。

② 王星：《社会质量建设过程中的国家与社会——对欧洲社会质量理论的本土反思》，《江海学刊》2015 年第 1 期。

③ 杨泉明、高中伟：《中国特色社会质量概念的提出与界定》，《兰州学刊》2015 年第 9 期。

徐延辉等在《社会质量：欧洲议题与中国走向》中提出，为了进一步提升社会质量理论的效力，在学术研究层面可以将生长于中国的本土社会质量理论与发端于欧洲的社会质量理论对接；在实践层面，可以将社会质量纳入政府考核指标和统计年鉴中，并在政府工作报告中加入社会质量内容。①

2. 社会质量研究的方法论问题

社会质量理论是评价社会发展水平的重要工具，社会质量评价指标体系是社会质量理论体系的重要内容。社会质量理论由欧洲引入中国，将社会质量评价指标体系直接用来评价中国的社会质量水平很有可能出现“水土不服”的现象，为了使社会质量理论和社会质量评价指标体系更好地适应国内发展环境，学界对如何优化社会质量理论、构建具有中国特色的社会质量评价指标体系进行了深入的研究。

张海东在《中国社会质量研究的反思与研究进路》中指出，社会质量研究所要解决的核心问题是衡量社会进步的评价尺度问题。② 社会质量研究包含了理论研究、实证研究和政策研究多个层面，但归根结底，理论研究和实证研究的价值最终要体现在形成可转化的社会政策上。因为社会质量理论取向的初衷是通过有效的社会政策全面提高社会质量，这是社会质量研究的落脚点和归宿所在。张海东提出，中国社会质量问题核心是社会安全，因此中国社会建设的取向应包括：在理念上，要确立社会安全是一种福祉的理念；在政策取向上，要实现从关注经济政策到关注社会政策的转变；在治理上，要实现从管理到治理的转变；在价值取向上，要实现从关注民生到关注公平正义的转变。而贯穿上述四个层面的核心是强化制度的基础性规范作用，重建制度权威。

崔岩等在《中国社会质量指标指数分析》中指出，由于我国与欧洲国家国情不同，我们不应当完全照搬欧洲社会质量的研究范式，需要对社会质量理论指标体系进行本土化研究。社会质量研究不是纯粹以理论问题研究为导向的，而是结合我国具体国情，以理论建构为出发点，建

① 徐延辉、龚紫钰：《社会质量：欧洲议题与中国走向》，《南京社会科学》2018 年第 7 期。

② 张海东：《中国社会质量的反思与研究进路》，《社会科学辑刊》2016 年第 3 期。

构可操作的政策评价工具，建构中国本土社会质量指标体系，采集经验数据，实现对社会发展质量的科学评价。①

周小毛等认为在当今中国社会，社会结构分化严重，地区发展不均衡，各种体制机制问题凸显，社会质量理论的核心构件至少应当包括社会安全、社会保障、社会动员、社会融合、社会活力与社会文化六个方面，依据中国社会发展的阶段性特点，各个方面相应有着考察的重点与指标。在吸收和借鉴社会质量理论时，需要处理好“外来移植”与“本土生长”之间的关系，需要在马克思主义思想指导下，将社会质量理论与中国优秀传统文化结合起来，与中国社会发展实际结合起来。若想构建出科学、合理、切实可行的中国特色社会质量理论与评价指标体系，既要在中西方文化中汲取智慧，又要在中国社会实际发展中寻求营养，不断推进社会质量理论的本土化，进而建构出直面中国社会实际问题、立足中国发展基本国情、具有中国气派、中国风格与中国特色的社会质量理论与评价指标体系，以此推进社会主义和谐社会建设。②

徐延辉等学者利用实地调查数据设计的具有中国特色的社会质量指标体系，除包括欧洲社会质量概念的四大核心指标即社会经济保障、社会凝聚、社会融入、社会赋权之外，还增加了社会创新以及社区建设两个维度。作者认为，社会质量好不好，与一个社会是否具有创新能力关系密切，把社会创新加入社会质量指标中，不仅能够充实社会质量的研究内容，而且与中国国情相适应。引入社区建设指标，是因为社会不是一个抽象的名词，而是一个由许许多多社区构成的实体；社区是社会最基本的细胞，不管人们的职业收入或以其他指标衡量的社会地位如何，总是要生活在一定社区中，因此社区必然是社会建设的实体之一，而且是最重要的实体之一。给社区居民“增权”，培养居民的参与、发展和自主意识是社区建设的重要途径。这一理念与社会质量理论中的社会赋权目标相同，因此，将社区建设纳入社会质量的研究中也是其题中应有

① 崔岩、黄永亮：《中国社会质量指标指数分析》，《国家行政学院学报》2018 年第 4 期。

② 周小毛、何绍辉、杨畅：《中国特色社会质量理论与评价指标体系》，《湖南师范大学社会科学学报》2011 年第 6 期。

之义。[①]

范逢春基于“县级政府”这一主体，通过对社会质量理论价值性与工具性的剖析，趋向于在终级性价值层面借鉴社会质量的“社会性”与“整体品格”，在工具性价值层面将其构成维度与因素作为县级政府社会治理质量价值取向的坐标轴点，将“条件性因素”的四个维度视为社会质量的测量领域和指标体系，阐述和内化社会质量理论所包含的社会正义、团结、平等价值观以及人的尊严等内容，由此建构县级政府社会治理质量测评指标体系，为社会治理主导者与推行者提供决策参考。[②]

杨明洪遵循社会质量指标体系“欧标”和“亚标”的一般性做法，从“社会经济安全”“社会凝聚”“社会包容”和“社会赋权”四个维度对“中标”进行建构。构建“中标”，既遵循“欧标”和“亚标”的建构性因素，又对条件性因素进行适当的转换，而这种转换是将和谐社会建设作为规范性因素加以考虑。在“社会经济安全”维度，作者新增了安全子域，并将安全子域划分为三个层面，分别为生理安全、司法安全以及社会安全，从这三个方面对安全进行衡量；新增了居民对环境的满意度、工伤保险覆盖率、教育开支等指标。在“社会凝聚”维度，作者新增了社会网络子域下的家庭活动参与、参与国家民族分裂活动的人口比例（民族凝聚力）指标，并替换了与朋友和同事接触的频率、民族自豪感等指标。在“社会包容”维度；作者新增了残障人口就业率、每万人中福利设施数（老人、儿童、残障人口）等指标，替换了遭受歧视（年龄、种族、性别）的人口比例等指标。在“社会赋权”维度，作者新增了政治自由、个人自由和自我表达的自由子域，用以衡量国家对于政治以及个人生活层面的赋权度。[③]

孙秀林等利用在上海地区进行的一项社会质量调查所获的数据，对于中国情境下社会质量的社会经济保障维度进行了实证的信度与效

---

① 徐延辉、陈磊：《中国特色的社会质量指标体系研究》，《社会主义研究》2014 年第 2 期。

② 范逢春：《国家治理现代化的社会质量路向》，《湖南社会科学》2015 年第 2 期。

③ 杨明洪：《基于社会和谐建设的中国社会质量指标体系研究》，《西南民族大学学报》（人文社会科学版）2015 年第 4 期。

度分析。[1] 因子分析的结果表明，社会经济保障这一概念可以分为“金融资源”“住房稳定性”“住房条件”“居住环境”“医疗”“社会保障”六个次级维度，与社会经济保障的理论框架在逻辑上是非常吻合的。从信度分析的结果来看，各个维度的指标不但具有逻辑上的一致性，而且测量也是非常稳定的。从准则效度的结果来看，社会经济保障的六个维度，对于居民的生活满意度具有显著的解释力，说明社会经济保障的测量具有很高的效度。

任莉颖基于2017年“中国社会状况综合调查”（CSS）数据，选取公众对社会的总体评价为准则变量，分析了我国社会质量部分微观指标的准则效度。[2] 研究发现社会经济保障、社会凝聚、社会融合和社会赋权的大多数指标都与公众的社会总体评价显著相关。此外，个体的效能感也会影响到对社会总体状况的评价，特别表现在对政府工作的评价越高，对社会总体状况的评价也越高。研究还发现，人们对于社会总体的评价主要基于各维度的主观态度指标；四个领域中社会凝聚领域指标对于公众社会总体评价变异的解释力贡献最大，而社会赋权指标的贡献最小；社会质量指标并非完全迎合公众的评价，也保留了专家对于社会质量客观的观测与评估。

3. 社会质量实证研究问题

（1）全国性研究与区域性研究

尽管社会质量理论在我国的发展还处于初级阶段，学界还没有对社会质量的理论架构和具体研究操作达成一致意见，但是在全国性研究和区域性研究方面，很多学者已经做出了有益的探索。例如，2009年林卡主持了浙江省的社会质量问卷调查。2010年张海东主持了上海市社会质量研究，基于上海数据开展对社会质量的实证研究。杨建华、深圳社会科学院课题组分别基于浙江和深圳的经验开展社会质量研究。徐延辉主持了国家社会科学基金重点项目“社会质量视角下的社会建设研究”，在

---

① 孙秀林、梁海洋：《社会质量测量指标的信度与效度分析——以社会经济保障维度为例》，《江海学刊》2014年第6期。

② 任莉颖：《社会测量与公众评价》，《华中科技大学学报》（社会科学版）2018年第6期。

厦门市和深圳市组织了大规模社会质量问卷调查。

“中国社会状况综合调查”(Chinese Social Survey，简称CSS)是中国社会科学院社会学研究所于2005年发起的一项全国范围内的大型连续性抽样调查项目，目的是通过对全国公众的劳动就业、家庭及社会生活、社会态度等方面的长期纵贯调查，来获取转型时期中国社会变迁的数据资料，从而为社会科学研究和政府决策提供翔实且科学的基础信息。从2015年第五次“中国社会状况综合调查”起以“社会质量”为研究主题，从社会质量的四个方面全面了解当前我国社会质量现状和发展水平，对我国社会质量的研究有重要的推动作用。

张新文等借助江苏省2005—2014年的面板数据，测算农村社会质量指标的变化及发展趋势，并比较了苏北、苏中以及苏南的区域差异。通过社会质量与满意度的OLS以及Logistic的进一步回归分析发现，社会质量的四维度因子对农村社会满意度都存在显著影响，其中社会经济保障因子影响程度最高，降序依次为社会赋权、社会凝聚以及社会包容等因子。为此，通过建立健全农村经济保障网，增强社会凝聚导向的社会政策体系，构建包容性社会政策促进农村社会融合，创新社会公众的参与方式以实现社会赋权，可以改善农村社会质量，提升社会满意度，进一步实现农村治理现代化。①

莫思凡等通过实地调研与访谈，获取丝绸之路经济带背景下居民对于社会质量内涵和概念的本土化理解和现实体验，借助成长于西方的社会质量理论解释和分析中国本土的社会发展质量问题。应以新发现理念为价值牵引和规范性因素，构建以社会活力、社会融合、社会认同、社会生态、开放发展、共享发展为内容的本土化社会质量评价指标体系，从而满足现阶段我国社会发展的新要求，为衡量社会发展状况提供新的视角和维度。②

东北地区的现实发展与国家政策性规划之间存在较大的经济差距和

---

① 张新文、詹国辉：《社会质量与社会发展的满意度是否关联？——基于江苏农村(2005—2014年)的分析》，《东南大学学报》(哲学社会科学版)2017年第3期。

② 莫思凡、Xue Zheng：《丝绸之路经济带沿线区域社会质量基本认知及评价指标体系》，《赤峰学院学报》(汉文哲学社会科学版)2018年第8期。

社会差距，亟待构建符合地区特征的高质量发展新模式，唐魁玉等从经济高质量发展和社会发展质量双重视角出发，为东北地区发展建言献策，指出“十四五”期间东北地区应当重点推进经济发展的市场化、再工业化及多元化，不断优化和完善产业结构，并实施具有东北特色的人才发展战略。美好生活的创造过程离不开人的主观能动性，思想观念决定制度建设，制度建设决定治理走向。美好生活的建构图景与区域经济的高质量发展息息相关，经济基础关乎社会发展的质量，同时也引导着美好生活的建构方向。①

高海珍根据社会质量理论及其条件性因素，在运用欧洲社会质量测量指标体系以及和谐社会下社会质量指标体系的基础上，利用2013年中国社会状况综合调查（CSS）数据分析新时期的中国农村民生建设现状。研究发现：在社会质量各个因素中，社会经济安全因子中的安全因子对农村民生建设具有显著的影响；社会凝聚中的社会信任因子与社会认同因子对农村民生建设具有统计显著性；社会包容中的社会不平等因子对农村民生建设具有统计显著性；社会赋权对农村民生建设不具有统计显著性。并据此提出了扩大农村社会保障内容与覆盖面，坚持以民生为导向，积极发展农村经济，缩小城乡差距，建立健全弱势群体的政策诉求表达机制和渠道等加强农村民生建设的社会治理措施。②

王景荣等从社会质量理论四维度出发，对乡村可持续发展路径进行探索，研究指出当前乡村可持续发展建设存在的主要问题是：乡村环境污染影响了社会质量的经济保障机能；“熟人社会”的衰落影响到社会凝聚力；乡村社会排斥现象制约了乡村社会的包容性发展；乡村主体参与的局限性阻碍权能的实现。应以提高社会经济保障功能为基础，以加强社会凝聚力建设诚信社会为重点，以减少社会排斥为桥梁，以实现村民增能和赋权为最终目标，推动乡村可持续发展。③

① 唐魁玉、梁宏姣：《从东北高质量发展的起步到美好生活的建构——以“十四五”规划为蓝图》，《学术交流》2021年第12期。

② 高海珍：《从社会质量看中国农村民生建设——基于2013CSS农村样本分析》，《人口与社会》2017年第1期。

③ 王景荣、张娣：《社会质量理论视角下乡村可持续发展的路径探析》，《安徽工业大学学报》（社会科学版）2019年第3期。

（2）比较研究

经过40多年的改革开放，中国式现代化进入新发展阶段，发展的动力、发展的约束条件、发展的瓶颈问题和发展的国际环境都发生了极其深刻的变化。这些深刻变化使中国式现代化进程面临一系列新的挑战，如何处理发展带来的地域、城乡、贫富三大差距，是中国走向现代化必须面对的问题。如何解决以上问题，实现经济与社会协调和均衡发展，很多学者已经做出了有益的尝试。

黄永亮等使用2019年中国社会状况综合调查（CSS 2019）的数据，对我国城乡居民的社会质量评价进行了比较研究,[①] 研究发现：（1）农村居民对社会整体发展质量的评价低于城市居民；（2）城乡居民评价社会发展质量好坏的侧重点有所不同，并且社会质量各维度在城乡居民社会质量评价的影响效应上也存在差异，社会经济保障维度中的底线保障对农村居民社会质量评价的影响效应要强于城市居民。对于农村居民而言，在当前我国社会现代化建设进程中，对一些与其基本生活需求密切相关的社会民生保障和底线保障仍需给予更多关注。对于城市居民来说，需要进一步拓展政治参与渠道、丰富政治参与形式，从而提升公众的政治参与水平。当前，我国需要进一步加快缩小城乡社会发展差距，满足城乡居民差异化的社会需求，提高城乡居民对社会整体发展质量的评价，实现城乡社会协调均衡发展，加快推进我国现代化进程。

闫彩霞指出，相比于四大经济板块之间的发展差距，东部地区内部的极化效应更为显著，但由于东部欠发达地区较少受到关注，基本处于国家优惠或扶持政策的“盲区”。[②] 东部欠发达地区由于发展理念、评价尺度和资金来源等方面影响性因素的限制，社会政策与社会建设水平尤为不足，远未达到新时代人们对社会质量的要求。实现东部欠发达地区乡村振兴，应优先实现社会政策的转型与重构，通过社会政策制定的主体与对象多元化、社会政策发展的向度与维度层次化、社会政策运行的体制与机制

① 黄永亮、崔岩：《现代化进程中的城乡社会质量比较研究》，《浙江社会科学》2021年第5期。

② 闫彩霞：《乡村振兴视阈下东部欠发达地区社会政策的转型与重构》，《长白学刊》2019年第4期。

民主化，改变乡村“弱势生态位”，以社会质量为导向的社会政策创新与超越符合乡村振兴的主旨，有助于在市场化环境下最大限度地发挥社会政策的“生产性要素”的作用，实现价值理性与工具理性的统一。

蒋占峰等从社会质量理论视角着眼于农民工群体收入问题，农民工群体作为当代社会活动的活跃参与者，他们的行为取向影响着我国社会的稳定与整合。① 农民工收入水平不高制约社会经济保障机能，对农民工工资的拖欠削弱了社会的凝聚力，与城市居民收入差距过大影响了社会包容性发展，农民工收入增长缓慢阻碍了其权能的实现。农民工收入水平的提高是促进社会可持续发展的内在要求，农民工的社会参与程度和自我实现程度更应成为衡量社会质量高低的重要标准之一。提高农民工的收入水平应努力落实农民工的就业保障；增强社会凝聚力，解决农民工工资拖欠问题；建立健全社会包容体系，逐步缩小收入差距；实现农民工的增能和赋权，加快农民工收入增速。

夏延芳等指出，社会质量理论与后脱贫攻坚时代的乡村振兴存在多维契合，并为诠释脱贫攻坚与乡村振兴的有机衔接提供了新的理论分析视角。② 脱贫攻坚与乡村振兴有机衔接的实践方向应是乡村社会质量整体水平的提升，可通过提升乡村社会经济保障水平，构建增强乡村社会凝聚导向的政策支持体系，营造促进乡村社会融合的政策环境，探索乡村居民参与乡村社会治理的方式以实现乡村社会赋权，改善乡村社会质量，逐步实现脱贫攻坚与乡村振兴的有效衔接。在脱贫攻坚与乡村振兴有效衔接的实践过程中，可通过保持乡村社会经济保障的政治推力，不断增强乡村社会体系的融合度，提升乡村的社会包容度和社会凝聚力，创新乡村居民参与乡村社会治理的方式，从而真正实现脱贫攻坚与乡村振兴的有机衔接，进而实现乡村居民个体的全面发展与乡村社会质量的提升，彰显追寻乡村社会质量的时代特征。

黄永亮、张宾等利用 CSS 2017 调查数据对中国农村地区的社会质量、

---

① 蒋占峰、王永亮：《社会质量理论视角下提高农民工收入研究》，《青年学报》2015 年第 1 期。

② 夏延芳、王国勇：《脱贫攻坚与乡村振兴的有效衔接——基于社会质量理论的探究》，《西南民族大学学报》（人文社会科学版）2022 年第 4 期。

社会质量的内部（城乡之间）差异以及中国农村社会质量的空间相关性做量化分析。① 通过对农村社会质量现状和城乡社会质量比较分析发现，农村社会质量在整体上弱于城市社会质量，这在一定程度上与社会质量这一概念的现代化属性有关；农村地区居民在社会底线保障对社会质量评价的影响效应上要高于城市地区。社会质量研究的意义和价值除讨论个体与社会关系及社会整体运行状况外，同时也是一种城乡社会现代化的综合评估方式，在这一分析过程中既可以看到城乡在社会现代化发展程度上的差异，也可看到传统乡村社会中所具有的现代性基础。

（3）专题研究

另有一些学者基于社会质量理论视角对不同群体和阶层的社会质量水平差异、获得感、幸福感、生活满意度等问题展开专题研究。例如黄永亮基于 2017 年“中国社会状况综合调查”的数据，对我国“90 后”群体的社会质量评价状况进行了研究，并分析“90 后”青年人群与非“90 后”人群对社会质量的不同维度在其社会整体发展质量评价中的影响效应的差异性。研究发现：“90 后”群体对社会发展质量的评价低于社会平均评价水平；“90 后”群体和非“90 后”群体在社会质量各维度对其社会整体评价的影响效应上存在一定差异。社会凝聚维度的社会信任和社会赋权维度的外部效能感对“90 后”社会质量评价的影响效应要强于非“90 后”群体。② 龚紫钰基于 CSS 2013 抽样调查数据，从社会安全感、社会情绪和环境意识三方面考察了青年群体社会心态现状，探讨了社会质量对社会心态的影响机制，并提出通过提升社会质量优化青年群体社会心态的政策路径。研究发现，青年群体的社会心态整体上处于积极健康状态，正向社会心态是共识；社会质量是青年群体社会心态的重要影响因素。③ 董海军等基于 2019 年“中国社会状况综合调查”的数据，分析社会质量对青年社会公平感的影响，并对这种影响在不同学历层次青年中的差异进行比较。结果显示，社会质量的社会经济保障、社会凝聚、

① 黄永亮、张宾：《现代化视域下的农村社会质量研究：现状及意义》，《现代经济探讨》2022 年第 5 期。

② 黄永亮：《中国“90 后”青年的社会质量评价研究——一项基于 2017 年“中国社会状况综合调查”的分析》，《青年研究》2019 年第 3 期。

③ 龚紫钰：《社会质量与青年群体的社会心态》，《青年探索》2018 年第 5 期。

社会包容三个维度对青年的社会公平感有显著影响，社会赋权维度的影响不显著。① 社会凝聚和社会包容维度对不同学历层次青年的社会公平感均有显著影响，而社会经济保障维度中基本经济保障仅对低学历青年的社会公平感有影响，社会赋权维度则仅对高学历青年的社会公平感有影响。建设高质量社会，提升青年社会公平感，着力点在于夯实青年的社会经济保障，通过增强社会凝聚力满足青年的心理需求，提升社会的包容度，积极赋权青年进行社会参与。

崔岩等基于中国社会状况综合调查 CSS 2017 的调查数据，对我国不同阶层的社会质量展开评价分析，研究发现社会阶层呈现出新的分化趋势，不同社会阶层的形成导致各阶层的利益诉求呈现出多元化的特征；不同阶层群体的社会需求及需求满足状况存在一定差异，这种差异直接导致不同阶层群体对当前社会发展水平和发展质量评价的差异。对社会中上层群体而言需要全面提升社会建设水平，拓宽人们实现社会参与和政治参与的有效渠道；对社会中下层和社会下层群体而言，需要重视基础民生保障问题，在提升社会保障覆盖率的同时，应适当提高社会保障水平，进一步调整社会收入分配制度，建立更为有效的财富资源配置调节机制，进一步消除社会歧视，降低社会排斥水平，增强社会弱势群体的社会融入感，建立可持续发展的包容性社会，实现社会的多元化，降低社会矛盾和社会风险。②

聂伟等基于中国社会状况综合调查 CSS 2017 的调查数据，分析了城市社会质量对青年获得感的影响。研究发现，城市社会质量与青年获得感高度关联。社会经济保障是青年获得感生成的重要物质基础；社会凝聚是青年获得感生成的关系基础；社会包容是青年获得感生成的心理基础；社会赋权是青年获得感生成的权能基础。基于此，提出应全面推进青年发展型城市建设，让城市对青年发展更友好，切实提升青年的获得感，以促进青年对城市发展更有为。③ 徐延辉等对深圳市居民进行了问卷

---

① 董海军、杨静：《社会质量对青年社会公平感的影响》，《青年研究》2021 年第 4 期。

② 崔岩、黄永亮：《中国社会质量研究——不同阶层社会质量研究评价分析》，《浙江大学学报》（人文社会科学版）2019 年第 2 期。

③ 聂伟、蔡培鹏：《让城市对青年发展更友好——社会质量对青年获得感的影响研究》，《中国青年研究》2021 年第 3 期。

调查，并基于该调查数据运用社会质量理论考察了社会发展对城市居民获得感的影响。研究表明，社会质量是影响城市居民获得感的重要因素。社会质量的四个维度即社会经济保障、社会凝聚、社会包容和社会赋权均对居民获得感有促进作用，其中社会经济保障的影响最大。因此，要提升城市居民的获得感，需要继续推进我国社会质量建设，尤其要加强社会经济保障制度建设，提升社会凝聚力。① 张秀娟等从社会质量视角出发，利用2019 年中国社会状况综合调查（CSS）的数据，探讨“获得感何以可能”，研究发现，从“生活质量”转向“社会质量”可以超越物质需求满足的局限，以社会进步满足人的全面发展需求，有助于提高人们的获得感。② 在发展不平衡不充分的情况下，这种转向对于提高公众从发展中获益的程度和实践共同富裕更具有理论和现实价值。

袁浩等基于2010 年上海社会质量调查的数据开展研究，发现社会质量的四个维度都在不同程度上影响着人们主观幸福感的高低，指出政府如果要提升人们对生活的满意度，既要保持持续的经济活力，从而减少社会排斥和贫困；也要从社会凝聚、社会包容和社会赋权三个方面着手制定相应的对策。③ 林卡等使用2011—2012 年在杭州、厦门、深圳三市进行的社会质量调查数据，并通过对调查资料的分析来揭示社会质量因素与幸福感的相关性。研究证明，虽然社会质量四个维度的各种因素对人们幸福感的影响存在着差异，但这些因素总体来说与幸福感仍然高度相关。该研究的目的在于把社会质量的研究与生活质量的研究和幸福感的研究建立起联系，从而扩展社会质量研究的议题领域。④ 韩莹莹从社会质量理论视角出发，以广东四县（区）为考察对象，探讨社会质量四个维度与居民幸福感之间的关系。研究发现，社会融入、社会经济保障、社会赋权与居民幸福感之间均呈显著相关；社会凝聚与居民幸福感没有

---

① 徐延辉、李志滨：《社会质量与城市居民的获得感研究》，《南开学报》（哲学社会科学版）2021 年第 4 期。

② 张秀娟、胡建国：《获得感何以可能？——基于“社会质量”分析视角的探讨》，《中共杭州市委党校学报》2022 年第 2 期。

③ 袁浩、马丹：《社会质量视野下的主观幸福感——基于上海的经验研究》，《吉林大学社会科学学报》2011 年第 4 期。

④ 林卡、吕浩然：《社会质量与幸福感：基于中国三个城市调查数据的比较研究》，《湖南师范大学科学学报》2016 年第 1 期。

统计上的显著相关性。基于对这些研究发现的讨论与分析，作者有针对性地提出了提升县域居民幸福感的政策建议，以期为县域社会治理创新提供理论借鉴和决策参考。[①] 詹国辉通过构建乡村治理质量的指标体系，借助于苏、浙、赣等省份的多个村庄调查数据，进而测度出乡村的治理质量得分，同时进一步构建乡村治理质量对村民幸福感影响效应的模型。研究表明，与个体特征要素相比，乡村治理质量对村民幸福感的影响效应更为显著。乡村治理质量内嵌的四维结构要素对村民幸福感的影响存在"异质性效应"：乡村经济关系、乡村环境条件、乡村社会保障、乡村社会网络、村民信任感以及基层民主均对村民幸福感产生显著性的正向影响，而乡村价值规范、乡村社会参与对村民幸福感产生显著的负向抑制影响。为此，有序提升乡村治理质量的关键在于构建多维路径，以期能够全面提升村民的幸福感，进而全面实现乡村振兴。[②]

姚烨琳利用上海、广州、郑州、长春、昆明、兰州六省会城市直辖市的调查数据探究社会质量对中国城市居民生活满意度的影响。研究发现，社会质量的四个条件性因素不同程度地影响着城市居民的生活满意度：社会经济保障方面，家庭收入和房屋所有权对居民生活满意度有正向影响。社会凝聚方面，亲密信任和机构信任能够提升居民生活满意度。社会包容方面，孤独感会显著降低居民生活满意度。社会赋权方面，社会失范对居民生活满意度具有显著的消极影响。此外，相比于发达地区，家庭收入对欠发达地区城市居民的生活满意度影响更为显著。[③] 易龙飞基于 2015 年 CSS 数据，从六个维度检验了社会包容对流动人口生活满意度的影响。结果发现，流动人口对于社会信任、社会宽容和社会公平的评价越高，其就越有可能获得较高的生活满意度；遭受社会歧视的经历越多，对于社会边缘群体的接纳程度越高，则更有可能降低生活满意度；而他们对于社会冲突水平的感知则与生活满意度并无显著关系。这一研

① 韩莹莹：《社会质量与居民幸福感——以广东四县（区）为考察对象》，《中国行政管理》2016 年第 8 期。

② 詹国辉：《乡村治理质量提升与村民幸福感的关联效应——基于村庄调查的经验证据》，《探索》2021 年第 5 期。

③ 姚烨琳：《社会质量视角下的中国城市居民生活满意度——以中国六省会城市为例》，《济南大学学报》（社会科学版）2020 年第 4 期。

究发现不但为提升流动人口的生活满意度贡献了实证支持，也能够为推进社会包容水平的提升提供现实路径。①

4. 社会质量政策研究问题

社会质量理论的一个要义在于反对将社会抽象化地理解为一个整体，而是要将其理解为由具体的相应领域通过“构成性相互依赖”联结而成的一个整体，这同时也是对“社会性”的具体化。社会质量研究不仅要扭转当下普遍存在的抽象而空泛地谈论社会质量的局面，而且要将社会质量理论应用到具体的社会领域，进而有针对性地提出社会政策建议。国内一些研究也正在试图进行这方面的努力，部分学者认为，社会质量理论是政策研究评估的分析工具。例如花菊香指出，社会质量是考评社会救助政策并为未来的灾害救助政策积累经验的一个重要方法，她以社会质量理论作为分析框架，从社会保障、社会凝聚、社会包容等维度对我国的汶川灾后救助政策进行了评估，认为灾后救助政策在取得相应成就的基础上，仍然在心理慰藉、需求满足、社会参与、社会增能等社会质量指标方面显示出不足。② 朱浩基于生活质量和社会质量综合分析视角，从政策理念、政策内容、政策工具和政策效果四个方面对老年照顾服务政策进行评估。研究发现，老年照顾服务政策在以上四个方面仍然存在很多问题，因此需要推进社区老年照护、养老产业、家庭照顾者政策以及社会管理体制方面的创新，进一步提升老年照顾服务政策在提升生活质量和社会质量方面的总体效应。③ 魏婷婷以生活质量—社会质量理论为基础，构建城市社区居家养老服务评估模型，研究发现城市社区居家养老服务在社会经济保障、社会凝聚、社会包容、社会赋权以及老年人居家养老生活的主观满意度方面存在一些问题，针对这些问题提出了进一步提高老年人社区居家养老服务水平的政策建议。④

---

① 易龙飞：《社会包容对流动人口生活满意度的影响——基于 CSS 数据的分析》，《浙江社会科学》2020 年第 6 期。

② 花菊香：《灾害社会救助中保障、凝聚、包容与增能之整合路径》，《社会科学》2010 年第 12 期。

③ 朱浩：《中国老年照顾服务政策：政策评估与展望——基于“生活质量—社会质量”理论分析框架》，《社会工作》2014 年第 6 期。

④ 魏婷婷：《城市社区居家养老服务综合评估研究——基于郑州市的实证调查》，硕士学位论文，郑州大学，2017 年。

姚云云从社会质量的价值导向上对社会政策制定提出建议，社会质量理论以倡导社会和谐和社会建设为其基本的价值导向，而这一导向正是我国推进和谐社会这一目标建设中所需要的。社会质量理论为我们提供了一个社会科学研究的新视角，重新检视我国社会发展的目标走向和社会政策价值导向。基于此，应该把发展的核心问题聚焦于我国社会发展的质量和民生建设上，在实践中通过各种社会政策手段增进社会团结、维护社会融合，建立以社会经济保障、社会包容、社会赋权、社会凝聚各种维度为核心价值的可持续的福利社会。①

林平等指出面对中国社会政策转型的现实困境，社会质量理论为我们提供了独特的解读。社会质量理论要求政府在提供社会经济保障、促进社会融入、社会整合和社会增能方面有所作为，提高全体公民的社会政治权利和社会福利。其次，它倡导社会团结、社会信任的精神，这对于我们研究社会边缘群体、相对贫困和社会排斥等问题有积极意义，有助于我们强化社会团结理念，形成社会稳定的规范基础，从而影响和指导人们的社会行动。社会质量理论强调建设公民社会的重要性和发展NGO的必要性，要求公民行动和政治参与。社会政策的转向除了政府自身的推动外，公民社会的发展同样是不可忽视的社会力量，公民的满意是衡量社会政策正确与否的重要指标。②

林卡从“生活质量—社会质量”视角来分析政策实施效果及社会发展水平。生活质量理论和社会质量理论具有不同的意识形态导向、社会发展理念和分析工具的使用意图。前者支持现代化的理念并促使人们去追求高水平的生活，后者则支持社会和谐的意识形态，倡导增进社会体系的包容性和社会和谐，以改善所有社会群体的总体福祉状况。倡导社会质量理论对于我们提升社会和谐程度、建设“和谐社会”、增进人们福祉，具有积极意义。基于“生活质量—社会质量”的视野，社会政策新的发展导向应当包括：强调以人为本的价值，摒弃各种“物化”标准，

---

① 姚云云：《社会发展质量诉求与我国社会政策价值导向——基于社会质量理论的回应》，《北京工业大学学报》（社会科学版）2013年第1期。

② 林平、郑易平：《社会质量理论与社会政策转型》，《中共成都市委党校学报》2012年第6期。

克服“异化”现象；充分肯定人们主观幸福感的需要；包容生活方式和观念的多元化；形成一定的社会开放空间，使人们能够拥有进行社会参与的机会。①

夏延芳认为社会质量理论对我国社会政策建设的发展方向和价值导向具有积极的借鉴意义，为我国推进社会政策改革提供了新的视角。基于社会质量这一理论视角，我国的社会政策建设必须以提升社会质量为出发点，为建设可持续型福利社会这一目标服务。要实现这一目标，必须重构经济政策与社会政策关系，坚持社会公正的社会政策设计理念，构建包容性社会政策体系和社会政策过程中的公众参与机制，从而推动经济增长和社会进步协调发展，从社会经济保障、社会融合、社会凝聚和社会赋权四个维度提升我国的社会质量。②

从玉飞提出新中国成立至今，治国理念呈现出从社会管理向社会治理转变的发展轨迹，内在蕴含着两种价值理念的转向：一是经济发展与社会发展的关系从失重向平衡转换；二是社会管理导向从重视生活质量向关注社会质量转换。引自欧洲的社会质量概念逐步嵌入这两种转向过程中，同时，其也为诠释社会治理问题提供了崭新视角。新时期社会治理研究不应忽视社会质量取向，应在个体实现与社会发展互动统一的视域下，建构以增进社会团结和社会信任为价值基础，以社会经济保障、社会凝聚、社会包容和社会赋权为核心内容的新型社会治理模式，进而在一定程度上推进我国社会管理体制创新。③

王晓楠认为面对转型期的中国社会风险，需要选择不同的视角进行分析使其更适用于当前所面临的问题。社会质量作为一种全新的理论和研究范式，不仅诠释传统意义上的社会福祉，而且与社会风险理论的有着内在联系和价值的耦合。社会质量框架将社会风险的各种碎片化概念整合在一个框架内，从宏观到微观，从制度到文化，从组织到个体呈现了相互交织、相互影响的四类社会风险，挖掘了风险社会的深层秩序空

① 林卡：《社会政策、社会质量和中国大陆社会发展导向》，《社会科学》2013 年第 12 期。

② 夏延芳：《社会质量理论对我国社会政策建设的启示》，《湖南社会科学》2014 年第 1 期。

③ 从玉飞：《社会质量取向：社会治理研究的新议题》，《江海学刊》2015 年第 1 期。

间，使社会质量视角中风险治理就有了独特的内容。它不仅包含传统意义上的安全保障，而且凸显构成要素间的互动及关系的调整，从而构建了广泛意义上的风险治理，也正是社会质量的理论诉求——谋求制度世界和生活世界、客观世界与主观世界之间的平衡。①

张海东指出在政策研究方面，国内社会质量研究的一个重要特点是关注点较多地停留在理念层面，缺乏可操作性的政策设计。究其原因大致受以下几个方面因素的制约：一是社会质量涉及领域如此广泛，对一般研究者而言，很难通晓涉及社会质量各个具体领域的社会政策，而这方面的社会政策专家却是凤毛麟角；二是我国正处于总体性改革的过程当中，原来碎片化的各项政策正在进行调整，改革的总体思路有了，但很多具体政策正陆续出台，这对社会质量研究者而言既是机遇更是挑战。解决问题的思路在于要把社会质量研究具体化到相应的社会领域，并分门别类地开展相应领域的社会政策研究。②

李全利认为社会质量理论中的四个维度指标体系不但能够用来评价民生发展的问题与不足，还能够用来指导民生治理的现代化走向。作者以重庆市涪陵区为例，分析地方政府民生工程建设问题，从社会质量的角度探索民生治理新模式。实现民生治理现代化，首先要建立多元化的民生资源长效供应机制，为民生工程提供经济—社会保障；引入“共享发展”的现代化治理理念，增加民生治理的社会凝聚力；建立民生职能部门联动协调机制，全面增强民生治理的社会包容性；打造民生工程公民治理模式，增强民生治理的社会赋权力度。③

詹国辉认为当下中国正处于社会转型的关键阶段，社会治理正面临着结构性流变之风险，社会治理的转型已成为进入新时代的重要现实命题。社会治理从传统模式向新模式的转型过程中所映射出的行动逻辑是从“政府质量”转向到“社会质量”。前者强调以政府为主导的经济指标的递增；而后者凸显社会福祉的提升。这一转型逻辑彰显了“社会性”

① 王晓楠：《社会质量理论视角下中国社会风险治理》，《吉首大学学报》（社会科学版）2016 年第 2 期。

② 张海东：《中国社会质量研究的反思与研究进路》，《社会科学辑刊》2016 年第 3 期。

③ 李全利：《社会质量视角下的地方政府民生治理现代化研究》，《兰州学刊》2018 年第 2 期。

的主体功能，映射了个体发展与社会发展的内生互构共生关系，同时这亦有效契合当下风险社会治理的时代主题。以社会质量为核心的社会治理模式内在本质要求建构出“社会经济保障、社会凝聚、社会包容和社会赋权”的内容体系，更为重要的是坚持基层党建引领社会治理的核心原则，凸显社会组织在社会治理转型中的作用，意在构建一种可持续的社会治理长效图景，力图实现社会整体性福祉的提升，旨在进一步提升转型期的社会治理质量，进一步推动社会治理现代化目标的实现。①

邵亚萍认为精细化社会治理是治理现代化的必然趋势，精细化社会治理应当建立在充分的理论论证和分析的基础之上。科层制理论和社会质量理论能帮助深入分析精细化社会治理面临的现实困境和挑战。从科层制理论视角来看，精细化社会治理存在“过度行政化风险”；从社会质量理论的经济保障、社会凝聚、社会融入和社会赋权四个方面看，精细化社会治理的治理效果及其应对新时期社会风险的能力仍有待进一步提高。在这种背景下，以社会问题和社会公共需求为导向的精准社会治理应当成为精细化社会治理新的发展要求。因此，要以构筑精准的社会治理体系为政策依据，以加强信息化建设为手段，进一步激发基层社区治理活力，打造多元主体参与的治理共同体，最终实现共建共治共享。②

葛道顺认为社会政策是关乎人民福祉和社会发展的政策体系。“十四五”及 2035 年远景期，面对“改善人民生活品质，提高社会建设水平”和“协调推进全面建设社会主义现代化国家”的任务，我国应当积极构建全面发展性社会政策体系，为城乡全体居民的美好生活赋能；推行社会质量发展范式，助力社会建设水平；探索并加入全球社会政策体系建构，为人民发展和开放性社会扩展空间。③

沈费伟等提出我国数字政府建设经历了由前期重视政府质量到后期开始关注社会质量的转型发展，其运行逻辑体现为在社会经济保障上以供给优质服务为宗旨，在社会凝聚上以促进集约共享为原则，在社会信

① 詹国辉、张国磊：《政府质量走向社会质量：社会治理的转型逻辑》，《哈尔滨工业大学学报》（社会科学版）2019 年第 5 期。

② 邵亚萍：《精细化社会治理的挑战及应对策略》，《长白学刊》2020 年第 6 期。

③ 葛道顺：《“十四五”时期构建全面发展性社会政策的思考》，《人民论坛》2020 年第 36 期。

任上以满足公众需求为导向，在社会赋权上以实现公民权益为目标，并实现了政务沟通方式、政务协同方式、移动办公方式和应用建设方式的创新。[①] 尽管我国数字政府建设取得了重要成就，但距离高质量发展还存在政府治理理念不完善、政务信息共享难度大、业务数据安全隐患高、多元主体参与程度低等诸多现实困境，导致这些问题的深层原因在于政府社会质量水平不高。基于此，未来需要优化政府治理理念、扩大政务信息共享范围、健全业务数据安全机制、拓宽多元主体参与渠道，最终促进数字政府实现高质量发展。

（三）社会理论研究综述小结

综上，社会质量理论发展的渊源大抵有两条脉络。其一是西方国家，主要是欧洲国家对社会质量问题的讨论；欧洲学者们对社会质量理论的分析主要是如何防止过度私有化，如何加强社会福祉和社会福利，换言之，欧洲学者的社会质量理论更多地关注社会发展过程中出现的“市场”和“社会”之间的矛盾。面对新自由主义在西方国家的盛行，“市场”在政策制定过程中占据了主导地位，而“社会”则成为“市场”的补充和从属。基于这一问题，西方学者的社会质量理论的出发点在于“社会”，提倡需要通过一种新的办法，建立经济增长和社会发展之间的平衡关系，从而重树“市场”和“社会”在社会发展中的地位，并对社会是否随着经济的增长而更加文明和开放，人们能否随着经济的增长而更加自主和幸福的问题进行讨论。

社会质量理论发展的另一渊源是我国学界基于如何建立和维护经济改革背景下的社会新秩序而开展的社会质量理论的讨论，其重点在于，如何使我国社会从自上而下的高度的政治规范化社会转型为自下而上的高度的自治型社会；换言之，我国本土产生的社会质量理论更多地关注社会发展过程中出现的“国家”和“社会”之间的紧张关系。

就这两个不同的理论发展脉络而言，两者实际上是有共通之处的，并且都可以促进我国当前的社会质量理论发展。我国当前正处经济体制改革的瓶颈期和社会结构转型的波动期。从经济发展角度，我国的经济

---

① 沈费伟、曹子薇：《社会质量视角下数字政府发展的现实困境与优化路径》，《电子政务》2022 年第 7 期。

发展模式转型困难重重，难以在短期内取得突破。同时，社会建设与经济发展的不协调导致各类社会矛盾凸显。在这一背景下，如何寻找社会治理的突破口，转变政府职能、完善管理制度，如何整合社会管理资源、扶持社会组织、促进公众参与，如何加强社会民生工作、强化政府和非政府组织的社会服务功能，从而有效地化解社会矛盾、降低社会风险、保障社会稳定，都是需要从理论上进行深入探讨的问题。而这些问题，既涉及“国家”和“社会”之间的紧张关系，又涉及“市场”和“社会”之间的不协调发展，因此，我国的社会质量研究应当致力于探索符合中国国情的理论方向，在总结现实中的社会建设和社会管理经验的基础上，在力求学术创新的同时，完善既有理论价值，又有政策意义的社会质量理论。然而，正如有些学者指出的，我国学者对于社会质量的研究还处于起步阶段，研究的整体水平还不够高；与此同时，社会质量的理论研究尚未充分结合我国的实际国情，在研究上尚待取得实质性的进展。社会质量研究成果能在多大程度上为政策制定和政策实施服务，则是一个困扰研究者的大问题。

第五节　小结

人们能够在多大程度上参与其共同体的社会与经济生活是欧洲语境下的社会质量所关注的核心，并且这种生活能够提升其福利和潜能。换言之，社会质量主要的内涵是以社会关系为核心的社会互动和个体发展，这其中既包括宏观与微观的互动，也包括结构与个体之间的限制、构建关系；也正是通过对社会关系的质量的测量，才能够反映出社会成员在社会发展中的融合、参与程度，以及通过某种社会关系所得到的个人的福祉。

欧洲学者认为，社会本身存在着两种紧张关系的互动。这两种紧张关系是：正式的系统世界和由家庭、群体和社区构成的非正式的生活世界两者之间的水平方向的紧张关系，以及社会发展和个人发展两者之间纵向的紧张关系。① 正是这两组紧张关系反映了结构与社会成员个体之间

---

① Beck, W. Van der Maesen, L. Thomése, F., & Walker, A., *Social quality: A vision for Europe*, The Hague: Kluwer International, 1997, pp. 6 – 7.

的限制与构建关系，从而体现出一个社会是否具有开放性、包容性等特质。一个“高质量”的社会，应当有充分的空间容许社会成员在自我实现的同时形成集体认同。换言之，“高质量”的社会中，自我实现和集体认同的关系应当是相互依赖的，而非相互排斥的。一方面，集体认同促进而非限制自我实现；另一方面，社会成员自我实现的过程又进一步构建了集体认同。正如张海东所言：（社会质量）出发点是消解社会发展与个体发展的矛盾，解决组织世界（亦即体系和制度世界）与生活世界（即共同体、群体和家庭）的冲突，从而改善社会状况，继而提升个人的福利和潜力。①

社会质量包含了三组因素：建构性因素（亦称制度性因素）、条件性因素、规范性因素（表 1－2）。

首先，建构性因素重点强调高质量社会应当具备的制度架构。正如沃克指出的：“（建构性因素）是在横跨两种重要紧张关系中，自我实现过程与各种集体认同的形成过程互动的结果。由此带来合格的社会行动者的构成：个人（人的）安全，关乎法律规则的制度化；社会认可，关乎社区成员个人之间的尊重；社会响应，关乎群体、社区和系统的开放性；个人（人的）能力，关乎个人的生理和精神方面的能力。”②

其次，条件性因素所强调的是社会质量赖以形成的外部性条件。如沃克所言，条件性因素首先强调的是社会经济保障的重要作用。其次，对于在社会发展和非正式世界的互动中，如何通过非正式世界层面的聚合机制，有效地将非正式世界和社会聚合在一起，对社会发展和非正式世界的维护都是至关重要的。这就对社会质量的界定提供了社会凝聚这一维度。

再次，条件性因素的一个重要维度是社会包容。在社会多元化背景下，高质量的社会应当具备充分的社会包容，从而在通过系统世界的制度性因素对个体的多元发展的作用中，保障个体发展不受来自系统世界可能存在的群体性排斥机制的影响，即实现社会包容，这也就成为条件

---

① 张海东：《社会质量视角中的风险应对》，《江海学刊》2011 年第 3 期。

② 艾伦·沃克、张海东：《社会质量取向：连接亚洲与欧洲的桥梁》，《江海学刊》2010 年第 4 期。

性因素的重要组成。高质量社会应当有效提供给社会成员在社会和经济领域中的融入机制，避免社会成员受到社会排斥。在条件性因素中，连接非正式世界和个体发展的重要纽带是社会赋权。在社会发展中，社会成员只有通过社会参与，才有可能得到生活和发展所需要的机会与资源，因此，参与本身具有重要的维系“社会关系”的内涵。

最后，规范性因素从社会价值角度对建构性因素和条件性因素所蕴含的内在理念性因素进行分析，从而评估社会质量的适当性和必要性程度。具体而言，规范性因素包括：第一，条件性因素中的社会经济保障着重强调社会成员取得资源的可能性，只有得到充分的社会经济保障，社会成员才具备与社会互动的物质能力，因此，社会经济保障对应的规范性因素是社会正义；第二，条件性因素中的社会凝聚强调的是基于社会共同价值和规范体系而产生的社会关系特质，从而分析社会秩序的维护机制和社会价值规范体系的整体性的构建机制，因此，社会凝聚反映的是社会团结和整合问题；条件性因素中的社会包容指向的是多元化世界存在的可能性和社会发展对多元化世界的兼容性，因此，社会包容对应的规范性因素是平等的权利和价值，和对社会排斥的否定；条件性因素中的社会赋权关注社会对公民行动能力的保障与支持，其所蕴含的是社会对个体行动能力的尊重和行动机会的平等给付，因此，社会赋权的指向是人的尊严。

表1－2　　社会质量的理论结构

建构性因素	条件性因素	规范因素
个人（人类）安全	社会经济保障	社会正义（平等）
社会认知	社会凝聚	团结
社会反应	社会包容	平等价值观
个人（人类）能力	社会赋权	人的尊严

整体而言，欧洲社会质量的理论架构的核心是对正式的系统世界/社会和非正式的生活世界/社会成员之间的关系进行“理想型”的描述与研究（见图1－1）。只有在系统世界/社会对生活世界/社会成员的发展起到正向的促进作用时，生活世界/社会成员才能进而对系统世界/社会进行

积极的构建，从而促进社会质量的提高，保障社会自发的有序发展。

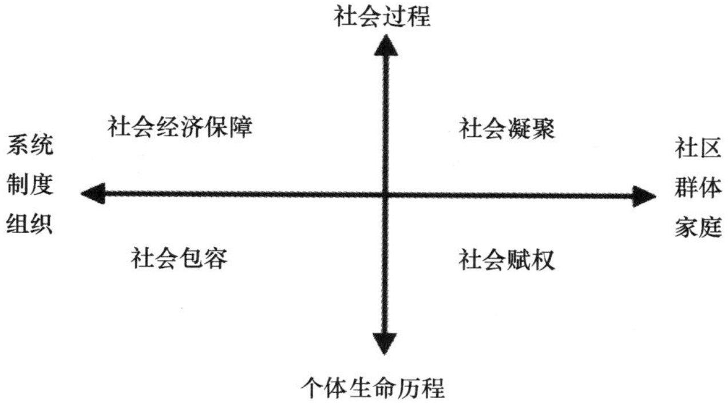

图1-1　欧洲社会质量的理论架构

第二章

社会经济保障报告(一):家庭经济安全

社会质量理论中，社会经济保障包括三个方面的内涵：一是家庭有足够的经济资源以满足当前生存或体面生活的需求；二是家庭有足够的经济资源来防御可预见的风险（如养育、养老等）和不可预见的风险（如疾病、灾祸或失业等）；三是家庭有适当的政策保障以弥补市场经济造成的分配不平等。与此对应，本章从收入充足性、收入贫困与保障和收入不平等三个维度来报告。收入充足性的指标基于居民家庭的收支关系，具体包括居民家庭收入和消费性支出的基本情况，家庭收支平衡的测算结果和主观评估，家庭消费性支出的基本构成及主要部分占比，以及居民主观感知的家庭经济困难。收入贫困与保障的指标包括收入相对贫困的测算，和家庭收入来源上对转移性收入的依赖程度。收入不平等主要关注城乡间和收入层次上的不平等，具体指标包括人均收入的对比和消费性支出的差异等。

本章主要使用“中国社会综合状况调查”（CSS）中有关居民家庭在2020年收入和消费支出的数据。调查问卷中家庭收入题组涵盖了10个分项，归为六大类：工资性收入（工资、奖金、津贴、节假日福利等）、农业经营收入（农林牧渔业生产经营净收入）、经商办厂收入（扣除各项成本和税费之后的净收入）、财产性收入（出售/出租房屋、土地收入；家庭金融投资理财收入，如债券、存款、放贷等的利息收入，股票投资收入及股息、红利收入等）、转移性收入（家庭成员退休金、养老保险金、失业保险金、工伤保险金、生育保险金等社保收入；政府、工作单位和其他社会机构提供的社会救助收入；政府提供的生产经营补贴、政策扶持收入；居委会、村委会提供的福利收入）和其他收入。家庭总收入为这些分项收入的汇总。

家庭生活消费支出列举了 17 个分项，归为八大类：饮食支出（包括外出饮食支出；自产食品估算其价格，并计算在内）、衣着支出（衣服、鞋帽等）、居住支出（缴纳房租、电费、水费、燃气煤炭费、物业费、取暖费等）、家庭设备及用品支出（家用电器、家具、家用车辆等购置支出）、交通通信支出（如固定电话/手机的话费、上网费等，上下班等交通费及家用车辆汽油费、保养费、路桥费等）、医疗保健支出（看病、住院、买药等的费用，不扣除报销部分）、教育支出（如学费、杂费、文具费、课外辅导费、在校住宿费等）和其他支出（包括文化娱乐、家政服务、赡养照料和红白喜事支出等）。①

数据中的家庭总收入和生活消费总支出采用各分项金额汇总的方式计算而得，家庭人均收入和人均支出以家庭共同支出人口数为计算基数。

在 CSS 的抽样设计中，全国总体包含了 6 个具有代表性的子总体，分别为华北地区（北京、天津、河北、山西、内蒙古）、东北地区（辽宁、吉林、黑龙江）、华东地区（上海、江苏、浙江、安徽、福建、江西、山东）、中南地区（河南、湖北、湖南、广东、广西、海南）、西南地区（重庆、四川、贵州、云南、西藏）和西北地区（陕西、甘肃、青海、宁夏、新疆）。本部分在报告全国总体情况的同时，也会报告并比较各个地区的基本情况。

第一节　收入充足性

本节从四个方面来分析报告居民家庭的收入充足性状况。首先，报告家庭收入与支出的基本情况，包含指标有家庭总收入、家庭人均收入、家庭总支出、家庭人均支出，以及收支的均值比和中位值比。其次，在家庭层面分析家庭经济收支平衡状况，具体指标包括家庭收支比的均值、中位值，以及收支比大于 1 的家户比例的测算比例和居民的主观评估。再次，通过分析家庭生活消费支出的构成与各类支出占总收入的比例，了解家庭支付日常生活必需（如饮食、居住等），以及承受可预测风险（如教育）和不可预测风险（如医疗）支出的情况。最后，报告居民主观

---

① 购房首付和分期偿还房贷的支出不包含其中。

感知到的家庭经济困难，与基于收支数据的分析结果进行印证。

一 家庭收入与支出概况

表2-1和表2-2报告了全国和各地区家庭总收入与生活消费总支出，家庭人均收入与生活消费人均支出的基本情况，以及收支的均值比和中位值比。

表2-1 家庭总收入与生活消费总支出的基本情况 （单位：元）

地区	总收入均值	总支出均值	收支均值比	总收入中位值	总支出中位值	收支中位值比
华北	98007	70662	1.39	65000	46517	1.40
东北	74904	57362	1.31	60000	41200	1.46
华东	131548	90787	1.45	96000	59900	1.60
中南	96086	71451	1.34	65000	50400	1.29
西南	92417	78700	1.17	60700	54300	1.12
西北	81046	60402	1.34	60000	39500	1.52
全国	103889	76586	1.36	70000	51850	1.35

表2-2 家庭人均收入与生活消费人均支出的基本情况 （单位：元）

地区	人均收入均值	人均支出均值	收支均值比	人均收入中位值	人均支出中位值	收支中位值比
华北	39780	28412	1.40	22500	16625	1.35
东北	36207	26877	1.35	25000	17500	1.43
华东	45565	31290	1.46	26667	18500	1.44
中南	33944	24258	1.40	18000	14267	1.26
西南	28126	26122	1.08	16600	14133	1.17
西北	30026	22364	1.34	18000	12228	1.47
全国	37157	27223	1.36	20400	15667	1.28

1. 与两年前相比，全国家庭总收入和家庭人均收入都有所增加，但地区间分布不均衡

CSS 2021 调查数据的分析结果显示，我国居民 2020 年的家庭总收入加权后均值为 103889 元，中位值是 70000 元，表明全国有一半家庭的年总收入在 70000 元以上（见表 2 - 1）。CSS 2019 调查中按照相同统计口径计算的 2018 年家庭总收入均值为 91286 元，中位值为 60000 元。无论是均值还是中位值，家庭总收入都有明显上升。

分析数据后还发现，经济最为发达的华东地区家庭总收入均值最高，超过 13 万元，而其他各地区的收入均值都低于全国平均水平。其中，东北地区的家庭总收入均值最低，为 74904 元，比最高的华东地区低了 5 万多元，也低于全国平均水平约 3 万元。华北和中南地区的家庭总收入水平比较接近，西北和西南地区相对偏低（见表 2 - 1）。

家庭人均收入也呈现上升态势。2020 年全国家庭人均收入的加权后均值为 37157 元，中位值为 20400 元，二者比 2018 年的调查结果上升了 2000—3000 元。各地区中也是华东地区最高，然而东北地区的家庭人均收入均值仅略低于全国平均水平，而中位值甚至高于华北地区，位居第二。这可能是由于东北地区老龄化严重，需要抚养的无收入子女人数少，家庭人口规模小的原因。西南地区无论是家庭人均收入均值还是中位值都在六大区中最低（见表 2 - 2）。

2. 与两年前相比，全国家庭生活消费总支出和人均支出也有所升高，但仍然存在明显的地区差异

我国居民 2020 年家庭生活消费总支出的加权后均值为 76586 元，比 2018 年的 69177 元增长 7409 元。中位值为 51850 元，也比 2018 年的中位值高出约 4000 元。家庭生活消费总支出上也是华东地区高居榜首，均值为 90787 元，东北地区在六大区中的总支出均值最低，比全国平均水平低了近 2 万元（见表 2 - 1）。

2020 年的家庭人均生活消费支出的加权后均值为 27223 元。中位值为 15667 元，各地区中华东地区的人均支出均值和中位值仍是最高，西北地区则是最低，两个地区人均支出均值的差距大约在 6000 元（见表 2 - 2）。

3. 全国家庭的收入均值是支出均值的1.36倍，各地区中西南地区的收支比最低

总体来看，全国家庭总收入与总支出的均值比为1.36（表2－1），全国家庭人均收入与人均支出的均值比也为1.36（表2－2），显示总量上我国居民的家庭收入大约有1/3的盈余。值得注意的是，西南地区虽然家庭总收入均值较低，但总支出均值高出全国平均水平，收支比为1.17，家庭人均收入和支出的均值比仅为1.08，成为各地区中间收入总量盈余最少的地区，其中原因有待深入分析。

数据显示，各地区家庭总收入或人均收入的中位值普遍低于均值，意味着低收入人群比重较大。华东地区家庭总收入中位值的收支比为1.60，在各地区中最高。西北地区和东北地区虽然收入中位值较低，但支出的中位值也较低，致使中位值的收支比在1.5左右，和其他地区相比也处于较高水平。西南地区中位值的收支比为1.12，在六大区中最低。

二 家庭内部收支平衡状况

表2－3报告了全国和各地区家庭内部的收支平衡状况，具体包括收支比均值、收支比中位值，收支比≥1的家庭比例，以及自评收支相抵或收大于支的家庭比例。

表2－3 家庭内部收支平衡状况 （单位：%）

地区	收支比均值	收支比中位值	收支比≥1的家庭比例		
			计算结果	自评结果	二者差异
华北	2.11	1.37	67.40	65.21	2.20
东北	2.35	1.37	69.18	67.95	1.23
华东	2.50	1.45	70.82	72.04	－1.22
中南	2.07	1.26	63.26	60.47	2.78
西南	1.65	1.16	59.03	54.83	4.21
西北	2.36	1.43	65.24	57.97	7.26
全国	2.18	1.33	65.97	64.02	1.96

1. 从全国家庭平均来看总收入是总支出的2.18倍，有一半家庭的总收入是总支出的1.33倍及以上，有大约2/3的家庭总收入大于或等于总支出。六大区中，华东地区家庭的收支平衡状况最好，西南地区的家庭最差

如表2－3所示，全国范围所有家庭收支比的均值为2.18，收支比中位值是1.33，收支比大于等于1的家庭比例为65.97%。这表明全国大约2/3家庭处于收支平衡或盈余的状态，一半家庭的总收入是总支出的1.33倍。

六大区中，仍是华东地区的家庭收支平衡状态最好，收支比均值在2.50，中位值是1.45，约有70%的家庭其收入能够满足支出的需要。引人注意的是西北和东北地区的家庭也有较好收支平衡，他们的收支比均值分别为2.36和2.35，高于全国平均水平。西北地区的收支比中位值为1.43，仅次于华东地区。东北地区入不敷出的家庭大约和华东地区持平，在30%左右。相比之下，西南地区的家庭收支平衡状况最差，收支比均值仅为1.65，中位值是1.16，约有40%的家庭收不抵支。

2. 居民对家庭收支平衡状况的主观评估与客观事实比较接近，西北和西南地区差距稍大

CSS 2021调查中请受访者评价家庭总体的总体收支情况。① 数据显示受访者的自评结果与根据受访者报告的家庭收入和支出计算得出的结果比较接近。全国范围内，有64.02%的受访者认为所在家庭收大于支或收支相抵，比计算得出的结果仅低2个百分点左右。六大区中，除西北和西南地区以外，其他四大区受访者的自评结果和计算结果的差异都在2个百分点左右。西南地区的受访者对家庭经济评估的状况最差，仅有54.83%的人认为自己家庭收大于支或收支相抵。西北地区的受访者的主观评估与计算结果差距最大，低了约7.26个百分点（见表2－3）。

三　家庭支出构成与占比

表2－4和表2－5报告了家庭生活消费支出的结构及各类支出占家庭总收入的比例。

---

① 问卷中的问题为：C3. 去年（2020年），您的家庭总体的收支情况是：1收大于支；2收支相抵；3收小于支。

表 2－4　　家庭生活消费支出构成情况　　（单位：%）

地区	食品	衣着	居住	家庭设备及用品	交通通信	医疗保健	教育	其他
华北	27.1	10.1	13.3	10.5	7.9	9.7	12.8	13.2
东北	29.5	9.9	9.0	8.9	8.2	9.7	11.7	17.2
华东	27.4	8.8	15.6	11.5	7.4	7.5	12.7	13.5
中南	32.1	7.7	10.6	10.2	8.3	9.2	12.0	13.7
西南	28.1	9.5	10.3	14.2	9.3	7.4	9.6	12.8
西北	24.4	8.9	9.6	10.5	8.3	20.2	10.4	13.8
全国	28.8	8.9	12.5	11.3	8.1	9.0	11.9	13.6

表 2－5　　家庭生活消费各类支出占家庭总收入比例　　（单位：%）

地区	食品	衣着	居住	家庭设备及用品	交通通信	医疗保健	教育	其他
华北	20.2	7.4	9.6	7.4	5.7	7.1	8.9	9.6
东北	23.5	7.9	7.0	6.9	6.3	7.4	8.9	13.3
华东	19.6	6.1	11.0	7.9	5.1	5.2	8.5	9.4
中南	24.4	5.7	7.9	7.8	6.2	7.0	9.0	10.3
西南	23.8	7.1	8.7	10.5	7.8	6.5	8.2	10.7
西北	19.4	7.0	7.1	7.7	6.1	15.2	7.9	10.3
全国	21.7	6.4	9.3	8.1	6.0	6.8	8.6	10.1

1. 我国居民家庭生活消费支出中食品类支出占比最高，恩格尔系数估计为28.8%，六大区中中南地区的恩格尔系数最高，西北地区最低

恩格尔系数是指一个家庭中食品支出总额在家庭总支出中所占的比例，是衡量一个国家居民生活水平的重要标准。根据联合国粮农组织提出的标准，恩格尔系数在59%以上为贫困，50%—59%为温饱，40%—50%为小康，30%—40%为富裕，低于30%为最富裕。表2－4中所报告的数据显示，我国居民家庭生活消费支出中，食品支出仍然是占比最大、最重要的部分，平均占比为28.8%，即恩格尔系数低于30%，属于“最富裕”区间。

但在我国“民以食为天”的传统观念的影响下，我国居民会在基本

温饱之外给予饮食更多的重视，追求更高品质的食品消费，同时，饮食消费的多少还会受到各地不同食品成本的影响。反映在数据上，六大区中恩格尔系数最高的是物价水平相对较高的中南地区，为32.1%；最低的则是经济较为落后的西北地区，为24.4%。

如表2－5所示，全国家庭食品类支出在家庭总收入中所占的比重平均为21.7%，也就是说平均大概占家庭总收入的1/5。华东地区和西北地区的占比均低于全国水平，前者为19.6%，后者为19.4%。说明西北地区较低的恩格尔系数并不意味着较高的生活水平，可能主要是因为省吃俭用。

2. 我国居民家庭生活第二大消费支出是居住相关支出，平均来看支出占比超过10%。华东和华北地区居住负担相对较高，东北地区最低

此处居住相关支出包含了缴纳房租，和电费、税费、燃气费、物业费、取暖费等费用，反映了居民家庭基本生活所需。表2－4和表2－5中的数据显示全国居民家庭居住相关支出占总支出比例的平均值为12.5%，占总收入比例的平均值为9.3%。

一般来说，城市居民家庭的居住负担较高，而农村居民家庭的居住负担较低。数据显示六大区中城市化程度较高的华东和华北地区的居住负担相对较高。华东地区家庭平均居住相关支出占总支出的15.6%，占总收入的11.0%；华北地区家庭平均居住相关支出占总支出的13.3%，占总收入的9.6%。相比之下，东北地区家庭的居住负担最低，平均居住相关支出占总支出的9.0%，占总收入的7.0%。

3. 我国居民家庭教育和医疗负担较重，平均来看支出占比各在1/10左右。华东和华北地区的教育支出占比最高，西北地区的医疗负担最重

如表2－4所示，全国居民家庭教育支出占总支出的平均比例为11.9%，华东和华北地区的教育支出占比最高，超过12%，而西南和西北地区最低，在10%左右。这在一定程度上反映了对教育的重视程度与地区的经济发达程度有关。

全国居民家庭医疗保健支出占总支出的平均比例为9.0%，和2018年的数据相比有较大幅度的下降。2019年我国的医保新政进行了一系列改革，包括提高人均财政补助标准、提高大病保险报销比例、增加农村贫困人口大病专项救治病种等措施。调查数据反映了我国医保改革切实

减轻了老百姓在就医方面的支出负担。然而仍存在地区不均衡的情形，如西北地区的医疗保健支出占比明显高于其他地区，几乎占总支出的1/5。① 具体原因也有待深入探讨。

四 居民感知的家庭经济困难

CSS 2021 调查问卷中请受访者回答“在过去 12 个月中，您或您家庭遇到下列哪些生活方面的问题?”选取其中与家庭收入或支出相关的主要条目，并按照全国范围内选中比例的高低进行排序，结果报告见表 2 –6。

表 2 –6　　家庭遇到经济困难问题的比例　　（单位：%）

	全国	华北	东北	华东	中南	西南	西北
物价上涨，影响生活水平	44.9	43.0	44.9	40.5	49.2	46.5	46.1
家庭收入低，日常生活困难	36.0	33.1	31.9	27.7	40.9	43.0	45.6
医疗支出大，难以承受	26.8	24.0	25.9	21.6	30.1	30.2	34.8
家人无业、失业或工作不稳定	26.0	22.7	17.1	20.2	29.4	32.6	37.1
子女教育费用高，难以承受	24.9	22.3	17.6	24.3	27.8	26.4	24.3
住房条件差，建/买不起房	21.9	20.4	18.1	18.5	24.0	25.0	27.2

1. 全国超过四成的居民家庭报告了物价上涨的问题，报告比例位居家庭经济相关问题的首位，中南地区居民家庭中这一问题尤为严重

在全国范围内有 44.9% 的居民报告遇到“物价上涨，影响生活水平”的经济困难。在各地区中，中南地区的居民家庭中报告遇到这一问题的比例最高，为 49.2%，前面分析中发现中南地区家庭恩格尔系数最高，物价高可能是其中的一个解释。紧随其后的是西南、西北地区，比例分别为 46.5% 和 46.1%。可能原因是这两个地区的家庭收入偏低，对物价上涨的承受力较弱。

2. 全国居民家庭遇到家庭收入低或不稳定的情况也较多，西北和西南地区居民家庭中较为突出

① 数据分析时考虑到结果可能受到极值的影响。去掉西北地区医疗费用最高的家庭后再分析，这一占比仍达到 16.6%，远高于其他地区。

全国范围内感受到“家庭收入低，日常生活困难”问题的居民约占36.0%。这一问题最突出的地区是经济欠发达的西北和西南地区，分别为45.6%和43.0%。从前面的收支数据分析结果发现，西北地区居民会采用收紧支出的方式来应对这一问题，而西南地区居民则存在较为严重的入不敷出情形。

“家人无业、失业或工作不稳”也会导致家庭收入的缺乏。全国范围内有大约1/4（26.0%）的居民报告了这一问题。在西北和西南地区，这一问题最为严重，报告比例分别为37.1%和32.6%；而在东北地区居民报告的比例最低，比例为17.1%。

3. 全国大约有1/4的居民报告医疗支出和子女教育费用上难以承受。医疗负担上西北地区遇到问题的家庭比例最高，教育费用负担上中南地区遇到问题的家庭比例最高

全国范围内有大约1/4（26.8%）的居民报告在过去12个月里遇到了“医疗支出大，难以承受”这方面的问题。六大区中西北地区居民报告这一问题的比例最高，为34.8%，在一定程度上佐证了上述支出结构分析中西北地区居民家庭医疗负担过重的发现。

“子女教育费用高，难以承受”问题和医疗问题程度相当。全国范围内报告这一问题的居民也大约占1/4（24.9%）。六大区中中南和西南地区居民家庭报告比例较高，分别为27.8%和26.4%。

4. 全国大约有1/5的居民报告了住房困难的问题，这个问题也是在西北地区表现最为突出

在全国范围内有21.9%的居民报告遇到“住房条件差，建/买不起房”的困难。住房问题与家庭收入水平密切相关，因此经济欠发达的西北地区，居民报告这一问题的比例最高，为27.2%，其次是西南和中南地区，分别为25.0%和24.0%。

综上，本节从居民家庭收支概况、家庭收支平衡状况、生活消费支出结构及占比，和居民主观感知的经济困难四个方面描述家庭的收入充足性。2020年虽然受到新冠肺炎疫情影响，但我国居民家庭总体收入充足，家庭收支比在1.3左右。在全国范围内约2/3的家庭，其家庭收入可以满足支出需求，或仍有盈余。在家庭生活消费支出中，恩格尔系数维持在30%及以下的水平，处于富裕区间；但教育和医疗保健负担较重，

居住负担也可能随着城市化水平的提高而增加。在过去的 12 个月里，根据居民的报告，遇到最多的经济困难是物价上涨，其次是收入低或不稳定，再次是医疗和子女教育费用难以承受，住房问题也有大约 1/5 的居民反映遇到困难。

各大区中间收入充足性方面需要关注的是经济欠发达西南和西北地区。西南地区家庭收入、支出，和收支比均在各大区中最低，约有四成的家庭处于入不敷出的状态。西北地区食品支出占比低，而医疗支出占比高，需要对这一地区居民的营养和健康情况给予重视。

第二节 收入贫困与保障

党的十八大以来，扶贫减贫作为党工作的重心取得了辉煌的成果。在现行绝对贫困标准下，贫困人口从 2012 年年底的 9899 万人减少到 2019 年年底的 551 万人，连续 7 年减贫 1000 万人以上，同期贫困发生率由 10.2% 降至 0.6%。2020 年是脱贫攻坚的决胜年，实现了农村贫困人口全部脱贫的目标，从此相对贫困成为社会经济安全的重点关注。

本节先采用两种贫困标准来测算全国和各地区贫困家庭的比例。第一个标准是最低生活保障线（简称“低保线”）。各地区不同的经济发展水平、人口情况、社会人均生活水平、维持最低生活水平所必需的费用等造成了各地区的最低收入保障标准差异。本书采用各省/市/自治区 2020 年第 4 季度发布的城镇和农村的最低生活保障标准为参照，定义家庭人均收入低于对应省/市/自治区城镇或农村低保标准的为低保边缘家庭。第二个标准是参考学者李莹等提出的相对贫困标准，即“统一采用收入比例法，将城镇居民可支配收入中位数的 40% 和农村居民可支配收入中位数的 50% 分别作为城乡相对贫困标准”①。本书以调查数据中城镇居民家庭人均收入中位值的 40% 和农村居民家庭人均收入中位值的 50% 为具体操作标准，来测算处于相对贫困的家庭比例。

收入保障是从家庭收入来源角度来考察，家庭收入来源包括工资性

① 李莹、于学霆、李帆：《中国相对贫困标准界定与规模测算》，《中国农村经济》2021 年第 1 期。

收入、农业生产收入、经营性收入、财产性收入和转移性收入五类收入来源。本书设计了三个指标：一是拥有各类收入的家户比例，了解我国和各地区家庭的收入来源构成；二是某类收入占家庭总收入 80% 及以上的家户比例，了解我国和各地区家庭对某一收入来源的依赖性；三是相对贫困家庭各类收入来源占家庭总收入的比例，了解我国和各地区转移性收入对相对贫困家庭的影响。

一　收入贫困状况

表 2 -7 报告了全国和各地区居民家庭人均收入在本省低保线以下的低保边缘家庭比例；表 2 -8 报告了采用城乡相对贫困标准测算的贫困家庭比例。

表 2 -7　　低保边缘家庭比例　　（单位：%）

	总体	城镇	农村
华北	15.9	14.0	20.8
东北	8.6	7.5	11.6
华东	14.5	11.9	21.6
中南	18.2	14.6	23.6
西南	17.6	13.5	22.5
西北	19.0	16.0	22.8
全国	16.2	13.0	22.0

1. 全国范围内家庭人均收入低于本省低保线的低保边缘家庭大约占 1/6，东北地区的低保边缘家庭占比最低，西北地区的占比最高

各地在低保线的制定上主要以家庭人均可支配收入为基准，而在实际测算过程中则考虑了多个因素，虽然按照应保尽保的原则，但仍然会有居民报告的家庭人均收入低于本省低保线的可能。全国整体来看，低保边缘家庭的比例在 16.2% 左右，各地区中东北地区最低为 8.6%，西北和中南地区相对较高，分别为 19.0% 和 18.2%。经济最为发达的华东地区也有 14.5%，这可能与华东地区的省低保线较高有关。

2. 农村地区的低保边缘户占比普遍高于城镇地区，东北地区城乡的低保边缘户占比差距最小，而华东地区的差距最大

全国范围看，农村地区的低保边缘户占比为22.0%，城镇地区的占比为13.0%，二者相差约9个百分点。六大区中，东北地区的农村和城镇地区的低保边缘户比例均为最低，分别为11.6%和7.5%，差距也最小，为4.1个百分点。中南地区的农村保障相对最差，有约23.6%的低保边缘户；而西北地区的城镇保障相对最差，有约16.0%的低保边缘户。中南华东地区农村和城镇的低保边缘户比例差距最大，达到将近10个百分点。

表2-8　　相对贫困家庭比例　　(单位：%)

	总体	城镇	农村
华北	18.5	18.6	18.3
东北	11.9	11.5	13.1
华东	15.5	15.2	16.1
中南	21.2	20.2	22.7
西南	23.5	22.9	24.1
西北	23.8	23.5	24.1
全国	19.1	18.2	20.6

3. 全国相对贫困家庭比例接近1/5，农村地区相对贫困家庭占比略高于城镇地区。东北地区相对贫困家庭比例最低，略高于一成，西北和西南地区的相对贫困家庭比例最高，接近1/4

以城镇居民家庭人均收入中位值的40%和农村居民家庭人均收入中位值的50%为贫困参照线，全国大约有19.1%的家庭处于相对贫困状态，而且城乡相对贫困家庭比例比较接近，大约有2.4个百分点的差异。各地区中西北和西南地区的相对贫困家庭比例最高，分别为23.8%和23.5%；东北地区的相对贫困家庭比例最低，为11.9%。

二　收入来源与保障

本部分从收入来源来分析居民家庭潜在的经济风险。表 2－9 报告了全国和各地区居民家庭中含有某类收入来源的比例（占比 1）和某类收入来源占家庭总收入 80% 及以上的家庭比例（占比 2）。表 2－10 报告了上述相对贫困家庭各类收入来源占家庭总收入的比例。

表 2－9　　居民家庭主要收入来源　　（单位：%）

		工资性收入	农业生产收入	经营性收入	财产性收入	转移性收入
华北	占比 1	75.7	24.8	3.2	100.0	100.0
	占比 2	50.4	5.4	1.6	0.7	8.0
东北	占比 1	64.4	31.4	2.3	100.0	100.0
	占比 2	36.2	11.8	0.2	2.1	9.4
华东	占比 1	79.9	20.7	8.1	100.0	100.0
	占比 2	52.1	3.1	2.9	0.7	7.2
中南	占比 1	80.2	28.9	5.8	100.0	100.0
	占比 2	54.4	4.7	1.9	0.7	5.9
西南	占比 1	79.8	36.0	7.2	100.0	100.0
	占比 2	52.8	6.1	2.0	0.7	5.2
西北	占比 1	74.8	37.1	2.5	100.0	100.0
	占比 2	52.2	6.0	1.3	1.4	6.2
全国	占比 1	78.1	27.7	5.9	100.0	100.0
	占比 2	51.7	5.0	2.0	0.8	6.7

注：占比 1 为拥有该类收入的家户比例；占比 2 为该类收入占家庭总收入 80% 及以上的家户比例。

1. 全国超过 3/4 的家庭有工资性收入，有大约一半的家庭工资性收入占家庭总收入的 80% 及以上。东北地区享有工资性收入的居民家庭比例最低，高度依赖工资性收入的家庭比例也最低

工资性收入是我国居民家庭的主要收入来源。全国有 78.1% 的家庭有工资性收入。各地区中东北地区居民家庭中有工资性收入的比例最低，为 64.4%，不足 2/3；而华东、中南和西南地区居民家庭中有工资性收入

的大约占到八成。

全国居民家庭中工资性收入占家庭总收入在80%及以上的占51.7%。东北地区以工资性收入为主要来源的家庭有36.2%，远低于全国和其他地区水平。

2. 全国居民家庭中有农业生产收入的不足三成，以农业生产收入为主要收入来源的家庭大约占5%。西北和西南地区有农业生产收入的家庭比例最高，而东北地区高度依赖农业生产收入的家庭比例最高

农业生产收入在我国居民家庭收入中的重要性渐微。2020年全国有农业生产收入的家庭占比为27.7%，不足三成。各地区中，西北和西南地区从事农业生产的家庭比例最高，分别为37.1%和36.0%，华东地区的比例最低，为20.7%；东北地区农业生产收入占到家庭总收入80%及以上的家庭比例最高，为11.8%，而华东地区这一比例仅为3.1%。

3. 转移性收入惠及我国所有居民家庭。东北地区高度依赖转移性收入的居民比例在六大区中最高，而西南地区最低

我国所有家庭都享有转移性收入，有6.7%的家庭转移性收入占到家庭总收入80%及以上。六大区中，东北地区居民家庭中转移性收入占到家庭总收入80%及以上的占9.4%，而西南地区这一比例为5.2%。

表2-10　　相对贫困家庭收入主要来源　　（单位：%）

		工资性收入	农业生产收入	经营性收入	财产性收入	转移性收入	其他收入
华北	总体	49.2	24.7	0.7	2.1	22.9	0.4
	城镇	63.1	12.4	0.6	2.9	20.4	0.6
	农村	14.2	55.4	1.0	0.2	29.2	0.0
东北	总体	37.3	20.1	1.8	15.6	24.9	0.3
	城镇	42.8	12.5	2.5	16.2	26.0	0.0
	农村	21.7	41.2	0.0	13.9	22.0	1.2
华东	总体	46.9	16.9	1.5	6.0	28.4	0.3
	城镇	55.8	9.4	2.1	6.2	26.2	0.3
	农村	23.3	36.7	0.1	5.4	34.2	0.3

续表

		工资性收入	农业生产收入	经营性收入	财产性收入	转移性收入	其他收入
中南	总体	47.2	22.6	1.4	4.4	23.7	0.7
	城镇	61.3	11.8	2.3	5.9	18.2	0.5
	农村	28.8	36.6	0.2	2.8	30.7	0.9
西南	总体	48.0	25.7	2.3	3.5	20.0	0.5
	城镇	61.9	12.9	4.1	3.7	16.9	0.5
	农村	33.0	39.4	0.4	3.4	23.3	0.5
西北	总体	48.1	28.5	0.0	4.2	18.8	0.4
	城镇	65.1	13.6	0.0	7.5	13.0	0.8
	农村	27.9	46.2	0.0	0.2	25.7	0.0
全国	总体	47.2	22.5	1.4	4.8	23.6	0.5
	城镇	59.6	11.6	2.1	5.8	20.5	0.4
	农村	27.2	40.1	0.3	3.1	28.7	0.6

注：表中数值为全国或各地区家庭中某项收入占总收入比例的均值。

4. 从总体上看，相对贫困家庭的收入来源中工资性收入占比的平均水平低于一半，对农业生产收入和转移性收入的依赖程度较高。西北和西南地区的相对贫困家庭收入来源中转移性收入占比平均来看最低，而华东地区平均来看最高

全国所有相对贫困家庭中工资性收入占比平均是47.2%，农业生产收入占比平均为22.5%，转移性收入占比平均为23.6%。各地区中，西北和西南地区相对贫困家庭转移性收入占比的均值最低，分别为18.8%和20.0%；而华东地区的这一均值最高，为28.4%。反映了经济发达地区对相对贫困家庭的社会保障相对较好，而经济落后地区的社会保障则相对较差。

5. 与城镇地区相比，农村地区相对贫困家庭对转移性收入的依赖程度较高。在农村地区，华东和中南地区相对贫困家庭转移性收入占比平均来看较高；在城镇地区，华东和东北地区相对贫困家庭转移性收入占比平均来看最高

全国范围内，农村地区相对贫困家庭的转移性收入占比平均是

28.7%，城镇地区的占比平均是20.5%，两者相差大约8个百分点。在农村地区，华东和中南地区的相对贫困家庭转移性收入占比相对较高，平均水平分别为34.2%和30.7%；西南和东北地区相对较低，平均水平为23.3%和22.0%。在城镇地区，华东和东北地区的相对贫困家庭转移性收入占比相对较高，平均水平分别为26.2%和26.0%；西北地区的占比最低，平均水平仅为13.0%。

本书对贫困家庭的界定采用了两个标准：一是政策规定的城乡最低生活保障线；二是依据数据分布而设定的城乡相对贫困线。基于家庭人均收入数据的测算结果显示，贫困问题在我国以新的形式展现。全国大概有1/6的低保边缘家庭（家庭人均收入低于本省低保线），也有接近1/5的相对贫困家庭，并且城乡仍然存在较大的差异。地区不平衡的现象也较明显，经济发展相对落后的西北和西南地区的贫困问题不容忽视。

从收入来源角度分析贫困和社会保障情况发现，工资性收入是我国居民最为重要的收入来源，全国不足三成的家庭有来自农业生产的收入，转移性收入惠及所有家庭，并且有6.7%的家庭主要依靠转移性收入生活。相对贫困家庭对农业生产收入和转移性收入的依赖程度较高，农村地区的相对贫困家庭对转移性收入的依赖程度也比城镇地区要高。比较家庭总收入相对较低的东北和西北地区，转移性收入对东北城镇地区的相对贫困家庭有较大的影响，对西北城镇地区的相对贫困家庭则影响较小。

因此，从家庭人均收入的比较和来源上看，我国以转移性收入为工具的社会保障政策还有进一步完善的空间。

第三节 收入不平等

我国在向第二个百年奋斗目标迈进的过程中，把逐步实现全体人民共同富裕摆在更加重要的位置上，但与此同时，我国发展的不平衡不充分问题仍然突出，城乡区域发展和收入分配差距较大。因此，本节将从城乡不平等和收入阶层不平等两个角度来考察收入不平等状况。

本节将基于2021年被调查家户所在社区的城乡属性划分城镇和农村

家庭，报告不同地区城乡居民人均收入的均值和中位值，计算城乡均值比、城乡中位值比，并对城乡家庭不同消费类别在总支出中的占比进行比较。此外，根据收入五等分的方式划分低、中低、中间、中高、高收入组五个组别，对最高收入组和最低收入组的人均收入进行比较，也会报告不同收入组的支出结构差异。

一　城乡不平等

表2－11报告了我国城镇和农村居民家庭人均收入的均值和中位值及其比较，表2－12列出了全国和各地区范围内城镇和农村居民家庭在食品、衣着、居住、家庭设备及用品、交通通信、医疗保健、教育及其他几个分项中的支出比例。

表2－11　城乡家庭人均收入比较　（单位：元）

地区	城镇		农村		城乡均值比	城乡中位值比
	均值	中位值	均值	中位值		
华北	48000	29120	19481	14833	2.5	2.0
东北	41287	30000	22393	13333	1.8	2.3
华东	52181	32000	27732	17000	1.9	1.9
中南	42789	24000	21361	12000	2.0	2.0
西南	35548	23833	19523	11000	1.8	2.2
西北	37985	23333	20381	12080	1.9	1.9
全国	45405	27500	22191	13280	2.0	2.1

表2－12　城乡家庭的消费支出比较　（单位：%）

地区	城乡	食品	衣着	居住	家庭设备及用品	交通通信	医疗保健	教育	其他
华北	城镇	27.6	10.1	13.9	11.1	7.8	8.2	12.7	10.7
	农村	27.3	10.1	10.4	7.6	8.0	15.8	12.9	11.0
	城乡差	0.3	0.0	3.5	3.5	－0.2	－7.6*	－0.2	－0.3

续表

地区	城乡	食品	衣着	居住	家庭设备及用品	交通通信	医疗保健	教育	其他
东北	城镇	31.2	11.0	11.5	10.2	8.1	7.7	10.7	11.7
	农村	23.9	6.3	1.4	4.7	8.7	15.8	15.4	27.8
	城乡差	7.3	4.7*	10.1*	5.5	-0.6	-8.1*	-4.7	-16.2*
华东	城镇	27.5	9.1	16.5	10.6	7.3	6.7	13.1	10.8
	农村	27.4	7.5	11.6	15.3	7.6	10.8	11	12.2
	城乡差	0.1	1.6	4.9	-4.7	-0.3	-4.1*	2.1	-1.4
中南	城镇	32.1	8.1	12.1	10.3	8.0	7.3	11.4	10.9
	农村	32.0	7.0	7.6	10.2	9.0	12.9	13.2	11.3
	城乡差	0.1	1.1	4.5*	0.1	-1.0	-5.6*	-1.8	-0.5
西南	城镇	27.4	10.7	11.3	16.4	7.9	5.5	9.1	10.0
	农村	29.4	7.4	8.5	10.3	11.7	10.9	10.3	12.3
	城乡差	-2.0	3.3	2.8	6.1	-3.8*	-5.4*	-1.2	-2.2
西北	城镇	26.1	9.7	7.4	10.9	8.4	21.1	9.5	11.6
	农村	21.5	7.7	13.1	9.7	8.0	18.8	11.9	12.8
	城乡差	4.6	2.0	-5.7	1.2	0.4	2.3	-2.4	-1.2
全国	城镇	28.7	9.3	13.7	11.4	7.7	7.6	11.8	10.8
	农村	28.8	7.5	9.2	11.0	9.0	12.8	12.0	12.5
	城乡差	-0.1	1.8*	4.5*	0.4	-1.3*	-5.2*	-0.2*	-1.7

注：* 表示在95%的置信区间上显著。

1. 我国城乡居民的收入差距仍然显著，华北和东北地区的城乡差距较为突出

在全国范围内，城乡居民家庭人均收入的均值和中位值都有相当大的差距，其中城镇居民家庭人均收入均值为45405元，中位值为27500元；农村居民家庭人均收入均值为22191元，中位值为13280元。无论是按照均值比较还是依据中位值比较，城镇居民家庭人均收入都约为农村居民家庭人均收入的2倍。

如果从均值比例来看，华北地区是城乡差距最突出的，城市居民的人均收入是农村居民人均收入的2.5倍，其城乡均值比是六大区中唯一高

于全国平均水平的地区，其他地区的均值比都在1.9倍上下。但如果根据中位值比较，华北地区的城乡差异有所下降，东北地区成为城乡差异最大的地区，也是城乡人均收入中位值比唯一高于全国水平的地区，其城乡中位值比为2.3。其次是西南地区，城乡差异增大，城乡中位值比为2.2。华东、中南、西北地区的城乡中位值比与均值比在数值上没有差异。

2. 城乡消费支出比例差距最大的是医疗保健类，全国范围内城镇和农村家庭在该项的消费支出比例相差5.2%，东北地区农村家庭的负担明显重于城镇家庭

根据表2－12的数据可以看到，全国范围内，城镇和农村家庭消费支出比例差距最大的是医疗保健支出，且该差异在统计上显著。城镇家庭在医疗保健方面的支出占家庭总消费的7.6%，平均比农村家庭的12.8%少5.2个百分点。

六大区中，五个地区的城乡医疗保健消费支出占比的差异都是显著的，其中差异最大的是东北地区。在东北地区，医疗保健支出在东北农村家庭的占比平均比在东北城镇家庭的占比高出8.1个百分点。其次是华北地区，城乡差异达到7.6%。六大区中只有西北地区的城乡家庭在医疗保健支出上的占比差距不显著。

3. 我国城乡消费支出的差异复杂，各地区间城乡消费支出占比的差异类别和大小都各不相同

对城市和农村居民家庭在不同分项的支出比例进行比较可以发现，除医疗保健以外，差异最大的消费分项是居住支出。在全国范围内城乡居住支出占比的差距达到4.5个百分点，且在统计上显著。

东北地区家庭居住负担的平均水平在六大区中是最低的，但该地区居住消费占比的城乡差异是各地区中最大的。东北的城镇家庭在居住分项的支出占比显著高于农村家庭的占比，差异为10.1个百分点。中南地区的城乡家庭在居住支出占比上也有显著差异，城镇家庭的居住消费负担更重，平均比农村家庭高4.5%。

二　收入阶层不平等

表2－13报告了全国及不同地区家庭人均收入五等分各组人均收入的

均值、中位值，以及最高收入组和最低收入组的差距。表2－14则列出了按照家庭总收入五等分分组后，不同组别家庭的各项消费支出金额占总消费支出金额的占比。

表2－13　　家庭人均收入五等分比较　　（单位：元）

地区	低收入组均值	高收入组均值	高/低收入组均值比	低收入组中位值	高收入组中位值	高/低收入组中位值比
华北	3777	116568	30.9	4000	80000	20.0
东北	4526	101138	22.3	5000	88333	17.7
华东	3549	119589	33.7	3333	81792	24.5
中南	3898	126101	32.4	4000	83333	20.8
西南	4206	107610	25.6	4286	75000	17.5
西北	3633	103117	28.4	3667	75000	20.5
全国	3866	117484	30.4	4000	80750	20.2

表2－14　　家庭总收入五等分家庭消费支出比较　　（单位：%）

	食品	衣着	居住	家庭设备及用品	交通通信	医疗保健	教育	其他
低收入组	30.8	7.3	9.1	6.8	7.4	18.4	12.6	12.4
中低收入组	32.3	6.5	7.1	8.3	8.0	13.9	14.1	13.2
中间收入组	34.5	8.4	8.4	7.1	8.2	11.8	13.4	10.4
中高收入组	30.6	8.8	14.0	10.3	8.5	6.6	11.5	10.8
高收入组	23.4	9.6	16.5	15.5	7.9	5.1	10.1	11.2
高/低收入户差异	－7.4*	2.3*	7.4*	8.7*	0.5	－13.3*	－2.5	－1.2

注：*在95%的置信区间上显著。

1. 我国不同阶层间收入差距明显，高、低收入组的人均收入均值比与中位值比分别为30.4与20.2

在全国范围内，最高收入组的均值为117484元，而最低收入组的均值为3866元，前者是后者的30.4倍。这一比例数值最大的是经济发展水平最高的华东地区，达到33.7；其次是中南地区，高/低收入组均值比为32.4。其余地区的均值比均低于全国的平均水平，其中数值最小的是东北地区，均值比为22.3。

与均值比相较而言，高/低收入组的中位值比差距要小一些，两个收入组的比值集中在20上下。在全国范围内，这一数值为20.2，而最高的仍然是华东地区，中位值比为24.5，其次仍是中南地区。但除此之外，从中位值比来看，西北地区的阶层差异也要略高于全国平均水平。高/低组收入中位值比最低的是西南地区，为17.5。

2. 高收入组与低收入组家庭消费支出比例差距最大的也是医疗保健类支出，达到13.3%。

如前文所述，我国居民在医疗保健方面的支出比例均有下降，但对于不同收入阶层的家庭来说，医疗保健支出的负担仍有较大差别。从表2-14中的数据可以看到，根据家庭总收入五等分分组，收入越高的组别该项支出的占比越少，呈依次递减的趋势。最低收入组家庭的医疗保健支出占比平均为18.4%，但在高收入组家庭中这一类别的平均占比仅为5.1%。可见相比于高收入组家庭，医疗保健对于低收入阶层的家庭的负担仍然更重。

3. 家庭设备及用品、居住和食品这三个类别中不同收入组的支出比例差异也较为明显，且在统计上显著。

消费支出比例差异仅次于医疗保健支出的是家庭设备及用品类支出。这一类别中包括了家用电器、家具、车辆等物品的购置支出，一般而言属于大额消费，显然高收入组家庭在生活享受上有更高的支出，在这一类别在总消费金额中占比15.5%，相比于低收入组的6.8%，高出8.7个百分点。居住这一消费类别也有类似的情况，高收入组家庭在居住方面的支出比例比低收入组家庭高出7.4个百分点。

饮食支出在高、低收入组家庭中的占比差异也较大，其中低收入组家庭的总消费支出中有30.8%用于食品消费，而高收入组的食品消费占比仅为23.4%，这与恩格尔定律的内容也相符。但正如前文关于居民家庭生活消费支出比例的分析中所提到的，由于传统观念等其他因素的影响，在我国恩格尔系数并不能直接作为衡量生活水平的指标。表2-14中的数据也有体现，在五个分组中，中间收入组的恩格尔系数反而是最高的。

高/低收入组家庭在衣着方面的支出比例差异也在统计上显著，但相较其他几个类别而言，高收入组的比例仅比低收入组高2.3个百分点，数值上并不突出。此外，交通通信、教育等方面，高收入组家庭与低收入组家庭的支出比例则没有明显差异。

综上所述，我国居民的城乡与收入阶层不平等现象仍然存在，但差距维持在较为稳定的水平，没有进一步扩大。城镇居民的人均收入约为农村居民人均收入的两倍，最高与最低收入组收入均值和收入中位值差异也较为明显。在消费结构上，城乡家庭与不同收入阶层家庭间差距最大的均为医疗保健类支出，农村家庭负担重于城镇家庭，低收入组家庭负担重于高收入组家庭，应对此给予重视。对于不同收入阶层的家庭而言，家庭设备及电器用品的购买支出也有显著差异。

第四节　小结

本章关注社会经济保障中家庭经济安全的部分，主要使用“中国社会综合状况调查（CSS）”中有关居民家庭在2020年收入和消费支出的数据，围绕收入充足性、收入保障、收入不平等三个维度建立指标体系，进行报告。

一　收入充足性

1. 总体而言我国居民家庭收入充足，收入与支出同2年前相比都有所增加，但存在地区差异

我国居民在2020年家庭总收入的加权均值为103889元，消费总支出的加权均值为76586元。总体收支均值比为1.36。在各地区中，华东地区的家庭全年收入盈余相对较高，西南地区家庭总收入较低，总支出却高于全国平均水平，因而收支比较低，均值比为1.08，中位值比为1.17。

2. 全国有2/3的家庭达到收支平衡或有所盈余的状态，居民对家庭收支平衡状况的主观评估与事实接近

我国有约66%的家庭收支状况良好，有一半的家庭总收入是总支出的1.33倍。华东地区的家庭收支平衡状况最好，西北和东北地区的家庭收支平衡状况也好于全国平均水平。西南地区最差，约有40%的家庭入不敷出。

受访者对于家庭收支状况的自评结果与实际计算结果较为接近，仅相差约2个百分点。西北地区居民的收支充足感知相对悲观，比实际计算结果低了约7.26个百分点。

3. 我国居民家庭恩格尔系数为28.8%，属于最富裕区间；但居民家庭的教育和医疗负担较重

食品支出仍是我国居民家庭消费总支出中占比最大的部分，以家庭总支出为基数，这一比例为28.8%；以家庭总收入为基数，这一比例为21.7%。教育和医疗保健支出较重，平均总支出占比各在1/10左右。

4. 我国居民普遍感到物价上涨问题较为严重，为家庭带来经济困难。收入、医疗、教育和住房也应受到关注

全国范围内有44.9%的居民家庭报告了物价上涨的问题，中南地区的报告比例最高。收入低或收入不稳定也影响着家庭经济风险承受能力，这一问题在经济欠发达的西北和西南地区较为严重。医疗、教育和住房问题的报告比例分别为26.8%、24.9%、21.9%。

二　收入保障

1. 贫困问题在我国以新形式呈现。以低保线为标准，全国范围内有约1/6的家庭人均收入在本省低保线以下，农村的低保边缘家庭比例普遍高于城镇。若以相对贫困线为标准，全国有近1/5的家庭属于相对贫困范畴

我国居民家庭中，属于低保边缘家庭的比例占16.2%，农村地区的这一比例略高，为22%，城镇地区则相对较低，为13%。东北地区的低保边缘户比例最低，为8.6%；各地区中西北地区的比例最高，为19%。

以相对贫困线为标准，全国约有19.1%的家庭处于相对贫困的状态，城乡的相对贫困家庭比例较为接近。各地区中西北和西南的相对贫困比例最高，分别为23.8%和23.5%。

2. 工资性收入是我国居民最主要的收入来源，转移性收入惠及所有家庭，农村地区的相对贫困家庭对转移性收入的依赖程度更高

我国有超过3/4的家庭拥有工资性收入，其中有一半的家庭主要依赖该项收入。5%的家庭以农业生产收入为主要收入来源。有6.7%的家庭高度依赖转移性收入，各地区中东北地区主要依赖转移性收入的家庭

比例最高，为9.4%。

而相对贫困家庭的收入来源中，工资性收入占比不到一半，普遍更多依赖农业生产收入和转移性收入。其中华东地区相对贫困家庭的转移性收入占比在各地区中最高，为28.4%。从城乡角度考察，华东和中南地区农村相对贫困家庭的转移性收入占比较高，均超过30%；西南和东北地区相对较低。而在城镇地区中，华东和华北的相对贫困家庭该收入比例较高，西北的占比最低，仅为13%。

三 收入不平等

1. 从城乡角度看，城镇家庭的人均收入约为农村家庭人均收入的两倍，农村居民的医疗保健负担明显重于城市居民

在全国范围内，城乡家庭人均收入的均值比为2.0，中位值比为2.1。以均值比为标准，华北地区城乡差距最大，比例为2.5；以中位值比为标准，东北地区城乡收入差异更为明显，比例为2.3。

城乡消费支出比例差距最大的是医疗保险，农村家庭平均比城市家庭在该项的支出多5.2个百分点，前者为12.8%，后者为7.6%，且该差异在统计上具有显著性。东北地区的这一差距尤其显著。其次是居住和衣着支出，城市家庭的支出比例显著高于农村家庭，分别相差4.5个和1.8个百分点。再次为通信、教育方面，农村家庭的消费占比显著高于城市家庭，二者分别相差1.3个和0.2个百分点。

2. 不同阶层间收入差距明显，最高与最低收入组消费支出类别中，医疗保健负担仍是差异最大的类别

全国范围内，最高收入组的人均收入均值与最低收入组的人均收入均值比为30.4，中位值比为20.2。两个比值数值最大的都是华东地区。均值比最低的是东北地区，为22.3，而中位值比最低是西南地区，为17.5。

根据收入五等分分组，收入越高的组别医疗保健支出占比越少，依次递减。最低收入组的支出比例为18.4%，最高收入组的支出比例为5.1%，二者相差13.3个百分点。此外，在家庭设备及用品、居住、食品和衣着几个方面，最高收入组家庭与最低收入组家庭的支出比例有显著差异。

综上所述，我国居民家庭在2020年财务状况良好，家庭经济安全风险较低，但也存在潜在的影响因素和可以提高改善的空间。虽然我国在2020年受到新冠肺炎疫情的影响，但脱贫攻坚战的全面胜利与医疗保障体系的不断加强提高了我国居民家庭在经济安全风险面前的抵御能力，保障了居民家庭总体收入的充足性。不过地区发展不平衡及收入不平等问题仍然存在，政府应对此给予重视，补齐民生保障短板，解决好人民群众最关心、最直接、最现实的利益问题，使人民获得感、幸福感、安全感更加充实、更有保障、更可持续。

第三章

社会经济保障报告(二):居住和社会保障

在社会质量的社会经济保障维度中，居住和社会保障在人们日常生活中占据着极其重要的地位。从新中国成立到20世纪90年代末的半个世纪中，我国城市住房一直实行单位住房福利制度。1998年以来，住房商品化进入全面启动阶段，我国城镇居民住房逐步摆脱了住房分配制度，最终走向了市场化住房体制，住房也由原来的“福利品”性质转变为“商品”，成为城镇居民家庭财富积累的重要内容，而具有“投资品”的性质。据《中国财富报告2022》的研究数据，目前我国家庭财产的构成中，实物资产（即主要是房产）占了近七成（69.3%），可以说是中国人最重要的物质财富。[①] 与此同时，政府也对中低收入家庭实行了一定程度的住房保障，如廉租房、经济适用房等政策性住房供给，以提升其生活质量。因而住房状况已成为衡量人们生活质量的一项非常重要的内容。如此看来，住房不仅仅是民生问题，同时也是经济和社会公平领域讨论的议题。

社会保障制度是国家通过立法而制定的社会保险、救助、补贴等一系列制度的总称。现代国家最重要的社会经济制度之一，作用在于保障全社会成员基本的生存与生活需要。由国家通过国民收入分配和再分配实现。其中，社会保险是社会保障的核心内容，在维护社会稳定、保障国计民生方面发挥了重要作用。目前，我国已建成了世界规模最大的社会保障体系，基本医疗保险覆盖13.6亿人，基本养老保险覆盖近10亿人。因此，想要判断我国社会质量状况，必须了解我国目前社会保障状况尤其是社会保险享有率，及城乡居民对社会保障状况的评价。

---

① 《任泽平：中国财富报告2022》，全景网，https：//weyp. p5w/net/article/5552460。

本章主要根据 CSS 2021 调查数据，对我国城乡居民的房屋财产状况（包括自有住房套数、人均住房面积、住房性质、住房价值）、房屋居住状况（包括现居住住房性质、住房来源）及社会保障状况（包括社会保障享有率、社会保障满意度、公众期望—体验感知）等方面进行描述和分析。

第一节　城乡居民房屋状况

一　住房套数

根据 CSS 2021 数据显示，我国城乡居民家庭自有住房率为 94.97%，与 2019 年的 94.06% 基本持平，但拥有多套自有住房的比例有所增加：拥有 2 套及以上自有住房的占比为 22.86%，较之 2019 年上升了 2.29 个百分点（见表 3－1）。

表 3－1　2019—2021 年家庭拥有自有住房套数比例　（单位：%）

自有住房套数	2021 年	2019 年
0	5.03	5.94
1	72.11	73.50
2	18.83	17.07
3	3.11	2.71
4	0.69	0.57
5	0.14	0.16
5 +	0.09	0.05
合计（N）	100.00（9130）	100.00（10251）

分城乡来看，农村居民家庭的自有住房率明显高于城镇居民家庭，前者比后者高出 5.37 个百分点。其中，农村居民家庭的住房自有率为 98.45%，比 2019 年的比例 95.44% 提升了 3.01 个百分点；城镇居民家庭的住房自有率为 93.08%，比 2019 年的 91.13% 上升了 1.95 个百分点。同时也要看到，城镇居民家庭拥有多套住房的比例明显高于农村，有 26.11% 的城镇居民家庭拥有两套及以上住房，比农村居民家庭高出近 10 个百分点（见表 3－2）。

表3-2　城乡居民家庭自有住房数量比较　(单位:套;%)

	自有住房数量(套)						合计
	0	1	2	3	4	5+	(N)
城镇	6.92	66.97	21.03	3.81	0.96	0.31	100.00 (5920)
农村	1.55	81.59	14.78	1.83	0.19	0.07	100.00 (3210)
合计	5.03	72.11	18.83	3.11	0.69	0.22	100.0 (9130)

注:统计检验 $P = 0.00 < 0.01$。

对城乡居民第二、第三套房的住房用途进行比较,发现城镇居民的第二、第三套房用于出租他人的比例为14.96%,农村居民仅为2.13%,两个比值之间差值明显,这说明城镇居民的房产除满足自住的需求外,还有一定投资增值需求(见表3-3)。

表3-3　城乡居民家庭第二、三套房用途比较　(单位:套;%)

	住房用途					合计
	本人或亲友居住	出租他人	借与他人	没人居住	其他	(N)
城镇	57.07	14.69	0.38	25.75	2.11	100.00 (1845)
农村	64.04	2.13	0.33	30.71	2.79	100.00 (609)
合计	58.80	11.57	0.37	26.98	2.28	100.0 (2454)

从多套住房所在地区类型看,CSS 2021 数据显示:

其一,居民购置第二套住房(简称新房),大多会选择与第一套住房(简称旧房)相同的地区类型。比如,旧房在直辖市城区的家庭,其新房有82.89%同样购置在直辖市城区;旧房在省会城区的家庭,购置的新房有82.52%也在省会城区；旧房在地/县级市城区的家庭，其新房有81.93%也在地/县级市城区；旧房在县城的家庭，其新房也在县城的占比为60.1%；旧房在乡镇、农村的，其新房也在乡镇和农村地区的也是比例最高的（见表3－4）。

表3－4　　旧房所在地与新房所在地的分布情况　（N＝1838，单位：%）

			新房所在地						
		列百分比总计	直辖市城区	省会城区	地/县级市城区	县城	乡镇	农村	总计
旧房所在地	直辖市城区	4.94	82.89	1.73	8.51	1.69	0.00	5.18	100.00
	省会城区	6.52	5.72	82.52	3.49	1.13	1.41	5.73	100.00
	地/县级市城区	20.17	1.97	5.10	81.93	2.19	3.81	5.00	100.00
	县城	11.42	3.14	7.36	14.06	60.1	2.43	12.90	100.00
	乡镇	6.36	0.89	6.36	21.01	22.16	41.25	8.33	100.00
	农村	50.59	1.02	3.65	16.96	21.75	9.40	47.23	100.00
	行百分比总计	100.00	5.80	9.59	28.69	19.87	8.52	27.52	100.00

其二，目前地/县级市城区和县城成为居民购置二套房的热门地区，我国正在形成以地/县级城市城区为核心的城市化发展趋势。对比表3－4旧房的地区分布（即表格左端列百分比总计）和新房的区域分布（即表格底端行百分比总计）可以看出，城乡居民的第一套住房处于农村地区的最高（50.59%），地/县级市城区和县城次之，合计为31.59%；而新房的地区分布则大为改观，居于农村的比例为27.52%，较之旧房减少了23.07个百分点，这减少的百分点，分别增加了地/县级市城区（上升8.52个百分点）、县城（上升8.45个百分点）、省会城区（上升3.07个百分点）、乡镇（上升2.16个百分点）、直辖市城区（上升0.86个百分点）等地的新房购置率。其中，城乡居民新房居于地/县级市城区和县城则合计为48.56%，较之旧房上升了16.97个百分点，成为新房占比最高的地区（见图3－1）。如果单独统计2019年之后购置新房的分布，则选择坐落在地/县级市城区和县城的比例更分别高达

37.40%和23.65%，合计为61.05%。这充分揭示了我国以地/县级市城区为核心的城镇化发展趋势。

其三，农村和乡镇的居民，呈现出在更高层级地区类型购置新房的趋势。旧房在农村而购置新房的家庭中，除在农村购置新房的比例最高外，还有21.75%的家庭选择在县城购置，有16.96%选择在地级市或县级市城区（见表3－4），较之CSS 2019数据中的16.2%和10.6%，提升了5.55个和6.36个百分点；同样，旧房在乡镇的居民家庭，有22.16%选择在县城购置新房，有21.01%选择在地/县级市城区购置新房，比CSS 2019数据中的7.9%和17.5%分别提升了5.96个和10.41个百分点。这表明农村和乡镇居民家庭购置新房"向上流动"的意愿和趋势仍在逐步加强，居住在农村和乡镇的居民更愿意通过购置新房进入县城或市区，改善居住环境，分享城市资源，体现了城市化对乡村居民的吸附力。

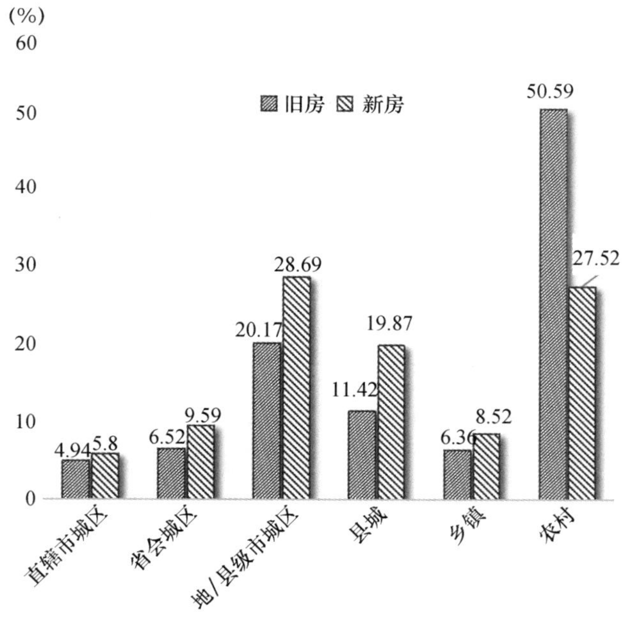

图3－1 居民旧房与新房的地区分布

二　人均住房面积

住房面积是实现家庭住宅适用性，满足家庭成员日常居住需求的基本要求，能体现一个家庭的整体生活质量。住房面积越大，生活起居功能体现得越全面，住房舒适性、适用性体现得越丰富。根据国家统计局《中国人口普查年鉴—2020》发布的数据，2020 年我国家庭户人均住房建筑面积达到 41.76 平方米，其中城市、镇、农村的家庭人均住房建筑面积分别为 36.52 平方米、42.29 平方米和 46.80 平方米。[①] CSS 2021 数据显示，2021 年居民家庭人均建筑面积为 42.23 平方米，城镇与农村基本持平（42.29：42.12）[②]（见表 3－5）。

表 3－5　　城乡属性与家庭人均住房面积情况　　（单位：平方米）

城乡属性	均值	标准差	N
城镇居民家庭	42.29	44.45	5879
乡村居民家庭	42.12	36.61	3129
总计	42.23	41.89	9008

从区域来看，华东地区人均住房面积最大，为 46.17 平方米，高出全国人均住房面积 3.94 平方米，其次是中南、西南、华北、西北、东北地区，分别为 42.94 平方米、40.83 平方米、39.09 平方米、36.70 平方米、36.45 平方米。从各大区域的城乡差别来看，东北地区城乡差异最为显著，城镇居民人均住房面积比农村居民高出 4.18 平方米，其次是华东、华北和中南地区，华东地区乡村比城镇高 2.76 平方米，华北地区乡村比城镇高 2.56 平方米，中南地区则是城镇居民人均住房面积高于农村居民，

① 国家统计局：《中国人口普查年鉴—2020》，中国统计出版社 2022 年版，表 1－12 至表 1－12c。

② CSS 2021 的家庭人均建筑面积数据与 2020 年第七次人口普查统计数值十分接近，但城市家庭的人均建筑面积略高。这主要是因为 CSS 在计算居民住房面积时，将多套住房的面积计算于内，而城镇居民家庭多套住房比例高于农村家庭，因此在这一计算方法下，城镇居民家庭人均住房面积会略高于农村家庭人均住房面积。

高出2.04平方米，西南和西北地区城乡人均住房面积基本持平，差异较小，西北地区乡村比城镇高1.04平方米，西南地区则是城镇比乡村高0.42平方米（见表3－6）。

表3－6　六大区家庭人均住房面积情况　（单位：平方米）

大区	城乡	人均面积	标准差	N
东北	城镇	37.56	30.24	408
	乡村	33.38	28.02	147
	合计	36.45	29.70	555
华北	城镇	38.37	36.76	891
	乡村	40.93	36.58	346
	合计	39.09	36.71	1237
华东	城镇	45.43	50.92	1952
	乡村	48.19	43.96	714
	合计	46.17	49.16	2666
中南	城镇	43.76	46.50	1572
	乡村	41.72	35.98	1053
	合计	42.94	42.60	2625
西南	城镇	41.02	39.70	701
	乡村	40.60	32.52	596
	合计	40.83	36.57	1297
西北	城镇	36.25	34.56	355
	乡村	37.29	27.12	274
	合计	36.70	31.51	628
总计	城镇	42.29	44.45	5879
	乡村	42.12	36.61	3129
	合计	42.23	41.89	9008

从家庭收入分组来看，总体上呈现收入越高，人均住房面积越大的趋势。尤其是高收入组的人均住房面积为52.72平方米，高出平均值10.49平方米，高出低收入组15.21平方米。而其他四个组别的人均住房面积均小于平均值，中高收入组为41.47平方米，较为接近平均值

(42.23 平方米)。由此看出，收入分组的家庭人均住房面积呈偏态分布：80%的家庭人均住房面积低于平均值，而最高20%收入组的住房面积显著拉升了总体人均面积水平，也意味着作为家庭财产的住房，呈现不平等状况（见表3－7)。

表3－7　家庭收入五等分分组间的家庭人均住房面积　(单位：平方米)

家庭收入分组	人均面积	标准差	N
低收入20%	37.51	32.24	1515
中低收入20%	37.55	33.42	1608
中间收入20%	37.72	33.51	1814
中高收入20%	41.47	32.82	1768
高收入20%	52.72	59.45	2304
总计	42.23	41.89	9008

三　住房性质

住房性质通常指住宅的产权归属，亦反映了住房市场化程度。在我国现阶段除商品房外，其余各种性质的住房，均难完全以市场化的方式进行交易，其财产价值也不能充分体现。CSS 2021 数据显示，我国居民家庭住房的性质以农村私有住房和商品房两种类型为主，依然具有城乡二元形态的特征。农村私有住房在所有住房中占60.27%，主要分布在农村和乡镇，特别是在农村地区占比高达96.23%；商品房在所有住房中占35.12%，其中城镇地区（直辖市、省会城市、地/县级市、县城）的商品房占比均在60.00%以上，尤其省会城市城区和直辖市城区自有住房中商品房占比均超过65.00%，说明商品房已成为城镇地区居民自有住房的最主要来源。乡镇则成为城乡二元格局的交汇点，其农村私有住房和商品房的比重大致相当，分别为45.11%和48.06%。此外，居民自有住房中还包括一些特殊类型的住房，如小产权房（占比4.86%），主要集中于县城与乡镇；安置房（占比4.86%），主要集中于省会城市城区、地/县级市、县城和乡镇；原公房（占比2.90%），主要集中于直辖市城区和省会城市（见表3－8)。

表3-8　住房所在地的自有住房性质　(N=8669，单位：%)

	商品房	经适房/两限房	原公房	集资房	小产权房	安置房	农村私有住房	其他	合计
直辖市城区	67.83	6.04	15.61	3.05	3.84	6.50	7.10	4.05	100.0
省会城市城区	70.75	7.54	9.00	2.24	4.00	10.26	9.80	4.46	100.0
地/县级市城区	70.28	4.64	5.08	3.11	3.45	9.52	14.56	2.97	100.0
县城	64.6	4.3	4.47	4.04	10.11	6.64	19.73	3.77	100.0
市/县城城区以外的镇	48.06	2.4	2.77	3.77	6.50	10.12	45.11	3.30	100.0
农村	8.51	0.74	0.38	0.12	1.51	1.54	96.23	0.47	100.0
合计	35.12	2.56	2.90	1.61	4.86	4.86	60.27	1.86	100.0

注：统计检验 $P=0.000<0.01$。

从时代变迁来看，随着城镇化的进程加快，我国居民自有住房中农村私有住房的比例在持续下降，而购买商品房的比例在持续上升。前者已从20世纪80年代的86.02%下降到近10年的48.39%，降幅达37.63个百分点；后者由20世纪80年代的15.19%上升到近10年的45.90%，增加了30.71个百分点。此外，自有住房中安置房的比例在近40年来也呈上升趋势，从20世纪80年代的1.08%，增长到近十年的7.43%，一定程度上反映了城镇化过程中的拆迁征地的发展态势。值得关注的是，小产权房在目前居民的住房中仍有3.44%的占比，其数值虽不大，但对应全国4.6亿家庭户，则其绝对量高达1500万户上下。原公房作为计划体制下单位分配住房向商品化住房过渡的产物，其在居民住房中的比例从20世纪90年代的6.00%逐步下降到目前仅占2.90%。经济适用房、两限房等保障性住房在居民家庭住房中占比较低，仅为2.56%（见表3-9）。

表3-9　购房时间分组与自有住房性质情况表　(N=8669，单位：%)

	商品房	经适房/两限房	原公房	集资房	小产权房	安置房	农村私有住房	其他	总计
1980年以前	29.66	3.21	4.28	1.75	2.60	3.88	66.01	2.81	100.0
1981—1990年	15.19	1.51	3.30	0.94	3.06	1.08	86.02	1.90	100.0

续表

	商品房	经适房/两限房	原公房	集资房	小产权房	安置房	农村私有住房	其他	总计
1991—2000年	23.50	1.65	6.00	2.68	2.37	3.32	70.13	2.92	100.0
2001—2010年	36.51	2.18	1.87	1.73	4.11	4.08	59.73	1.50	100.0
2011—2021年	45.90	3.32	1.63	1.05	3.80	7.43	48.39	1.27	100.0
合计	35.16	2.56	2.90	1.61	3.44	4.86	60.22	1.86	100.0

注：统计检验 $P = 0.000 < 0, 01$。

四　住房来源

住房来源主要指居民获得住房的方式，主要包括自建、购买、继承或赠与、拆迁补偿四种形式。CSS 2021 数据显示，自建与购买是我国居民目前主要的两种获房方式，有 58.24% 的居民家庭的自有住房为自建房，有 43.92% 的居民家庭的自有住房为购买所得。这两种得房方式也对应着农村和城市两个不同区域的住宅土地政策。

改革开放初期，我国大部分地区为农村，大部分人口为农民，因此自建房比例在20世纪80年代高达85.49%，而购买房的比例大概仅占1/5。随着我国城市化进程的高速发展、住房商品化、城镇外来人口落户，自建房与购房的格局发生了巨大的变化：越来越多的家庭开始通过市场渠道来获取住房，购房比例在过去40年间不断上升，至近十年达到55.16%，而自建住房同期一路下降，近十年来为46.2%，已经低于购买住房的占比。另外，通过政府或开发商给予拆迁补偿来获取住房的途径也有明显增长，从20世纪90年代以前的1.68%上升至当前的7.12%。与此同时，通过继承或赠与的方式获取住房的比例持续下降，1980年以前，这一比例为9.74%，近十年这一比例下降至1.84%，这表明我国的住房市场市场化程度日益加深（见表3-10）。

表3-10　购房时间分组与住房来源情况表　（N=8669，单位：%）

	自建	购买	继承或赠与	拆迁补偿	其他	总计
1980年以前	60.41	38.22	9.74	3.08	2.81	100.0
1981—1990年	85.49	20.47	5.38	1.68	1.07	100.0

续表

	自建	购买	继承或赠与	拆迁补偿	其他	总计
1991—2000 年	69.79	32.95	3.40	3.75	1.86	100.0
2001—2010 年	58.26	45.17	1.99	4.12	0.95	100.0
2011—2021 年	46.20	55.16	1.84	7.12	1.30	100.0
合计	58.24	43.92	3.41	4.78	1.47	100.0

分城乡来看，城镇和农村的住房获得来源差异较大，农村家庭中通过自建获得房屋的比例最大，占比 89.50%，城镇地区只有 34.48% 的自建比例；同时城镇家庭通过购买获得房屋的比例最大，占比 55.68%，农村地区只有 5.84%；拆迁补偿的占比也有一定的城乡差异，城镇地区这一比例为 5.61%，农村地区只有 1.27%；其他两个类别（继承或赠与、其他）在城镇和农村均占比较小，差异不明显（见图 3－2）。

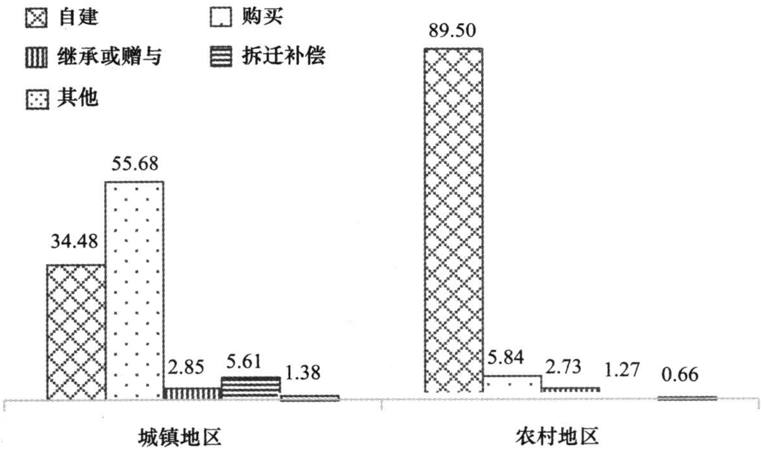

图 3－2 城乡分组与住房来源情况表（N＝8669，单位：%）

从收入分组来看，在自建和购买类别下，收入对住房来源影响显著。收入越高的家庭，其住房越可能为购买；收入越低的家庭，其住房越可能为自建。高收入组中自建的比例仅为 37.82%，低于平均值 13.71 个百分点，购买的比例为 55.23%，高于平均值 17.71 个百分点；低收入组中，自建的比例为 66.23%，高于平均值 11.70 个百分点，购买的比例仅为 26.30%，低于平均值 11.22 个百分点。基本呈现出收入与自建获房负相关，与购买获房正相关的趋势（见表3－11）。

表3－11　　家庭收入五等分分组间的住房来源　　（单位：%）

	自建	购买	继承或赠与	拆迁补偿	其他	总计
低收入20%	66.23	26.30	2.84	3.59	1.04	100.0
中低收入20%	68.27	21.86	3.27	5.43	1.17	100.0
中间收入20%	57.13	34.45	3.37	3.96	1.08	100.0
中高收入20%	51.47	41.03	2.59	3.80	1.12	100.0
高收入20%	37.82	55.23	2.21	3.59	1.15	100.0
合计（N）	54.53 （4727）	37.52 （3253）	2.80 （243）	4.03 （349）	1.12 （97）	100.0 （8669）

注：括号内为样本频数。

五　住房价值情况

住房资产是居民家庭财富的重要组成部分，能有力反映居民家庭总资产状况。根据CSS 2021数据显示，我国居民家庭住房资产平均为60.58万元，但家庭间差异较大，标准差为127.98万元。分城乡看，城镇居民和农村居民住房资产悬殊，城镇居民住房资产均值为78.39万元，农村居民住房资产均值为27.60万元[①]，前者为后者的2.84倍。这表明我国农村和城镇居民家庭总资产因住房价值拉开了较大差距（见表3－12）。

表3－12　　居民住房资产情况　　（单位：万元）

	均值	标准差	N
总体	60.58	127.98	9163
城镇	78.39	151.34	5949
乡村	27.60	51.27	3214

从资产分段情况能更加清晰地看出我国居民家庭住房资产的严重不平等状况（见图3－3），家庭住房资产由低到高排列，在40万元以下的

① 此处的居民住房资产为多套住房总资产。

即占了一半以上的家庭（52%），均值点（60.58 万元）大致落在由低到高排列的 2/3 处，这样的分布明显呈“金字塔”形态。通过图 3－3 可以推算出，住房资产最低的 52% 的家庭，在全部家庭住房资产中只拥有 9% 的份额；而住房资产最高的 2% 的家庭，其占全部家庭住房资产的份额大概接近 1/5（即 19.32%）。

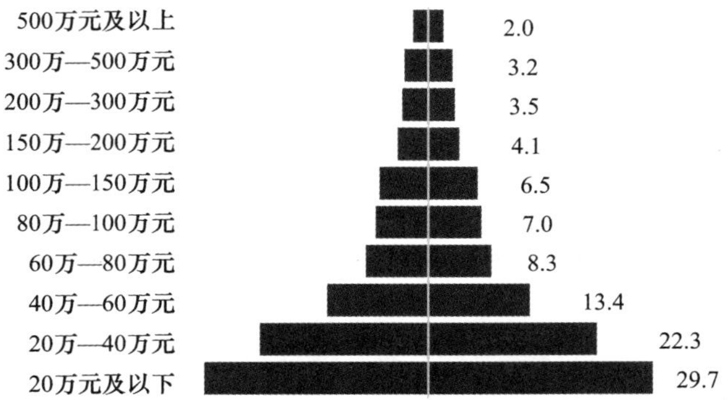

图 3－3 居民家庭住房资产分段情况表（N＝6557，单位：%）

CSS 2021 数据显示，我国居民家庭住房的名义增值[①]平均在 8.77 倍。分城乡看，城市居民住房增值情况和农村居民住房增值情况存在差异，城镇居民住房增值高于农村居民。其中城市居民的住房现价值平均是购房（或建房）时价值的 9.36 倍，农村居民的住房现价值平均是购房（或建房）时价值的 6.92 倍，这表明城镇地区的住房比农村地区更具备投资增值价值[②]（见表 3－13）。

表 3－13 城乡居民住房增值情况

	均值	标准差	N
总体	8.77	69.82	1273
城镇	9.36	79.82	963
乡村	6.92	69.82	310

① 此处增值数据选用受访者登记于问卷中的第一套房数据。

② 此处增值样本量 N＝1273，为排除了受访者不清楚房屋购买时价值或房屋现值的情况之后剩余的样本。

房屋价值增速与房屋所在位置有较大的差异，但不管房屋在什么位置，增值5倍以上的基本都达到了20%以上。其中，直辖市城区的增值比例最高，增值5倍以上的占到了42.7%。省会城市城区、地/县级市城区和县城的住房增值倍数集中于1倍至2倍之间，省会城市城区增值倍数在这一区间的比例为38.4%，地/县级市住房增值倍数在这一区间的比例为36.2%，县城为44.8%。这表明，省会城市城区、地/县级市城区和县城的住房具备稳健的投资增值价值，且大部分省会城市、地/县级市、县城地区增值幅度在2倍以下，这将利好计划在这些地区购置新房的居民(见表3-14)。

表3-14　居住所在地与住房增值情况　(单位：%)

	自有住房增值情况						
	增值≤1	1<增值≤2	2<增值≤3	3<增值≤4	4<增值≤5	增值>5	合计（N）
直辖市城区	14.6	25.4	6.4	8.0	2.9	42.7	100.0 (165)
省会城市城区	7.5	38.4	18.2	7.5	5.0	23.4	100.0 (280)
地/县级市城区	17.0	36.2	12.9	6.0	5.3	22.5	100.0 (1205)
县城	13.2	44.8	11.5	6.2	5.0	19.3	100.0 (720)
市/县城城区以外的镇	15.7	38.2	13.8	7.7	4.7	20.0	100.0 (306)
农村	14.9	35.9	14.5	8.6	5.9	20.2	100.0 (2820)
合计	14.82	37.08	13.65	7.59	5.44	21.42	100.00 (5496)

注：统计检验 $P=0.000<0.01$。

从不同自有住房性质的增值幅度来看，原公房中有67.60%增幅为5倍以上，安置房和其他类型住房增值5倍以上的比例也较高，均超过

40%；而增值幅度较低的主要是商品房、经济适用房/两限房、小产权房，这三类性质的住房增值幅度在2倍以下的占比超过一半（见表3－15）。造成这一现象可能有多重原因，一是原公房和安置房相对年代较早且享受单位或政府补贴，经过年代的增值和远低于市场价格的成本进入交易市场，获利空间大；而商品房很多因为年代较近，且近年来国家对房屋坚持“只住不炒”的政策限制等，增值空间有限；对于经济适用房/两限房和小产权房来说，因为没有法律认可的产权，交易存在风险，因此增值空间十分有限。

表3－15　　不同性质住房增值情况　　（单位：%）

		住房增值情况						合计
		增值≤1	1＜增值≤2	2＜增值≤3	3＜增值≤4	4＜增值≤5	增值＞5	（N）
自有住房性质	商品房	16.84	45.08	13.20	6.10	4.56	14.21	100.0（1800）
	经济适用房/两限房	18.46	38.01	17.16	10.64	2.88	12.85	100.00（122）
	原公房	3.90	13.22	3.71	4.90	6.67	67.60	100.0（114）
	集资房	6.65	18.81	13.45	11.46	11.24	38.40	100.0（83）
	小产权房	16.62	34.83	9.32	6.54	6.18	26.51	100.0（170）
	安置房	7.88	22.72	16.40	5.80	4.90	42.30	100.0（181）
	农村私有住房	14.54	34.95	14.32	8.57	5.78	21.85	100.0（2959）
	其他	8.35	22.74	10.58	6.22	8.98	43.13	100.0（68）
	合计（N）	14.81（814）	37.08（2038）	13.65（750）	7.59（417）	5.44（299）	21.43（1178）	100.0（5496）

注：统计检验 $P = 0.000 < 0.01$。

第二节　城乡居民居住状况

一　居住自有住房和非自有住房状况

现居住住房，指的是调查时点受访者实际居住的房屋。虽然接近95%的受访者家庭拥有自有住房，但调查时不一定恰好居住在自有住房中。尤其是对外出务工人员来说，现居住住房很可能并不是家中的自有住房。

从总体来看，2021年城乡居民中，有82.50%的居民居住在自有住房内，有10.40%的居民租住私人住房，其他类型的居住状况，廉租房/公租房、借住亲友房、集体宿舍、周转性住房、其他类型住房一共只占7.10%。从城乡来看，农村居民94.10%都居住在自有住房中，而城镇居民只有76.20%居住在自有住房中，超过20%是以租住、借住或集体宿舍等形式居住（见表3－16）。

表3－16　城乡属性与目前居民住房状况　（单位：%）

	目前居住住房性质							
	自有住房	廉租房/公租房	亲友房	租住私人房	集体宿舍	周转性住房	其他	合计（N）
城镇	76.20（4525）	1.80（104）	3.80（228）	14.90（887）	1.20（72）	0.80（48）	1.30（75）	100.0（5939）
农村	94.10（3020）	0.50（15）	2.10（66）	2.00（65）	0.30（9）	0.50（16）	0.60（19）	100.0（3210）
合计（N）	82.50（7545）	1.30（119）	3.20（294）	10.40（952）	0.90（81）	0.70（64）	1.00（94）	100.0（9149）

二　目前自有住房居住情况

CSS 2021数据显示，居民目前自有住房居住情况中，有86.32%的自有住房为本人居住或家人亲属居住，有3.57%的自有住房出租给他人。自有住房没人居住的比例为9.29%，相对较高，一定程度上反映了存在房屋空置化的情况。其他居住情况较少见，只有不到1%的比例（见表3－17总计栏）。

分城乡来看，农村居民家庭自有住房为本人或家人亲属居住的高达91.91%，高出城镇家庭8.55个百分点；出租他人的比例，城市为5.20%，农村为0.50%，差值为4.7个百分点。这些差异与前文中城镇居民拥有多套住房的比例高于农村这一结论相符，表明城镇家庭住房在满足本人居住需求外，还有多余住房可以满足其他类型住房需求。同时，没人居住的情况也值得注意，这一比例在城市家庭中为10.57%，在农村家庭中为6.88%，差值超过3个百分点，显示城乡之间存在一定差异（见表3－17）。

表3－17　城乡居民家庭自有住房居住情况　（单位：%）

	本人居住	本人不住，家人或者其他亲属居住	出租他人	借与他人	没人居住	其他	合计（N）
城镇	69.20（4676）	14.16（957）	5.20（352）	0.14（9）	10.57（714）	0.73（49）	100.0（6757）
农村	85.24（3053）	6.67（239）	0.50（18）	0.06（2）	6.88（247）	0.65（23）	100.0（3582）
总计	74.75（7729）	11.57（1196）	3.57（369）	0.12（11）	9.29（961）	0.70（73）	100.0（10339）

注：此表中N为住房套数。

结合上文居民非自有住房居住状况分析来看，总体居民中目前有10.40%的居民租住私人住房，而在居民家庭自有住房居住情况分析中，仅有3.57%的住房用于出租他人，据此可推算出每一套出租的自有住房平均居住2.97人，一定程度上反映出目前我国私人住房出租市场呈现出以合租为主的特点。

分地区来看，不论是在城区还是在乡镇、农村，居民自有住房本人或家人亲属居住的比例都是最高的，均超过75%；在出租他人类别下，地区之间差异明显，直辖市城区和省会城市城区自有房屋出租他人的占比均接近10%，地/县级市城区和县城为5%左右，市/县城城区以外的镇少于5%，只有4.13%，农村这一比例更低，只有1.07%。这表明，城市级别越高，私人房屋出租的可能性也越大，居民在直辖市城区、省会城区的购置的房产具有较大的投资增值价值；在没人居住的类别下，县城的比例最高，为11.82%；其次为市/县城城区以外的镇，没人居住的比例为10.48%。这一系列数据在一定程度上显示了县城和乡镇住房存在空置化趋势，农村地区没人居住的比例是最低的，为8.97%，这可能与农村居民拥有多套住房的比例偏低有关（见表3-18）。

表3-18　　所在地与家庭自有住房居住情况

	居民家庭自有住房居住情况						
	本人居住	本人不住，家人或者其他亲属居住	出租他人	借与他人	没人居住	其他	合计（N）
直辖市城区	67.42	14.46	10.20	0	7.01	1.01	100.00（382）
省会城市城区	67.62	11.63	9.63	0.09	9.96	1.03	100.00（554）
地/县级市城区	73.06	12.17	5.48	0.23	8.43	0.63	100.00（2130）
县城	71.27	10.09	5.90	0.14	11.82	0.78	100.00（1314）
市/县城城区以外的镇	69.17	15.01	4.13	0	10.48	1.21	100.00（631）
农村	78.23	11.07	1.07	0.07	8.97	0.59	100.00（5327）
合计	74.75	11.57	3.57	0.11	9.29	0.71	100.00（10339）

注：此表中N为住房套数。

第三节　社会保障状况

一　社会保障享有率

社会保障制度是社会的“安全网”“减震器”和“稳定器”，是事关广大人民群众切身利益的重大民生问题，也关系到中国社会主义现代化建设的大局。CSS 2021 调查了我国居民社会保障享有率的基本情况，其中包括养老保险、医疗保险、失业保险、工伤保险、生育保险、城乡最低生活保障（以下简称“低保”）。[①] CSS 2021 调查数据显示，2021 年我国养老保险、医疗保险、失业保险、工伤保险、生育保险和低保的享有率分别是 32.3%、63.0%、16.2%、19.0%、14.3%和3.71%（见表3－19）。

表3－19　2021 年社会保障享有率　（N＝9136，单位：%）

社会保障类型	人数	享有率（%）
养老保险	2961	32.3
医疗保险	5755	63.0
失业保险	1485	16.2
工伤保险	1739	19.0
生育保险	1307	14.3
低保	340	3.71

与 2019 年数据相比，我国居民的失业保险、工伤保险、生育保险均有所提升。2021 年失业保险、工伤保险、生育保险分别提升了 2.96 个、3.9 个、2.47 个百分点，其中工伤保险享有率提升明显。低保享有率较 2019 年下降了 1.08 个百分点（见图3－4）。

我国低保享有率存在城乡地区差异。分城乡来看，低保享有率由高到低为村庄地区、镇中心区、乡中心区、城乡接合区、镇乡接合区、主城区，分别为 5.06%、3.97%、3.87%、3.48%、2.95%、2.47%。本书将主城区和城乡接合区合并为城市地区，镇中心区、镇乡接合区合并为镇级地区，乡中心区与村庄合并为乡村地区，可以更加明确地看出，低保享有率从高到低为乡村地区、镇级地区、城市地区，分别为 4.99%、3.71%、2.62%。

① CSS 2021 改变了对于养老保险、医疗保险的提问方式，和往期相比数据发生了较大的变动。此处仅对 CSS 2021 数据中养老保险、医疗保险进行统计数据描述。本书下述分析中以失业保险、工伤保险、生育保险和城乡最低生活保障为主。

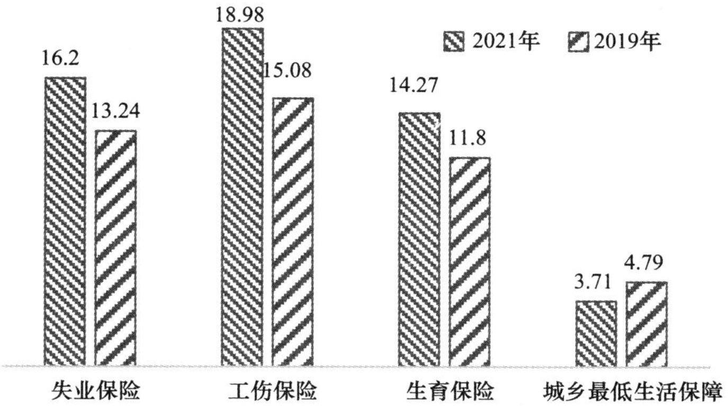

图3－4　2021年、2019年社会保障享有率（单位：%）

2020年是我国脱贫攻坚决胜年，CSS 2021数据中也反映出低保享有率下降的趋势。与2019年的城乡低保享有率相比，2021年城市地区、镇级地区、农村地区的低保享有率均有所下降，分别下降了0.06个、1.26个、0.92个百分点，脱贫攻坚的对象主要是乡镇贫困人口，因此镇级地区、乡村地区下降的幅度均远大于城市地区。其中镇乡接合区、乡中心区的低保享有率降幅更为明显，分别从2019年的5.89%和6.64%下降到2021年的2.95%和3.87%，降幅分别为2.94个和2.77个百分点（见表3－20）。乡镇低保享有率的下降一定程度上反映了我国脱贫攻坚的历史成就。但同时也要看到，镇级和乡村两级地区的低保享有率仍大于城市地区，而城乡接合区的低保率还有小步回升，在新冠肺炎疫情防控常态化的背景下，仍需进一步推进乡镇地区的扶贫工作，注重城市中贫困人口的脱贫，有效巩固脱贫攻坚成果。

表3－20　2021年、2019年城乡低保享有率　（单位：%）

城乡类型	2021年低保享有率	2019年低保享有率	两期差值
城市地区	2.62	2.68	－0.06
其中主城区	2.47	2.8	－0.33
其中城乡接合区	3.48	2.1	1.38
镇级地区（以上两类）	3.71	4.97	－1.26
其中镇中心区	3.97	4.65	－0.68

续表

城乡类型	2021 年低保享有率	2019 年低保享有率	两期差值
其中镇乡接合区	2.95	5.89	-2.94
乡村地区（以上两类）	4.99	5.91	-0.92
其中乡中心区	3.87	6.64	-2.77
其中村庄	5.06	5.87	-0.81
总计	3.75	4.51	-0.76

（一）基于不同年龄组的社会保障享有率分析

我国居民的社会保障享有率存在年龄组别的差异。分不同年龄组来看，18—29 岁、30—39 岁、40—49 岁、50—59 岁、60 岁及以上五个不同的年龄组中，30—39 岁群体的失业保险、工伤保险、生育保险的享有率最高，分别为 26.91%、32.43%、25.63%；其次是 40—49 岁群体，其失业保险、工伤保险、生育保险的享有率分别为 22.40%、24.56%、18.52%；而 60 岁及以上群体的失业保险、工伤保险、生育保险的享有率最低，分别为 1.54%、2.49%、1.1%。低保享有率最高的为 60 岁及以上群体，占比达到 4.52%（见表 3-21）。

表 3-21　不同年龄组社会保障享有率　（单位：%）

年龄组	失业保险	工伤保险	生育保险	城乡低保
18—29 岁	14.60	17.59	14.17	3.85
30—39 岁	26.91	32.43	25.63	2.49
40—49 岁	22.40	24.56	18.52	3.93
50—59 岁	10.65	12.27	7.19	4.02
60 岁及以上	1.54	2.49	1.10	4.52
总计	16.20	18.98	14.27	3.71

注：统计检验 $P = 0.000 < 0.01$。

由上可见，社会保障享有率的年龄差异主要存在于失业保险、工伤保险和生育保险中，又以 30—49 岁年龄组为高。其原因可能是上述三种社会保险都是以在业人群为目标群体的，而 30—49 岁年龄组的就业率又是所有在业者中最高的。根据 CSS 2021 调查数据显示，30—39 岁、40—49 岁年龄组中有工作者占比分别为 67.35% 与 69.92%，较之 18—29 岁组的 40.1%、50—59 岁组的 53.18%、60 岁及以上组的 32.16% 要高出 14—35 个百分点。由此可解读年富力强的 30—49 岁群体的失业保险、工伤保险、生育保险的享有率为何高于其他年龄段的群体。60 岁及以上的老年群体中，67.6% 的人没有工作，也可解读其低保享有率为何最高。老年人口的贫困依旧是亟须关注的问题。

（二）基于城乡地区差异社会保障享有率的分析

CSS 2021 数据显示，我国居民的社会保障享有率也存在城乡差异，城市地区居民的社会保障享有率高于乡村地区居民（见图 3－7）。失业保险、工伤保险、生育保险的享有率由高到低分别为：城市地区、镇级地区、乡村地区。就失业保险而言，城市地区、镇级地区、乡村地区的享有率分别为：27.80%、14.10%、4.93%；就工伤保险而言，城市地区、镇级地区、乡村地区的享有率分别为：29.86%、17.86%、7.76%；就生育保险而言，城市地区、镇级地区、乡村地区的享有率分别为：24.28%、12.49%、4.68%。低保享有率，乡村地区高于城市地区，城市地区、镇级地区、乡村地区的享有率分别为：2.62%、3.71%、4.99%。

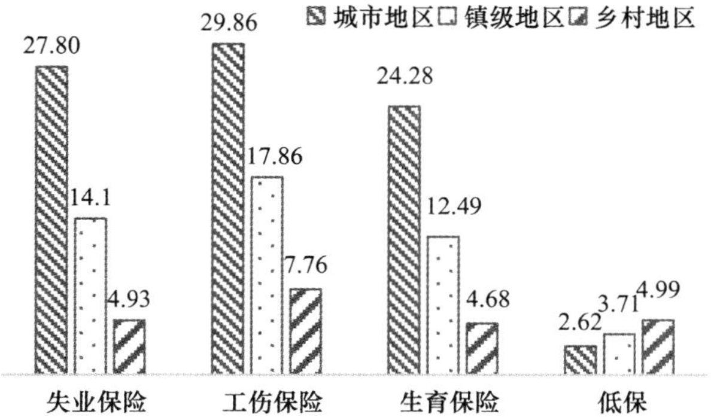

图 3－5　城乡各类社会保障享有率（单位：%）

从城乡的细分类型来看，主城区、城乡接合区、镇中心区、镇乡接合区、乡中心区、乡村地区六类不同的地区中，失业保险、生育保险享有率占比最高的是主城区，分别为 28.18%、24.42%，工伤保险享有率最高的为城乡接合区，占比 31.07%（见表 3－22）。城乡社会保障水平存在明显差异，城市失业、工伤、生育保障明显高于乡村地区，我国社会保障资源应适度向乡村居民倾斜。

表 3－22　　城乡各类社会保障享有率　　（单位：%）

城乡类型	失业保险	工伤保险	生育保险	城乡低保
城市地区	27.80	29.86	24.28	2.62
其中主城区	28.18	29.62	24.42	2.47
其中城乡接合区	25.66	31.07	23.45	3.48
镇级地区	14.10	17.86	12.49	3.71
其中镇中心区	14.13	17.84	12.06	3.97
其中镇乡接合区	14.11	17.88	13.95	2.95
乡村地区	4.93	7.76	4.68	4.99
其中乡中心区	2.78	7.00	2.45	3.87
其中村庄	5.06	7.79	4.77	5.06
总计	16.28	19.02	14.34	3.75

与 2019 年数据相比，我国居民的失业保险、工伤保险、生育保险享有率在城市地区、乡村地区均有所下降，城市地区，失业、工伤、生育保险、低保享有率分别下降了 1.70 个、1.65 个、0.61 个、0.06 个百分点，乡村地区，失业、工伤、生育保险、低保享有率分别下降了 0.79 个、1.08 个、1.53 个、0.92 个百分点。镇级地区的失业、工伤、生育保险有所上升，分别上升了 1.11 个、1.02 个、1.43 个百分点，低保享有率下降了 1.26 个百分点（见表 3－23）。

表 3－23　　2021 年、2019 年城乡各类社会保障享有率　　（单位：%）

城乡类型	失业保险			工伤保险			生育保险			低保		
	2021	2019	差值	2021	2019	差值	2021	2019	差值	2021	2019	差值
城市地区	27.80	29.50	－1.70	29.86	31.51	－1.65	24.28	24.89	－0.61	2.62	2.68	－0.06
镇级地区	14.10	12.99	1.11	17.86	16.84	1.02	12.49	11.06	1.43	3.71	4.97	－1.26
乡村地区	4.93	5.72	－0.79	7.76	8.84	－1.08	4.68	6.21	－1.53	4.99	5.91	－0.92

（三）基于职业、单位类型社会保障享有率的分析

根据 CSS 2021 数据显示，我国居民的社会保障享有率存在职业差异。专业技术人员的失业保险、工伤保险、生育保险享有率均为最高，分别为 60.24%、62.99%、56.78%；办事人员享有率与之接近而稍低，三项社会保险享有率分别为 58.25%、62.50%、52.47%；机构负责人位列第三，三项社会保险享有率分别为 47.50%、53.66%和 44.20%，之所以低于专业技术人员和办事人员，是因为前两个职业群体大多是在正规单位就职，而机构负责人中还包含一定比例的城乡社区等自治组织的负责人；享有率最低的是农、林、牧、渔、水利业生产人员，三项社会保险享有率分别为 1.53%、2.38%、1.83%。生产工人、运输工人和有关人员与商业工作人员、服务业工作人员相比，工伤保险的享有率显著增高，占比为 30.40%（见表 3－24），这与生产运输工人的工作性质有关。警察和军人的三项社会保险享有率是最高的，但因在其群体样本中比例过低，在此不做讨论。

表 3－24　　不同职业社会保障享有率　　（单位：%）

	失业保险	工伤保险	生育保险	城乡低保
机构负责人	47.50	53.66	44.20	3.62
专业技术人员	60.24	62.99	56.78	0.81
办事人员	58.25	62.50	52.47	2.60
商业工作人员	19.48	21.34	16.36	3.23
服务业工作人员	16.88	23.20	13.73	2.75
生产工人、运输工人和有关人员	19.23	30.40	14.41	3.77
农、林、牧、渔、水利业生产人员	1.53	2.38	1.83	4.67
警察及军人	70.48	66.34	65.33	0
不便分类人员	7.85	16.96	11.45	3.60
总计	22.73	27.19	19.97	3.37

注：统计检验 $P = 0.000 < 0.01$。

公众社会保障享有率在单位类型分布上也存在差异，体制内单位的

社会保障享有率明显高于体制外单位。单位类型①分为体制内单位，体制外单位，社区居委会、村委会等自治组织，没有单位（包括自由职业/灵活就业），其他。体制内单位的失业保险、工伤保险、生育保险享有率为51.44%、58.18%、45.28%，体制外单位则为35.15%、39.80%、31.57%（见表3-25）。这一结论表明，我国应大力提升体制外职业群体的社会保障覆盖水平，缩小体制内外的差距，推进社会保障公平。

表3-25　　不同单位社会保障享有率　　（N=4506，单位：%）

单位类型	失业保险	工伤保险	生育保险	低保	样本量
体制内	51.44	58.18	45.28	2.57	1081
其中党政机关、人民团体、军队	50.31	58.90	53.37	0	174
其中国有企业及国有控股企业	63.49	67.11	48.36	4.61	351
其中国有/集体事业单位	60.51	64.02	54.67	1.17	459
其中集体企业	31.46	42.70	24.72	4.49	97
体制外	35.15	39.80	31.57	3.02	2533
其中私营企业	33.77	41.64	29.06	2.27	1360
其中三资企业	76.19	71.43	69.05	7.14	49
其中个体工商户	6.65	10.16	6.17	2.66	1073
其中民办事业单位	24.00	36.00	22.00	0	51
社区居委会、村委会等自治组织	18.83	19.73	13.90	7.17	197
没有单位	1.81	7.43	2.36	2.17	525
其他（请注明）	18.67	21.33	16.00	2.67	69

（四）基于不同收入的社会保障享有率分析

我国居民的社会保障享有率也存在收入群体间差异。本书依据CSS 2021数据将个人收入划分为人群占比各20%的五等分组，低收入组为个人年收入低于8400元的居民，中低收入组为个人年收入8401—22800元的居民，中间收入组为个人年收入22801—40000元的居民，中高收入组为个人年收入40001—70000元的居民，高收入组为个人年收入高于

① 为了方便分析，本书将党政机关、人民团体、军队，国有企业及国有控股企业、国有/集体事业单位、集体企业归并为体制内单位；将私营企业、三资企业、个体工商户、民办事业单位归并为体制外单位，下文皆同。

70001 元的居民。从不同收入群体来看，收入越高，社会保障享有率越高：高收入组居民的失业保险、工伤保险、生育保险享有率最高，分别为 43.57%、49.91%、39.69%；低收入组居民的社会保障享有率最低，上述三项社会保险的享有率分别为 1.44%、2.29% 和 2.16%。低保享有率则为收入越低的居民，低保享有率越高，低收入组居民的低保享有率最高，为 8.33%（见表 3－26）。

表 3－26　**不同收入组社会保障享有率**　（N＝7163，单位：%）

	失业保险	工伤保险	生育保险	城乡低保
低收入组（N＝1434）	1.44	2.29	2.16	8.33
中低收入组（N＝1437）	6.62	7.78	5.42	5.07
中间收入组（N＝1607）	16.62	20.80	14.09	2.58
中高收入组（N＝1378）	32.20	37.97	26.97	2.13
高收入组（N＝1308）	43.57	49.91	39.69	1.88
总计（N＝7163）	19.49	23.10	17.12	4.02

注：统计检验 P＝0.000＜0.01。

不同收入群体在社保享有率上的差异，应该和其城乡分布和职业分布有关。CSS 2021 数据显示，在城乡分布上，低收入组、中低收入组中乡村居民占比分别为 55.36%、48.06%，而城市居民占比为 20.78%、25.85%，乡村居民占比均大于城市居民占比；中间收入组、中高收入组、高收入组中，乡村地区居民占比分别为 29.24%、23.95%、16.46%，低于城市居民的占比 41.34%、51.05%、63.36%（见图 3－6）；在职业分布上，低收入组、中低收入组居民以从事农林牧渔业为主，占比为 76.03%、42.09%，超过七成的低收入组居民从事农林牧渔业。以上数据显示，低收入组中，乡村地区①居民占比最高，从事、农、林、牧、渔业的生产人员占比最多，因此低收入组的各类社会保障享有率最低，低保享有率最高（见表3－27）。通过对不同收入组城乡分布及职业分布情况的分析可以看出，我国社会保障资源应向乡村贫困人口和农业生产人员倾斜。

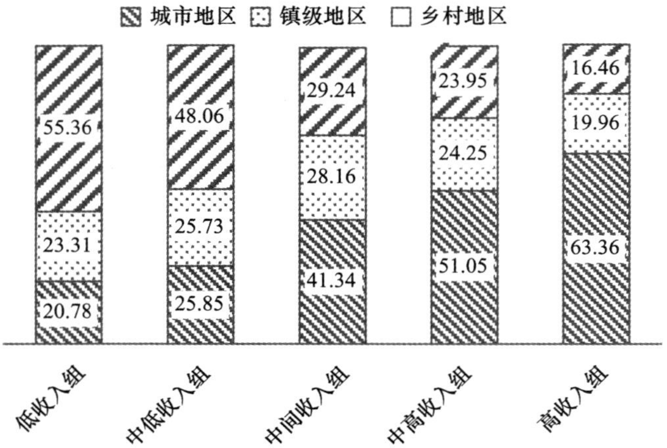

图3－6　不同收入组的城乡分布情况（N＝7163，单位：%）②

表3－27　　不同收入组的职业分布情况　　（N＝7163，单位：%）

	低收入组	中低收入组	中间收入组	中高收入组	高收入组
机构负责人	0.23	1.26	3.09	2.93	7.24
专业技术人员	1.75	4.37	7.73	11.3	21.11
办事人员	3.13	4.47	11.53	15.47	16.44
商业工作人员	4.83	11.98	15.4	14.78	18.31
服务业工作人员	6.84	16.36	20.81	18.47	16.29
农、林、牧、渔、水利业生产人员	76.03	42.09	15.63	8.94	4.99
生产工人、运输工人和有关人员	6.85	18.43	25.25	27.38	14.32
不便分类人员	0.34	0.83	0.49	0.33	0.24
总计	100	100	100	100	100

① 此处“乡村地区”将“乡中心区”与“村庄地区”合并。

② “特殊区域”占比较低，此处做删除处理。

（五）基于受教育程度对社会保障享有率的分析

社会保障享有率也存在教育程度的差异。根据 CSS 2021 数据显示，受教育程度越高，失业保险、工伤保险、生育保险的享有率越高；受教育程度越低，低保享有率越高。初中及以下、高中中专技校、大专、本科及以上群体中，失业保险、工伤保险、生育保险享有率最高的是本科及以上群体，分别为39.70%、41.23%、36.97%；低保享有率最高的是初中及以下群体，占比4.69%（见表3－28）。

表3－28　不同受教育程度社会保障享有率　（N＝9163，单位：%）

受教育程度	失业保险	工伤保险	生育保险	城乡低保
初中及以下	5.17	8.08	4.63	4.69
高中中专技校	15.07	19.35	12.03	3.35
大专	36.30	37.53	31.33	2.13
本科及以上	39.70	41.23	36.97	2.15
总计	16.18	18.97	14.26	3.72

（六）基于不同区域对社会保障享有率的分析

根据 CSS 2021 数据显示，我国社会保障水平存在一定的地区差异，华北地区社会保障享有率最高，西北地区社会保障享有率最低，且低保享有率最高。失业保险、工伤保险、生育保险三类享有率华东地区最高，分别为20.28%、23.00%和18.31%；西北地区享有率最低，分别为11.98%、15.08%、9.51%。城乡最低生活保障西北地区享有率最高，为5.05%。华北、东北、中南、西南四个地区居于中间地位（见表3－29）。总体看来，社会保障享有率的地区差异，可以说是地区间经济发展水平的反映。

表3－29　2021年不同地区社会保障享有率　（N＝9163，单位：%）

六大区	失业保险	工伤保险	生育保险	城乡低保
华北	16.39	20.39	14.53	3.64
东北	17.22	16.62	12.93	3.52
华东	20.28	23.00	18.31	2.84

续表

六大区	失业保险	工伤保险	生育保险	城乡低保
中南	13.30	16.28	11.38	3.78
西南	15.04	17.65	14.33	4.89
西北	11.98	15.08	9.51	5.05
总计	16.2	18.98	14.27	3.71

注：统计检验 P=0.000<0.01。

二　公众对社会保障状况的主观态度

公众对社会保障状况的主观态度，可以在一定程度上投射出城乡居民对当前我国社会保障水平的获得感。本部分内容主要从公众对当前我国社会保障状况的满意度评价以及对社会保障的期望—体验感知两个层面展开分析。

（一）公众对社会保障满意度的总体评价

CSS 2021 询问了公众对于当前我国社会保障状况的总体评价，并用1—10 分来表示满意程度，得分越高表示满意度越高。总的来说，2021年社会保障公众评价的平均分为7.14 分，对比2019 年的6.69 分，略有提升。

分年龄组看，不同年龄组对社会保障的总体评价呈“U”形（见图3－7），对社会保障状况评价最高的是18—29 岁的居民，平均分为7.45 分；最低的为40—49 岁的居民，平均分为6.93 分。

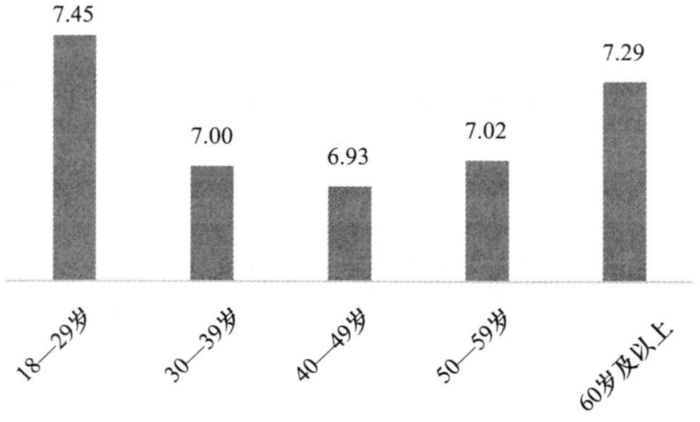

图3－7　不同年龄组对社会保障的满意度评价（N=9163，10 分制）

分城乡看，主城区居民的社会保障状况评价最高，为7.15分；乡中心地区居民社会保障状况评价最低，为6.91分，城市评分高于乡村。与2019年对比，主城区、城乡接合区、镇中心区、镇乡接合区、村庄对社会保障的评价分别上升了0.32分、0.29分、0.31分、0.10分、0.03分，而乡中心区的社会保障总体评价下降了0.35分（见表3－30）。

表3－30　2021年、2019年城乡社会保障满意度评价（N＝9163，10分制）

	2021年	2019年	差值
主城区	7.15	6.83	0.32
城乡接合区	7.02	6.73	0.29
镇中心区	7.21	6.9	0.31
镇乡接合区	7.14	7.04	0.10
乡中心区	6.91	7.26	－0.35
村庄	7.11	7.08	0.03
总计	7.14	6.96	0.18

分不同职业群体看，我国居民社会保障的评价状况存在职业差异。对我国社会保障状况评价最高的是机构负责人，平均分为7.91；对我国社会保障状况评价最低的是生产工人、运输工人和有关人员，平均分为6.81；其次是服务业工作人员、商业工作人员，评分分别为6.97分、6.92分（见表3－31）。由此可见，社会保障评价的职业差异与职业地位相关，除农业劳动者群体外，其余职业群体的社会保障评价大致是依职业地位由高向低递减。应大力提升普通工人和商业、服务业工作人员等蓝领群体的社会保障水平。

表3－31　不同职业对社会保障状况的满意度评价（N＝9163，10分制）

	平均值	频数
机构负责人	7.91	179
专业技术人员	7.42	563

续表

	平均值	频数
办事人员	7.74	633
商业工作人员	6.92	835
服务业工作人员	6.97	952
生产工人、运输工人和有关人员	6.81	1113
农、林、牧、渔、水利业生产人员	7.04	1717
总计	7.11	6040

分不同单位类型看，我国居民对社会保障的总体评价存在其就业单位的体制差异，体制内单位人员的评分高于体制外，二者分别为7.69分和6.80分，相差0.89分；体制内单位中评价最高的为党政机关、人民团体、军队就业者（8.09分），其他的国有企业及国有控服企业、国有/集体事业单位、集体企业就业者的评价在7.5—7.6分，相差不大；体制外单位中评分最高的是民办事业单位（7.44分），明显高于私营企业、三资企业、个体工商户。社区居委会、村委会等自治组织中的就业者，社会保障评分也比较高（8.04分），而评分最低的是无单位的自由职业、灵活就业的群体（6.29分）（见表3－32）。由上述分析可见，单位作为就职者社会保障的供给方之一，能够提升其成员的社会保障获得感，而体制内机构则更有保障优势。今后的社会保障应大力提升体制外与自由职业灵活就业群体的社会保障水平，以促进社会保障公平。

表3－32　不同单位类型就业者对社会保障状况的满意度评价

（N＝4506，10分制）

单位类型	平均值	标准差
体制内单位	7.69	2.12
其中党政机关、人民团体、军队	8.09	1.99
其中国有企业及国有控股企业	7.49	2.19
其中国有/集体事业单位	7.60	2.05
其中集体企业	7.55	2.23
体制外单位	6.80	2.27

续表

单位类型	平均值	标准差
其中私营企业	6.68	2.57
其中三资企业	6.57	1.8
其中个体工商户	6.51	2.81
其中民办事业单位	7.44	1.91
社区居委会、村委会等自治组织	8.04	2.23
没有单位（包括自由职业/灵活就业）	6.29	2.88
其他（请注明）	6.49	2.73
总计	6.89	2.61

分不同收入来看，虽然居民在社会保障的享有率上差距明显，但反映在对社会保障的总体评价上，个人收入差异存在但不明显。总体而言，社会保障评价随着收入的增高而增高（见图3－9）。低收入组、中低收入组、中间收入组、中高收入组和高收入组对我国社会保障状况评价的平均分依次为6.61分、6.65分、6.96分、7.11分和7.19分。高收入组居民对社会保障的评价最高，低收入组评价最低，收入越高，对社会保障的评价越高（见表3－33）。

表3－33　　不同收入组对社会保障状况的满意度评价（N＝7163，10分制）

	平均值	标准差
低收入组	6.61	3.07
中低收入组	6.65	2.86
中间收入组	6.96	2.64
中高收入组	7.11	2.47
高收入组	7.19	2.22
总计	6.9	2.68

从受教育程度看，受教育程度高的群体对社会保障的评价高于受教育程度低的群体。本科及以上和大专教育程度者平均评分分别为7.41分和7.43分；高中中专技校教育程度的略低，为7.03分；而初中及以下群体对我国社会保障状况的评分最低，平均分为6.40分（见图3－8）。

分区域来看，我国的社会保障评价存在区域差异，各区域对我国社

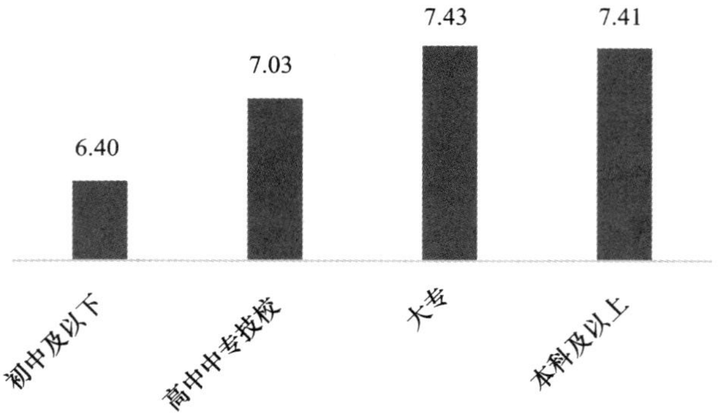

图3－8　不同受教育程度对社会保障的满意度评价（N＝9163，10分制）

会保障的评分从高到低分别是：西南、华东/华北、东北、西北、中南地区，其中西南地区评分最高，为7.15分，中南地区评分最低，为6.52分（见表3－34）。

表3－34　不同地区居民对社会保障状况的满意度评价　（10分制）

六大区	平均值	标准差
华北	6.92	2.73
东北	6.79	2.97
华东	6.92	2.78
中南	6.52	2.71
西南	7.15	2.60
西北	6.68	2.79
总计	6.81	2.75

（二）公众对各类社会保障的满意度评价

除了对我国社会保障的总体评价，CSS 2021调查还询问了公众对养老、医疗、就业、城乡低保、住房等各项社会保障的满意度，用1—10分来表示满意程度，得分越高表示满意度越高。调查数据显示，城乡居民对各类社会保障的评分均超过6分，评分从高到低分别是：养老保障（7.27分）、医疗保障（7.16分）、城乡低保（6.61分）、住房保障（6.54分）、就业保障（6.32分）。与2019年的数据相比，公众对各类社会保障的满意度均有所上升，养老保障、医疗保障、就业保障、城乡低保、住房保障的评价分别提升了 0.33 分、0.42 分、0.61 分、0.64 分、0.37 分，其中城乡低保的评分上升最多（见表 3－35）。

表 3－35　2021 年、2019 年公众对各类社会保障状况的满意度评价

（N＝9163，10 分制）

	2021 年	2019 年	差值
养老保障	7.27	6.94	0.33
医疗保障	7.16	6.74	0.42
就业保障	6.32	5.71	0.61
住房保障①	6.54	6.17	0.37
城乡低保	6.61	5.97	0.64

本书进一步尝试分析社会保障满意度评价的结构，即养老、医疗、就业、城乡低保、住房等五类保障中哪一项对社会保障总体评价的影响最大。变量相关分析表明，城乡居民对住房保障的满意度评分对社会保障总体评价的影响最大，其后依次是就业、低保、医疗和养老保障（见表 3－36）。结合上文表 3－35 的数据分析结果，就业保障、住房保障的评分在各类社会保障中满意度评分最低，却和总体社会保障满意度的关联最强，表明此二项在社会保障满意度评价结构中最为重要，因此应大力提升就业保障与住房保障，以提升居民对社会保障的总体评价。

表 3－36　各类社会保障对总体社会保障满意度评价的影响

		养老	医疗	就业	住房	低保
总体社会保障状况评价	皮尔逊相关系数	0.682**	0.685**	0.704**	0.787**	0.699**
	个案数	8412	8633	7611	6929	7341

注：** 相关系数在 0.01 级别（双尾）显著。

进一步分析表明，享有社会保障和未享有社会保障的群体对社会保

① 住房保障在问卷中以“政府提供的经济适用房、公租房、廉租房等基本住房保障”来体现。

障的评分有所差异。具体而言，享有各类社会保障的居民群体对社会保障的总体评价要高于未享有群体，总的来说，前者比后者的评分平均要高 0.48 分（见表 3 -37）。

表 3 -37　享有社会保障与不享有社会保障群体对各类社会保障的满意度评价

（N =9163，10 分制）

	享有	不享有	差值
养老保险	7.49	6.97	0.52
医疗保险	7.28	6.86	0.42
失业保险	7.48	7.07	0.41
工伤保险	7.50	7.05	0.45
生育保险	7.57	7.07	0.50
城乡低保	7.69	7.12	0.57
总计	7.50	7.02	0.48

分不同年龄段看，我国居民对各类社会保障的评分存在年龄差异。年龄小的群体对各类社会保障的评价更高。如 18—29 岁对养老保障、医疗保障、就业保障、城乡低保和住房保障的评分均为最高，分别为 7.56 分、7.76 分、6.82 分、7.29 分、6.91 分；50—59 岁对养老保障、医疗保障、就业保障、城乡低保的评分最低，分别为 7.09 分、6.77 分、5.90 分、6.12 分；30—39 岁对于住房保障的评价最低，为 6.31 分（见表 3 -38）。

根据表 3 -38，18—29 岁、30—39 岁、40—49 岁三个年龄组，评价最低的均为就业保障和住房保障，反映出这三个年龄组的生命历程中面临的就业与住房压力较为突出；城乡低保在 60 岁及以上年龄组中评分最低，在 50—59 岁年龄组中评分为倒数第二，说明这两个中老年年龄段所面临的问题相较于中青年年龄组有所不同，低保问题是他们的关注重心，中老年贫困问题应得到重视。

表3－38　　不同年龄段对各类社会保障的满意度评价　　(10分制)

年龄分组	养老保障	医疗保障	就业保障	住房保障	城乡低保	平均分
18—29岁(N＝2279)	7.56	7.76	6.82	6.91	7.29	7.27
30—39岁(N＝1904)	7.2	7.14	6.24	6.31	6.61	6.70
40—49岁(N＝1900)	7.2	7.05	6.11	6.35	6.39	6.62
50—59岁(N＝1814)	7.09	6.77	5.90	6.38	6.12	6.45
60岁及以上(N＝1266)	7.18	6.77	6.33	6.65	6.17	6.62
总计(N＝9163)	7.27	7.16	6.32	6.54	6.61	6.78

分城乡看，我国居民对各类社会保障的评价存在城乡地区的差异。城市地区评分最高，为6.97分；乡村地区最低，为6.36分。主城区、城乡接合部、镇中心区、镇乡接合区、乡中心区、村庄六类分区中，对养老保障、医疗保障、就业保障、住房保障、城乡最低生活保障五类保障，评分最高的均是主城区，分别为7.35分、7.33分、6.61分、6.64分、6.9分，反映出城市居民所能享受到的各类社会保障资源要普遍高于乡村居民，对各类社会保障水平的评分相对较高（见表3－39）。

表3－39　　城乡居民各类社会保障状况的满意度评价　(N＝9136，10分制)

	养老保障	医疗保障	就业保障	住房保障	城乡低保	平均分
主城区	7.35	7.33	6.61	6.64	6.90	6.97
城乡接合区	7.04	7.06	6.31	6.24	6.55	6.64
镇中心区	7.34	7.28	6.33	6.63	6.62	6.84
镇乡接合区	7.33	7.14	6.47	6.61	6.87	6.88
乡中心区	7.12	6.92	5.82	6.02	5.91	6.36
村庄	7.17	6.94	5.98	6.42	6.30	6.56
总计	7.27	7.16	6.32	6.53	6.60	6.78

分不同职业来看，我国居民对各类社会保障的评价存在职业上的差异。从各类社会保障满意度合计的平均分来看，机构负责人评分最高，为7.76分；生产工人、运输工人和有关人员评分最低，为6.35分。从各类社会保障分项满意度的平均评分来看，各类职业对养老保障、医疗保障、就业保障、住房保障、城乡低保评价的平均分分别为7.25、7.12、6.34、6.50、6.54分，其中养老、医疗两项保障的评价高于平均分，就业、住房两项保障的评价低于平均分。从具体的职业群体来看，商业工作人员，服务业工作人员，生产工人、运输工人和有关人员，农、林、牧、渔、水利业生产人员群体对五类社会保障的评分均低于全体成员，说明蓝领和农民群体的社会保障获得感较低。

表3－40　不同职业群体对各类社会保障的满意度评价（N＝9136，10分制）

	养老保障	医疗保障	就业保障	住房保障	城乡低保	平均分
机构负责人	8.04	8.08	7.51	7.44	7.75	7.76
专业技术人员	7.63	7.56	7.16	6.95	7.36	7.33
办事人员	8.01	7.87	7.44	7.31	7.66	7.66
商业工作人员	7.14	7.16	6.13	6.28	6.48	6.64
服务业工作人员	7.12	7.06	6.21	6.39	6.47	6.65
生产工人、运输工人和有关人员	7.02	6.95	5.92	6.03	6.14	6.35
农、林、牧、渔、水利业生产人员	7.00	6.70	5.79	6.32	5.95	6.41
不便分类人员	7.57	7.13	6.37	6.60	6.97	6.93
总计	7.25	7.12	6.34	6.50	6.54	6.75

分个人收入来看，居民对各类社会保障的评价存在个人收入上的差异。高收入群体对各类社会保障的综合评价最高，为6.44分；低收入群体对各类社会保障的评价最低，为5.29分，即收入越高，评价越高。从具体的收入群体来看，低收入群体对就业保障的评价最低，为4.29分；中低收入、中间收入、中高收入和高收入群体对住房保障的评价最低，分别为4.31分、4.91分、4.97分和5.47分（见表3－41）。应重点提升低收入群体的就业能力，保障就业机会。

表 3－41　　不同收入群体对各类社会保障的满意度评价（N＝7163，10 分制）

	养老保障	医疗保障	就业保障	住房保障	城乡低保	平均分
低收入	6.4	6.52	4.29	4.35	4.91	5.29
中低收入	6.49	6.59	4.60	4.31	4.81	5.36
中间收入	7.09	7.00	5.23	4.91	5.18	5.88
中高收入	7.19	7.36	5.91	4.97	5.35	6.16
高收入	7.25	7.34	6.26	5.47	5.9	6.44
总计	6.88	6.95	5.24	4.79	5.21	5.81

从受教育程度来看，对各类社会保障评价最高的是本科及以上群体，为7.39分；最低的是初中及以下群体，为6.38分，受教育程度越高，对各类社会保障的评价就越高。初中及以下、高中中专技校、大专群体对就业保障的评价最低，分别为5.82分、6.44分、6.93分；本科及以上群体对住房保障的评价最低，为6.99分（见表3－42）。这说明较低学历群体的就业问题比较突出，应着力提升该群体的就业能力和就业水平；较高学历群体更关注住房问题，应重点解决此类群体的住房需求，加强住房保障。

表 3－42　　不同受教育程度对各类社会保障状况的满意度评价

（N＝9163，10 分制）

受教育程度	养老保障	医疗保障	就业保障	住房保障	城乡低保	平均分
初中及以下	7.00	6.80	5.82	6.18	6.08	6.38
高中、中专、技校	7.29	7.27	6.44	6.64	6.76	6.88
大专	7.77	7.74	6.93	7.06	7.35	7.37
本科及以上	7.7	7.71	7.10	6.99	7.45	7.39
总计	7.27	7.16	6.32	6.54	6.61	6.78

根据上述数据分析，我们发现相比于养老保障和医疗保障，我国居民对于就业保障、住房保障、低保的评价较低。对于各类社会保障的评价呈现年龄越小评价越高，城市地区居民高于乡村地区居民，体制内居民高于体制外居民，高收入群体评价高于低收入群体，高学历群体高于

低学历群体的特征。同时，我国在完善社会保障政策时，应对不同群体有针对性地提高社会保障水平，着重提高低收入、低学历群体的就业保障，完善较高收入群体、高学历群体的住房保障。

三 公众对社会保障状况的期望—体验感知

(一) 公众对社会保障状况的"刚性期望"和"现实体验"

CSS 2021 中向受访者询问了两个问题，并请公众表达对该说法的同意程度。第一个问题是"提供社会保障是政府的基本责任，不应当由普通百姓负担"，第二个问题是"现在的社会保障水平太低，起不到保障的作用"，答案选项均为：很不同意、不太同意、比较同意、非常同意和不好说。这两个问题分别测量公众对社会保障状况的"刚性期望"和"现实体验"两个维度的认知倾向。

调查数据显示，对于"提供社会保障是政府的基本责任，不应当由普通百姓负担"这一说法，选择很不同意、不太同意、比较同意、非常同意和不好说的受访者占比分别为 4.96%、28.08%、39.26%、24.36%和 3.34%。我们将该说法的赞同率[①]视为公众对政府供给社会保障的"刚性期望"程度，赞同率越高代表"刚性期望"越强。该说法的公众赞同率为 63.62%，超过六成，说明大多数公众认为应该由政府而非社会成员个人作为社会保障的主要承担者，即体现了公众对政府供给社会保障的"刚性期望"程度。

对于"现在的社会保障水平太低，起不到保障的作用"这一说法的公众意见，表示非常不同意、不太同意、比较同意、非常同意和不好说的受访者占比分别为 7.48%、37.79%、34.28%、16.15% 和 4.30%。我们将该说法的不赞同率视为公众对社会保障的现实体验水平，不赞同率越高则现实体验水平越好。该说法的不赞同率为 45.27%，未达五成，说明半数的公众对当前社会保障水平的现实体验偏低。

2021 年公众在社会保障的"刚性期望"认知上与 2019 年基本持平，赞同率分别为 63.62% 和 63.52%，反映了我国居民对于社会保障的刚性

---

① 为分析方便，本书将"很同意"和"比较同意"合并为"赞同率"，将"不太同意"和"很不同意"合并为"不赞同率"，下同。

期望总体变化不大；在社会保障的“现实体验”方面，2021 年选择不赞同的公众占比为 45.27%，与 2019 年的 36.81% 相比，上升了 8.46 个百分点（见表 3－43），这说明公众对社会保障的现实体验有所改善。

表 3－43　　2021 年、2019 年公众对社会保障的认知倾向　　（单位：%）

	2021 年			2019 年		
	赞同	不赞同	不好说	赞同	不赞同	不好说
提供社会保障是政府的基本责任，不应当由普通百姓负担	63.62	33.04	3.34	63.52	31.66	4.81
现在的社会保障水平太低，起不到保障的作用	50.43	45.27	4.30	57.28	36.81	5.90

在上述分析的基础上，本书对公众对社会保障刚性期望与现实体验进行了相关分析，两者的皮尔逊相关系数为 0.384，说明两者之间存在显著的正相关关系，即公众越同意“社会保障是政府的基本责任，不应当由普通百姓负担”，越认为“现在的社会保障水平太低，起不到保障的作用”，这反映出公众的社会保障刚性期望越强，对政府的期许越高，对社会保障状况的现实体验就越低。政府更好地履行社会保障的职能，加大社会保障方面的投入，惠及民生，公众对社会保障的评价才会越来越好。

（二）不同群体对社会保障的“期望—体验指数”

1. 不同城乡地区居民的社会保障“期望—体验指数”

分城乡看，我国居民对于社会保障的刚性期望上存在城乡分布的差异。数据显示，居住在主城区、城乡接合区、镇中心区、镇乡接合区、乡中心区、村庄六类不同地区中的居民中，赞同“社会保障是政府的基本责任，不应当由普通百姓负担”这一说法的比例分别为 64.61%、64.93%、60.79%、57.53%、63.32% 和 65.03%。其中乡村地区居民比城市地区居民对社会保障的刚性期望更高（见表 3－44）。

表3-44　　城乡地区居民对社会保障刚性期望　（N=9136，单位：%）

社会保障是政府的基本责任，不应当由普通百姓负担				
城乡地区	赞同	不赞同	不好说	总计
主城区	64.61	33.29	2.09	100.0
城乡接合区	64.93	32.66	2.41	100.0
镇中心区	60.79	35.85	3.36	100.0
镇乡接合区	57.53	39.27	3.2	100.0
乡中心区	63.32	34.33	2.34	100.0
村庄	65.03	30.26	4.7	100.0

同样，我国居民对于社会保障的现实体验也存在城乡地区差异。数据显示，居住在主城区、城乡接合区、镇中心区、镇乡接合区、乡中心区、村庄六类不同地区中的居民中，对“现在的社会保障水平太低，起不到保障的作用”这一说法持不赞同态度的，其比例分别为50.54%、46.55%、45.75%、45.10%、42.80%和39.86%。社会保障现实体验最好的是主城区，现实体验最差的是村庄，可以看出对社会保障的现实体验从城市到乡村呈现下降趋势（见表3-45）。

表3-45　　城乡地区居民对社会保障的现实体验　（N=9136，单位：%）

现在的社会保障水平太低，起不到保障的作用				
城乡地区	赞同	不赞同	不好说	总计
主城区	46.72	50.45	2.84	100.0
城乡结合区	51.28	46.55	2.18	100.0
镇中心区	49.94	45.75	4.31	100.0
镇乡结合区	51.08	45.10	3.82	100.0
乡中心区	54.23	42.80	2.97	100.0
村庄	53.96	39.86	6.18	100.0

我们进一步将居民对社会保障的“刚性期望”和“现实体验”结合起来，可以形成一个“期望—体验指数”，即“刚性期望”（赞同率）与“现实体验”（不赞同率）的差值。这一指数的取值范围在-100至+100

之间，数值大于0意味着“刚性期望”强于“现实体验”，数值小于0则意味着“现实体验”高于“刚性期望”。指数数值越高反映公众对社会保障的获得感越低，挫折感越强。据此，上述城乡不同地区居民对社会保障的“期望—体验指数”如图3－9所示：总体而言，不同城乡地区的居民“期望—体验指数”均大于0，其中乡中心区和村庄居民的“期望—体验指数”最高，分别为20.52分和25.17分，说明他们是社会保障获得感最低的群体。

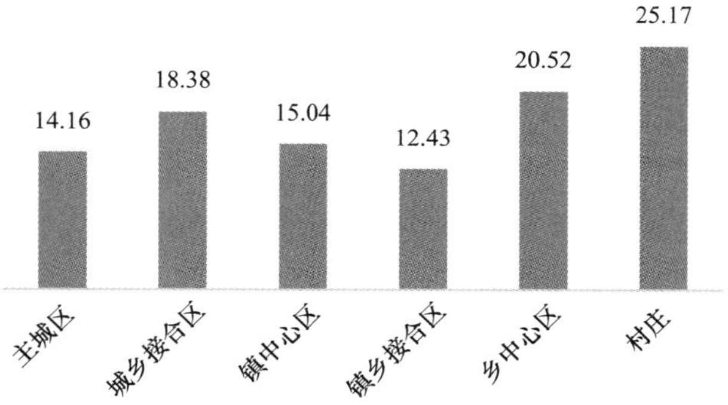

图3－9　城乡地区居民对社会保障的“期望—体验指数”

（N＝9136，单位：分）

2. 不同年龄组的社会保障“期望—体验指数”

CSS 2021数据结果显示，我国居民对社会保障的刚性期望随着年龄的增长而增长。18—29岁、30—39岁、40—49岁、50—59岁、60岁及以上五个群体中，其社会保障刚性期望分别为48.78%、62.08%、65.64%、72.70%、76.60%，最高的为60岁及以上的公众，最低的为18—29岁的公众。居民对于社会保障的现实体验随着年龄增长而下降。18—29岁、30—39岁、40—49岁、50—59岁、60岁及以上五组年龄组中，现实体验分别为68.83%、42.91%、39.98%、35.81%、36.92%，18—29岁的群体对社会保障的现实体验最好，50—59岁、60岁及以上的群体现实体验最差（见表3－46）。由此可见，年龄越大则对政府承担社会保障的期望越大，现实体验越低，而年龄越小的群体则呈现出恰恰相反的认知状态。

同样也可以看出，不同年龄组公众对社会保障的“期望—体验指数”存在差异：18—29 岁的青年人群指数小于 0（即 －15.05），有较强的社会保障“获得感”；而 30 岁以上的群体则现实体验弱于刚性需求，年纪越大获得感越差，60 岁及以上年龄组的“期望—体验指数”几近 40 分。这说明政府应重点提升中老年公众的社会保障待遇，增强其社会保障的获得感。

表 3 －46　　不同年龄组对社会保障的“期望—体验指数”

（N ＝9136，单位：%；分）

年龄组	刚性期望	现实体验	期望—体验指数
18—29 岁	48.78	63.83	－15.05
30—39 岁	62.08	42.91	19.17
40—49 岁	65.64	39.98	25.66
50—59 岁	72.70	35.81	36.89
60 岁及以上	76.60	36.92	39.68

3. 不同职业群体的社会保障“期望—体验指数”

不同职业群体对社会保障的刚性期望存在一定差异。大体看来，农、林、牧、渔、水利生产人员，服务业工作人员，不便分类人员，生产工人、运输工人和有关人员对社会保障的刚性期望较高，分别为 69.90%、66.98%、66.90% 和 64.96%，其余职业群体间差别不大，在 58%—63%。

但职业群体之间对社会保障的现实体验差异明显。大致而言，职业地位与现实体验成正向关联，职业地位越高则现实体验越好。如白领职业群体（机构负责人、专业技术人员、办事人员）的现实体验均在 50% 以上，而蓝领职业群体（商业工作人员，服务业工作人员，生产工人、运输工人和有关人员，不便分类人员）及农业劳动者的现实体验均在 45% 以下，其中生产工人、运输工人和有关人员最低，为 36.18%。

综合考量对社会保障的“期望—体验指数”，则职业群体之间随职业地位高低呈现的差距明显拉大，白领职业群体的指数均在个位数的水平，而蓝领职业群体及农业劳动者的指数则明显要高，特别是农业劳动者的“期望—体验指数”高达 30.85 分（见表 3 －47）。说明我国就业群体的社会保障获得感是和职业地位高度关联的。

表 3－47　　不同职业群体对社会保障的“期望—体验指数”　（单位：%；分）

	刚性期望	现实体验	期望—体验指数
机构负责人	61.96	52.77	9.19
专业技术人员	62.51	55.86	6.65
办事人员	58.69	53.98	4.71
商业工作人员	62.29	44.65	17.64
服务业工作人员	66.98	38.08	28.90
生产工人、运输工人和有关人员	64.96	36.18	28.78
农、林、牧、渔、水利业生产人员	69.90	39.05	30.85
不便分类人员	66.90	39.20	27.70

4. 不同单位类型就业者的社会保障“期望—体验指数”

不同类型单位之间，其就业人员对社会保障的“期望—体验指数”差异甚大。仅从“刚性期望”来看，不同类型单位就业人员之间的差距并不明显，大致占比区间在61.8%—66.6%，相对而言体制内单位就业人员略低，其次是体制外、自治组织和无单位的就业人员。但社会保障的现实体验在单位之间差距明显，体制内就业群体和城乡自治组织的体验良好占比均不低于50%，而体制外单位则下降到41.3%，其中三资企业就业者仅为29.0%；无单位就业者为36.0%。

综合来看“期望—体验指数”，体制内单位就业者的得分为4.9分，其中党政机关、人民团体、军队中就业者的指数值甚至是－14.8分，体现其较高的社会保障获得感；但在国有及国有控股企业工作的人的指数得分为16.3分，体现了一定程度上对社会保障享有的不满。体制外单位就业者的指数得分为22.1分，其中三资企业就业者得分最高（40.8分），民办事业单位就业者得分最低（11.2分），无单位就业者的指数得分最高，为30.6分（见表3－48）。

表3－48　不同单位类型就业者对社会保障的“期望—体验指数”

（单位：%；分）

单位类型	刚性期望	现实体验	期望—体验指数
体制内单位	61.8	56.9	4.9
其中党政机关、人民团体、军队	55.1	69.9	－14.8
其中国有企业及国有控股企业	65.2	48.9	16.3
其中国有/集体事业单位	62.5	58.4	4.1
其中集体企业	58.9	55.5	3.5
体制外单位	63.4	41.3	22.1
其中私营企业	63.3	42.8	20.5
其中三资企业	69.8	29.0	40.8
其中个体工商户	63.5	39.7	23.8
其中民办事业单位	59.0	47.9	11.2
社区居委会、村委会等自治组织	66.5	50.0	16.5
没有单位（包括自由职业/灵活就业）	66.6	36.0	30.6

由此可见，不同单位类型间社会保障的“期望—体验指数”差异，不在于“刚性期望”而在于“现实体验”，这反映了我国就业者社会保障资源享有在单位之间的差距。因此我国社会保障制度应更加注重体制外单位和无单位的灵活就业者的政策保障，促进劳动者共享社会保障福利。

5. 不同收入群体的社会保障“期望—体验指数”

从不同收入群体来看，居民对社会保障的“刚性期望”差距不大，取值最高的五等分高收入组为62.16%，取值居于低位的是低收入、中低收入、中间收入三组，大致在66%—68%，最高和最低取值相差不过5个百分点左右。但社会保障的“现实体验”在收入组之间拉开了差距，最高取值的高收入组和最低的中低收入组相差了13.48个百分点（即52.3%—38.82%）。

社会保障的“期望—体验指数”则显示，高收入组和低收入、中低收入、中间收入组之间差异扩增，其中中低收入组的取值最高（28.45分），高收入组最低仅为9.86（见表3－49），说明低收入到中间收入群体，对政府应供给社会保障的刚性期望较高，而目前享有的社会保障水平太低。

表 3-49 不同受收入群体对社会保障的“期望—体验指数”（单位：%；分）

个人收入	刚性期望	现实体验	期望—体验指数
低收入组	66.66	43.71	22.95
中低收入组	67.27	38.82	28.45
中间收入组	66.59	41.06	25.53
中高收入组	64.15	46.27	17.88
高收入组	62.16	52.30	9.86

6. 不同受教育程度群体的社会保障“期望—体验指数”

教育程度不同，居民的社会保障“期望—体验指数”也有所差异。无论从社会保障的刚性期望还是现实体验来看，都呈现出教育程度与刚性期望负相关，与现实体验正相关的趋势。即教育程度越高，对政府提供社会保障的刚性期望越低，对社会保障的现实体验更优；教育程度越低，则对社会保障的刚性期望越高，对社会保障的现实体验越差。

社会保障的“期望—体验指数”更加突出了受教育程度差异趋势。大专及以上受教育程度的公众，其指数得分均小于0，本科及以上者竟达到-11.05分，即其对社会保障的现实体验的感知高出了对政府提供社会保障的刚性期望；而初中及以下受教育程度者，指数得分为32.40分，体现了社会保障强烈需求与现实享有存在巨大差距（见表3-50）。

表 3-50 不同受教育程度公众对社会保障的“期望—体验指数”

（单位：%；分）

	刚性期望	现实体验	期望—体验指数
初中及以下	68.19	35.79	32.40
高中中专技校	61.77	46.31	15.46
大专	57.39	57.55	-0.16
本科及以上	55.47	66.52	-11.05

综合上述分析可知，我国居民多数认为社会保障是政府的责任，对政府社会保障供给有较强的期许。同时发现，社会保障刚性期望越高，对政府期待越高的群体，社会保障的现实体验感越低，主要集中于具有高龄、农村、体制外单位或无单位就业者、低收入、低学历特征的社会

群体中。我国社会质量水平的提升，在经济社会保障层面，应更加促进上述群体的社会保障福利的公平享有，以提高社会整体的发展水平。

第四节　小结

一　城乡居民住房情况

目前我国城乡居民家庭绝大多数都拥有自有住房，自有住房率高达94.97%，拥有两套以上住房的比例已达到22.86%，较2019年上升了2.29个百分点。农村居民家庭的自有住房率高于城镇居民家庭5.37个百分点；而城镇居民家庭拥有多套住房的比例高于农村近10个百分点。2021年我国城乡居民家庭人均建筑面积为42.29平方米，城镇跟农村基本持平。

从住房所在地区来看，目前地/县级市城区和县城成为居民购置二套房的热门地区，我国正在形成以县城为核心的城市化发展态势；虽然大多数购置第二套住房的居民，会选择与第一套住房相同的地区类型，但伴随着城市化的进程，我国居民住房的流动趋势总体以向上流动为主，特别是农村和乡镇的居民，呈现出在更高层级地区购置新房的趋势和意愿。

从住房性质来看，我国居民家庭住房的性质以农村私有住房和商品房两种类型为主，依然具有城乡二元形态的特征。农村私有住房在所有住房中占60.27%，特别是在农村地区占比高达96.23%；商品房在所有住房中占35.12%，其中城镇地区的商品房占比均在60%以上，说明商品房已成为城镇地区居民自有住房的最主要来源。随着我国城镇化进程，我国居民自有住房中农村私有住房的比例在持续下降，而购买商品房的比例在持续上升。前者已从20世纪80年代的86.02%下降到近10年的48.39%，降幅达37.63个百分点；后者由20世纪80年代的15.19%上升到近10年的45.90%，增加了30.71个百分点。

从住房来源来看，自建与购买是我国居民目前主要的两种获房方式，有58.24%的居民家庭的自有住房为自建房，有43.92%的居民家庭的自有住房来自购买。随着我国城市化进程的高速发展、住房商品化、城镇外来人口落户，自建与购房的格局发生了巨大的变化：越来越多的家庭开始通过市场渠道来获取住房，购房比例在过去40年间不断上升，至近十年达到55.16%；而自建住房同期一路下降，近十年来为46.2%，已经逊于购买住房的占比。通过拆迁补偿获取住房的比值也有明显增长，从1990年以前的1.68%上升至近十年的7.12%，与此同时，通过继承或赠予的方式获取住房的比例持续下降，1980年以前，这一比例为9.74%，近十年这一比例下降至1.84%，这表明我国的住房市场化程度日益加深。

从住房价值来看，我国居民家庭住房资产平均为60.58万元。城镇居民和农村居民住房资产悬殊，城镇居民住房资产均值为78.39万元，农村居民为27.60万元，前者为后者的2.84倍，这表明我国农村和城镇居民家庭总资产因住房价值拉开了较大差距。我国居民家庭住房资产的严重不平等状况，住房资产最低的52%的家庭，在全部家庭住房资产中只拥有9%的份额；而住房资产最高的2%的家庭，其占全部家庭住房资产的份额大概接近1/5。

从住房增值来看，我国居民家庭住房的名义增值平均为8.77倍。其中城镇居民和农村居民的住房现价值平均是购（建）房时价值的9.36倍和6.92倍，城镇居民住房增值高于农村居民，表明城镇地区的住房比农村地区更具备投资增值价值。从自有住房性质看，增值幅度较大的是原公房和安置房，而增值幅度较低的是商品房、经济适用房/两限房和小产权房。

从现居住住房状况来看，有82.50%的居民居住在自有住房内。农村地区94.10%的居民居住在自有住房中，而城镇居民为76.20%，超过20.00%的城镇居民以租住、借住或集体宿舍等形式居住。居民目前的自有住房中有86.32%为本人居住或家人亲属居住，有3.57%出租给他人。自有住房没人居住的比例为9.29%，一定程度上反映了存在房屋空置化的情况。分城乡来看，农村居民家庭自有住房由本人居住或亲友居住率高达91.91%，高出城镇家庭8.55个百分点；出租他人的比例，城市高出农村4.7个百分点。这些差异表明城镇家庭住房除满足本人居住需求外，还有闲置住房可以满足其他类型住房需求。同时，自有住房没人居住的比例城市高出农村3.69个百分点。

二 社会保障状况

从社会保障享有率来看，目前我国各类社会保险中，医疗保险的享有率最高，在18—69周岁的人口中，享有率接近63.0%，其次为养老保险（32.3%）、工伤险（16.2%）、失业险（19.0%）、生育险（14.3%）。其中工伤保险、失业保险和生育保险享有率较2019年都有一定程度的提升。还有3.71%的居民家庭享有城乡最低生活保障，较2019年有所下降。

从社会保障覆盖群体来看，城镇居民各类社会保障的享有率均高于乡村居民；体制内单位就业者的享有率高于体制外工作人员，其中农业劳动者的享有率最低；高收入群体的社会保障享有率高于低收入者；受教育程度越高，社会保障享有率越高；我国社会保障水平存在一定的地区差异，华北地区社会保障享有率最高，西北地区社会保障享有率最低。

从城乡最低生活保障情况来看，与2019年相比，2021年我国城乡低保享有率有所下降，其中镇级地区、乡村地区下降的幅度均远大于城市地区，一定程度上反映了我国脱贫攻坚的历史成就；从事农、林、牧、渔业生产的人员，城乡最低生活保障享有率最高；低收入群体的城乡最低生活保障享有率最高。

从公众对社会保障的满意度来看，2021年我国居民对社会保障的总体评价为十分制的7.14分，比2019年略有提升；不同年龄的居民对我国总体社会保障状况的满意度都在6分以上；城镇居民社会保障满意度高于乡村居民；高职业地位者高于低职业地位者；体制内单位工作人员高于体制外工作人员；高收入群体高于低收入群体；高受教育程度群体高于低受教育程度群体；各地区之间的满意度均在6—7分，并无太大差异。

从公众对各类社会保障的满意度评价来看，依次为养老保障（7.27分）、医疗保障（7.16分）、城乡低保（6.61分）、住房保障（6.54分）、就业保障（6.32分）。与2019年相比公众对各类社会保障的满意度均有所上升。社会保障满意度评价的结构分析显示，住房保障的满意度评分对社会保障总体评价的影响最大，其次是就业保障、城乡低保、医疗保障和养老保障。就业保障、住房保障的评分在各类社会保障中满意度评分最低，却和总体社会保障满意度的关联最强，表明这两项在社会保障满意度评价结构中最为重要。

从公众对社会保障的期望—体验感知来看，63.62%的公众认为应该是由政府而不是社会成员个人作为社会保障的主要承担者，即体现了公众对政府供给社会保障的“刚性期望”程度；认为现有社会保障水平起到了保障功能的公众占比45.27%，未达五成，说明半数的公众对当前的社会保障水平的现实体验偏低，但仍较2019年有所提升。

结合“刚性期望”和“现实体验”的社会保障“期望—体验指数”分析表明，城市居民在社会保障方面的获得感高于乡村居民；中老年群体的获得感远远低于青年群体；白领职业群体的获得感明显高于蓝领职业群体及农业劳动者；体制内单位就业者的社会保障获得感大幅高于体制外单位和无单位就业者，其中就职于党政机关、人民团体、军队的人员社会保障的现实体验最为突出；低收入到中间收入群体，对政府应供给社会保障的刚性期望较高，而目前享有的社会保障水平太低；受教育程度越高，对政府提供社会保障的刚性期望越低，对社会保障的现实体验更优。

第四章

社会经济保障报告（三）：就业与教育

前两章从家庭收支、住房和社会保障等方面评估了当前我国社会经济保障的情况，本章重点从就业和教育这两方面进一步评估经济保障的基本情况。本章与前两章内容均着眼于社会经济保障这一评估社会质量的条件性因素，共同构成了对当前我国社会经济保障的完整评估。正如在社会质量理论分析部分中所述，欧盟发布的《欧洲社会质量阿姆斯特丹宣言》将提高就业水平放在了首位，而教育又是现代社会影响人力资本和就业的重要因素，因此，更充分的就业和更高水平的教育是衡量社会高质量发展的重要指标。

在2021年3月12日发布的国家《“十四五”规划和2035年远景目标纲要》中，“实施就业优先战略”和“建设高质量教育体系”是其中的重要内容。从个体生命历程的角度看，教育和就业状况往往在很大程度上决定了个体及其所属家庭在收入、住房、社会保障等多方面的状况，可以说是社会经济保障的核心维度。而且，在现代社会，教育是影响个体价值观的重要维度，而就业是个体获得社会成就的重要途径，因而就业与教育的影响还会溢出社会经济保障领域，对社会质量的其他条件性因素产生重要影响。

本章基于2021年中国社会状况综合调查数据，首先呈现了当前我国城乡就业人员职业的分布状况，然后从就业保障和工作环境两个子领域评估当前我国的就业质量状况。其中，就业保障侧重客观评估，包括以下4个指标：工作收入、工作时间、劳动技能、劳动合同保障；工作环境侧重主观评价，包括以下4个指标：失业预期、工作满意度、工作机会评价、政府就业工作评价。另外，在教育质量评估方面，本章使用人均受教育年限和地方政府教育工作评价这两项指标加以测量。

第一节　当前中国的就业保障水平

一　当前就业的基本形势

（一）就业的基本分布

2021 年中国社会状况综合调查共回收 9925 个有效样本。在样本基本分布方面，分性别看，男性样本占比 50.53%，女性样本占比 49.47%；分城乡看，城镇地区样本占比 64.92%，农村地区样本占比 35.08%。中国社会状况综合调查的访问对象年龄在 18—69 周岁，样本的平均年龄为 41.8 岁。

在劳动就业方面，中国社会状况综合调查对“有工作”的界定如下：（1）从事过 1 小时以上有收入的工作；（2）在自己/自己家庭或家族拥有的企业/机构中工作，虽然没报酬，但每周工作在 15 小时以上或每天工作 3 小时以上；（3）参加农业生产劳动。如果受访者在调查时点前一周之内的工作符合上述 3 个条件之一，即属于“有工作”。根据上述定义，在调查时点有工作（包括当时正在休假、学习或临时停工的有工作人员）的占比 66.80%，没有工作的占比 22.66%，正在上学的占比 10.54%。

在调查时点有工作的这部分人中，只从事非农工作的占比 58.75%；从事非农工作为主，但同时也务农的占比 9.05%；务农为主，但同时也从事非农工作的占比 5.81%；只务农的占比 26.39%。从工作属性看，超过七成的劳动者或多或少会从事一定的非农工作，只务农的劳动者不到三成。

表 4－1 呈现了目前有工作者的职业分布，从数据结果看，农、林、牧、渔、水利业生产人员占比 28.43%；生产工人、运输工人和有关人员占比 18.44%；服务性工作人员占比 15.76%；商业工作人员占比 13.82%；办事人员和有关人员占比 10.47%；专业技术人员占比 9.32%；国家机关、党群组织、企业、事业单位负责人占比 2.96%；警察及军人占比 0.33%；其他不便分类人员占比 0.47%。需要说明的是，“农、林、牧、渔、水利业生产人员”中既包括只务农的劳动者，也包括与农业生产有关的农业工人，因而这类职业占比略高于上述只务农劳动者所占比例。从职业分布看，目前我国仍有大量劳动力从事与农业生产有关的工

作，可以加快推动第一产业就业人口向第二、第三产业转移，进一步提升全体劳动者的劳动生产率。

表4-1　　职业的分布　　（单位：%）

职业类别	占比
农、林、牧、渔、水利业生产人员	28.43
生产工人、运输工人和有关人员	18.44
服务性工作人员	15.76
商业工作人员	13.82
办事人员和有关人员	10.47
专业技术人员	9.32
国家机关、党群组织、企业、事业单位负责人	2.96
不便分类人员	0.47
警察及军人	0.33

表4-2呈现了目前从事一定非农工作劳动者的单位或公司属性。从单位归属看，超过半数劳动者的单位或公司性质为私营企业或个体工商户。由此可见，非公有制经济提供了大量的就业岗位，是目前满足就业需求的主要形式。进一步比较“从事一定非农工作的劳动者”与“只从事非农工作的劳动者”所在单位或公司的属性，可以发现两类群体的分布十分接近，最大的差别是前者“没有单位”的比例明显高于后者。

表4-2　　非农工作单位/公司的分布　　（单位：%）

单位/公司类型	全部非农就业劳动者	只从事非农工作的劳动者
党政机关、人民团体、军队	3.86	4.59
国有企业及国有控股企业	7.79	8.44
国有/集体事业单位	10.19	11.92
集体企业	2.15	2.25
私营企业	30.18	31.77
三资企业	1.1	1.33

续表

单位/公司类型	全部非农就业劳动者	只从事非农工作的劳动者
个体工商户	23.82	23.17
民办事业单位（民办非企业单位）	1.14	1.05
社区居委会、村委会等自治组织	4.37	3.74
没有单位	13.87	10.36
其他	1.53	1.37

（二）未工作的原因分析

根据CSS对“有工作”的定义，除去目前正在上学的学生，在18—69周岁人口中，没有工作的占比22.66%，没有工作的主要原因如表4－3所示。总体来看，“料理家务、照看家人”是最主要的原因类型，占比42.34%；其次是“已离/退休”，占比21.38%；第三位是“丧失劳动能力”，占比14.42%。可见，总体而言，18—69周岁人口未工作的原因主要是一些客观原因，如家务、退休或无劳动能力，其他各类原因占比较小。值得注意的是，男女两性因“料理家务、照看家人”而未工作的比例悬殊，在未工作的男性中，这一比例仅为13.68%，而在未工作的女性中，这一比例高达56.01%，可见，照顾未成年子女、老人或料理家务是女性离开劳动力市场返回家庭的主要原因。

表4－3　调查时点没有工作的原因　（单位：%）

没有工作主要原因	总体	男性	女性
丧失劳动能力	14.42	20.95	11.31
已离/退休	21.38	27.72	18.36
毕业后未工作	3.88	6.89	2.44
料理家务、照看家人	42.34	13.68	56.01
因单位原因或个人原因失去原工作	6.02	11.42	3.45
承包土地被征用	1.94	3.05	1.41
其他原因	10.02	16.29	7.03
合计	100.00	100.00	100.00

二 就业保障水平

（一）工作收入状况

非农工作的平均每月总收入由“工资与薪金（含津贴和补助）”“奖金”“提成”“作为本企业股东得到的分红或分配利润”以及“其他收入”五部分加总而成。总体来看，从事一定非农工作的劳动者每月总收入的均值为5936.12元，中位值为4000元。分城乡看，城镇地区的均值为6419.62元，农村地区的均值为4501.33元，二者相差1918.29元，城乡非农收入存在一定的差距。

分工作类型看，目前从事非农工作的劳动者平均每月总收入为6471.88元；目前以非农工作为主，但同时也务农的劳动者平均每月总收入为4402.47元；目前务农为主，但同时也从事非农工作的劳动者的平均每月总收入为2916.78元。由于农村地区同时从事非农工作和农业劳动的兼业劳动者更多，相应地，兼业劳动者较低的月收入也在一定程度上拉低了农村地区非农劳动者的收入。如果仅考虑“只从事非农工作”的劳动者，城镇地区的均值为6644.98元，农村地区的均值为5512.65元，二者相差1132.33元，城乡差距有明显的缩小。因此，不断提高农村劳动者的非农就业水平是提高农村居民收入，缩小城乡差距的重要途径。

表4－4呈现了不同职业类型的劳动者月总收入的平均值和中位值。从结果看，月平均收入最高的是“国家机关、党群组织、企业、事业单位负责人”，第二位的是“警察及军人”，第三位是“专业技术人员”，而收入最低的是“农、林、牧、渔、水利业生产人员”。极端高收入和极端低收入对平均值影响较大，造成了“国家机关、党群组织、企业、事业单位负责人”相对较高的月收入以及“农、林、牧、渔、水利业生产人员”相对较低的月收入。综合考虑中位值，可以看到，除了“农、林、牧、渔、水利业生产人员”和“不便分类人员”外，我国大多数非农就业劳动者的月收入在3000—7000元。

表4－4　　不同职业的平均每月总收入　　（单位：元）

职业类型	平均值	中位值
国家机关、党群组织、企业、事业单位负责人	14399.74	5000
专业技术人员	7114.41	5000
办事人员和有关人员	6803.81	4000
商业工作人员	6161.56	3200
服务性工作人员	4869.05	3000
农、林、牧、渔、水利业生产人员	2759.08	1500
生产工人、运输工人和有关人员	4605.04	3800
警察及军人	7290.02	6600
不便分类人员	4016.83	2550
总计	5936.12	4000

（二）工作时长

一般来说，参照我国《劳动法》的规定，一名典型的、仅从事非农工作的劳动者每日工作时间不超过8小时、平均每周工作时间不超过44小时的工时。不过，如前所述，中国社会状况综合调查所定义的从事非农工作的劳动者与《劳动法》所定义的劳动者概念并不完全一致。从调查结果看，在单日劳动时长方面，非农工作的劳动者平均每天工作8.69小时，中位值是8小时；在每月劳动天数方面，非农工作的劳动者平均每月工作23.18天，中位值是25天。

表4－5列出了不同类型非农工作者的工作时长，可以看到，对于目前只从事非农工作的劳动者，绝大部分劳动者（45.33%）平均每天工作8小时，而每天工作超过8小时的劳动者占比为38.22%，明显多于每天工作不到8小时的劳动者占比（16.45%）。另外，对于从事非农工作同时也务农的兼业劳动者，每天工作时间介于8—10小时的占比为35.34%，每天工作超过8小时的劳动者占比为53.63%。总体来看，除去占比42.24%的每天工作8小时的典型劳动者，工作过量的劳动者占比（41.32%）明显多于短时劳动者（16.45%）。因此，现阶段我国提升劳动质量的重点在于缓解超时劳动的问题，同时也应给予未能实现充分就业的劳动者以一定的关注。

表 4－5　　不同类型非农工作者的工作时长分布　　（单位：%）

每天工作小时数	全部非农就业劳动者	只从事非农工作的劳动者	从事非农工作同时也务农者
小于 4 小时	3.44	3.39	3.62
4—8 小时	13.00	13.06	12.80
8 小时	42.24	45.33	29.95
8—10 小时	25.31	22.78	35.34
10 小时以上	16.01	15.44	18.29

从社会现实看，劳动者超时工作的一个重要原因是单位小时工资收入较低，因而需要延长劳动时间以获得较高的总收入，这一特点在外卖骑手、网约车司机等新职业群体中尤为明显。表 4－6 列出了不同职业劳动者的平均工作时长及平均时薪。从结果看，除了不便分类的人员，“农、林、牧、渔、水利业生产人员”的劳动时间明显更少，主要表现在平均每月的工作时间上，较少的劳动时间与农业生产的性质有关，而且，这类劳动者的平均时薪也较低。平均时薪较高的职业是“国家机关、党群组织、企业、事业单位负责人”（77.48 元/小时）、“专业技术人员”（38.49 元/小时）、“办事人员和有关人员”（37.50 元/小时），这三类职业的平均时薪明显高于其他职业类型。值得注意的是，“商业工作人员”“服务性工作人员”“生产工人、运输工人和有关人员”这三类劳动者的平均时薪十分接近，在 25 元/小时左右，但劳动时间表现出明显的差异，特别是商业工作人员的工作时间显著高于其他两类劳动者。

表 4－6　　不同职业劳动者的平均工作时长及平均时薪

（单位：小时；天；元）

	平均每天工作小时数	平均每月工作天数	平均时薪
国家机关、党群组织、企业、事业单位负责人	7.99	23.26	77.48
专业技术人员	8.27	22.35	38.49
办事人员和有关人员	8.02	22.62	37.50
商业工作人员	9.24	26.00	25.65

续表

	平均每天工作小时数	平均每月工作天数	平均时薪
服务性工作人员	8.76	24.13	23.03
农、林、牧、渔、水利业生产人员	8.01	17.90	19.24
生产工人、运输工人和有关人员	9.07	21.59	23.52
警察及军人	9.80	26.45	28.12
不便分类人员	6.61	17.93	33.89
总计	8.69	23.18	29.47

（三）劳动技能

从上文分析可见，具备一定专业技能的管理人员和技术人员能够获得更高的劳动回报。随着知识经济的快速发展，专业技能对劳动者收入的影响日益增强，相应地，劳动者的专业技能水平也成为衡量就业质量的重要指标。在衡量专业技能方面，既可以使用经过国家认证的专业职称或技术等级加以衡量，也可以使用劳动者的主观认定加以衡量。由于具有专业技能的劳动者未必全都有国家认证的资质，因此，在衡量专业技能时，需要综合考虑客观的资质与劳动者主观的理解。

从调查结果看，在全部从事非农工作的劳动者中，拥有如高级职称、中级职称、初级职称等专业职称的占比14.42%；拥有高级工、中级工、初级工等技术等级的占比9.96%；调查时没有专业职称或技术等级，但是以后可能会评定的占比7.98%。以上三类人群合计占比在1/3左右，换言之，在我国，有1/3的劳动者目前拥有或将来可能拥有某种专业职称或技术等级。在已获得专业职称的劳动者中，高级、中级和初级职称的占比依次为19.47%、43.37%、37.16%；在已获得技术等级资质的劳动者中，技术等级为高级技师、技师、高级工、中级工、初级工的占比依次为5.27%、5.80%、22.47%、38.27%、28.20%。

调查还进一步询问了劳动者对其从事工作所需专业技能水平的主观看法，从调查结果看，认为需要很高专业技能的占比8.04%；认为需要较高专业技能的占比18.30%；认为需要一些专业技能的占比40.07%；认为不需要专业技能的占比33.44%。合并前两类可以发现，认为需要很高或较高专业技能的占比为26.34%，结合前文对专业职称和技术等级的分析，已经拥有专业职称或技术等级的劳动者合计占比为24.38%，可见，无论是使用客观指标，还是使用主观指标，当前我国具有专业技能的劳动者约占1/4左右，仍有一定的提升空间。

表4-7列举了主要职业类型的专业技能水平，从表中结果可知，拥有专业职称比例最高的职业依次为“专业技术人员”“国家机关、党群组织、企业、事业单位负责人”以及“办事人员和有关人员”；拥有技术等级比例最高的职业依次为“警察及军人”“生产工人、运输工人和有关人员”以及“服务性工作人员”。在主观专业技能水平认知层面，相对而言，“专业技术人员”“警察及军人”以及“国家机关、党群组织、企业、事业单位负责人”认为自己的工作需要较高或很高专业技能的占比较高。

表4-7　不同职业劳动者的专业技能水平　（单位：%）

职业类型	有专业职称	有技术等级	需要较高或很高专业技能
国家机关、党群组织、企业、事业单位负责人	27.14	7.27	45.67
专业技术人员	58.60	10.00	70.95
办事人员和有关人员	19.72	7.60	30.03
商业工作人员	3.96	3.52	12.69
服务性工作人员	7.01	10.10	18.00
农、林、牧、渔、水利业生产人员	2.42	7.70	13.30
生产工人、运输工人和有关人员	3.41	16.60	17.43
警察及军人	15.45	22.64	55.18

（四）劳动合同保障

根据当前我国劳动合同法律法规的相关规定，绝大部分劳动者通过与用人单位签订劳动合同建立正式的劳动关系，这其中也包括国家机关、事业单位与劳动者签订的人事合同以及部分不需要签劳动合同的公务员或国家机关、事业单位编内人员。以上劳动者与用人单位发生劳动关系纠纷时适用劳动法或公务员法，其劳动权益可以得到较为完整的保护。

另一方面，签订劳务合同、其他合同或没有签订劳动合同的劳动者在与用人单位发生纠纷时，往往只能适用民法或合同法，其劳动权益保障能力较弱。

表4－8列出了不同类型劳动者签订劳动合同的基本情况，可以看到，在全部非农就业劳动者中，签订劳动合同的占比30.56%，签订人事合同的占比4.29%，不需要签劳动/劳务合同的占比3.71%，如上所述，这三类情形均属于拥有劳动合同或编制，合计占比38.56%。明确表示自己没有签订劳动合同的占比54.42%，占比超过半数，需要说明的是，在这些没有签订劳动合同的人中，有相当一部分属于雇主/老板、自营劳动者或家庭帮工等就业类型，在一定程度上推高了未签订劳动合同的比例。如果只考虑雇员或工薪收入者，那么按照上述相同的标准，签订劳动合同的比例为54.64%。此外，区分不同就业类型看，只从事非农工作的劳动者的劳动合同签订率明显高于兼业劳动者，后者没有签订劳动合同的比例则高达75.24%。

表4－8　非农就业劳动者签订劳动合同的基本情况　（单位：%）

	全部非农就业劳动者	只从事非农工作的劳动者	从事非农工作同时也务农者
签订劳动合同	30.56	34.5	15.02
签订人事合同	4.29	5.14	0.92
不需要签劳动/劳务合同	3.71	3.73	3.67
签订劳务合同	5.07	5.44	3.6
签订其他合同	0.59	0.61	0.53
没有签订劳动合同	54.42	49.15	75.24
不清楚	1.36	1.45	1.02

为了分析的简便，下文比较不同群体合同签订情况时，将“签订劳动合同”“签订人事合同”“不需要签劳动/劳务合同”三类劳动者归类为“有明确劳动关系”一类，这三类劳动者一般都签署了正式的劳动合同或者有公务员编制，与用人单位建立了明确的劳动关系。而对于其他各类合同情形的劳动者，尽管劳动者未与用人单位签订明确的劳动合同，

但二者之间可能存在事实上的劳动关系，在这种情况下也会受到劳动法的保护，但也可能不具有劳动关系，因此，将其他各类情形归类为“劳动关系不明”一类。表4－9列出了不同年龄段劳动者的劳动关系状况。从年龄结构来看，劳动者的年龄越小，建立明确劳动关系的比例越高，特别是18—29岁的劳动者，有明确劳动关系的比例已接近一半。数据同时也反映出，中老年劳动者的劳动保障有待加强，尤其是50岁以上的劳动者。

表4－9　不同年龄段的劳动关系状况　（单位：%）

年龄段	有明确劳动关系	劳动关系不明
18—29岁	48.91	51.09
30—39岁	41.33	58.67
40—49岁	38.34	61.66
50—59岁	29.56	70.44
60—69岁	11.06	88.94

比较不同区域可以发现：中部地区劳动者有明确劳动关系的比例低于东部和西部地区（见表4－10）；华北地区近一半的劳动者有明确的劳动关系，占比在六大区域中最高；东北、华东、西南地区占比较接近，在40%左右；西北地区劳动者有明确劳动关系的比例较低，占比35.61%；中南地区劳动者有明确劳动关系的比例在六大区域中最低，占比31.59%（见表4－11）。

表4－10　东、中、西部三大地区劳动者的劳动关系状况　（单位：%）

地区	有明确劳动关系	劳动关系不明
东部地区	41.03	58.97
中部地区	33.89	66.11
西部地区	39.13	60.87

表 4－11　　六大区域劳动者的劳动关系状况　　(单位: %)

地区	有明确劳动关系	劳动关系不明
华北	47. 00	53. 00
东北	41. 00	59. 00
华东	40. 82	59. 18
中南	31. 59	68. 41
西南	40. 25	59. 75
西北	35. 61	64. 39

不同职业类型的劳动者确立明确劳动关系的比例也有显著不同，如表4－12所示，主要表现在：“专业技术人员”“办事人员和有关人员”“警察及军人”建立明确劳动关系的比例明显高于其他职业类别，占比在70%左右；“国家机关、党群组织、企业、事业单位负责人”有明确劳动关系的比例为47. 94%，这可能是因为这一职业类型中包括了一些不需要建立劳动关系的雇主或企业主；“商业工作人员”“服务性工作人员”以及“生产工人、运输工人和有关人员”建立明确劳动关系的比例较低，均不足三成；“农、林、牧、渔、水利业生产人员”建立明确劳动关系的比例最低，仅为12. 35%。可见，不同职业劳动保护的状况差异较大，部分职业的劳动保护状况有待提升。

表 4－12　　各类职业的劳动关系状况　　(单位: %)

地区	有明确劳动关系	劳动关系不明
国家机关、党群组织、企业、事业单位负责人	47. 94	52. 06
专业技术人员	74. 22	25. 78
办事人员和有关人员	68. 26	31. 74
商业工作人员	19. 23	80. 77
服务性工作人员	28. 72	71. 28
农、林、牧、渔、水利业生产人员	12. 35	87. 65
生产工人、运输工人和有关人员	29. 38	70. 62
警察及军人	70. 11	29. 89

表4－13反映的是分单位/公司类型的劳动合同签订率，从表中明显可以看到，有明确单位/公司归属的劳动者建立明确劳动关系的比例均在40%以上，这一数值高于全体劳动者中有明确劳动关系占比的均值（38.56%）。不过，从表中数据可以看到，即便是较为正规的单位/公司，其与劳动者建立明确劳动关系的比例也存在极为明显的差异，其中“三资企业”“国有/集体事业单位”“国有企业及国有控股企业”“党政机关、人民团体、军队”这四类单位与劳动者建立明确劳动关系的比例在七成以上，明显高于其他单位/公司类型。

表4－13　不同单位/公司类型劳动者的劳动关系状况　（单位：%）

地区	有明确劳动关系	劳动关系不明
党政机关、人民团体、军队	70.62	29.38
国有企业及国有控股企业	70.67	29.33
国有/集体事业单位	79.46	20.54
集体企业	54.77	45.23
私营企业	46.51	53.49
三资企业	88.87	11.13
民办事业单位（民办非企业单位）	54.91	45.09
社区居委会、村委会等自治组织	40.00	60.00

三　工作环境质量

如前所述，本章对就业质量的评价主要包括就业保障和工作环境两个维度，上文评述了当前我国劳动者在工作收入、工作时间、劳动技能和劳动合同保障四个方面的情况，以下将从失业预期、工作满意度评价、工作机会评价、政府就业工作评价四个方面依次展开分析，进一步评估当前我国劳动者的工作环境质量。

（一）失业预期

理论上说，通过签订劳动合同建立明确的劳动关系是劳动者获得劳动保障的基本途径，这也是评价我国就业保障水平的重要指标之一。不过，上文分析也表明，总体来看，在当前我国从事非农工作的劳动者中，建立了明确劳动关系的仅占38.56%。因此，劳动合同保障难以充分反映当前我国劳动者的就业稳定状况，因而有必要引入劳动者对自己未来失业可能性的预期，以此进一步评估我国工作环境质量中的就业充分性。

2021年中国社会状况综合调查询问了非农就业劳动者“认为自己在未来6个月内失业的可能性有多大”。从调查结果看，有3.55%的受访者难以做出明确的判断，除此之外，表示自己在未来6个月内完全有可能或有可能失业的劳动者占比26.47%。换言之，有1/4左右的劳动者失业预期较强，对自身的就业前景较为悲观。

表4－14　非农就业劳动者预计未来6个月内失业的可能性　(单位：%)

可能性	百分比
完全有可能	9.03
有可能	17.44
一般	11.32
不太可能	28.03
完全不可能	30.63
不好说	3.55

值得注意的是，不同职业劳动者的失业预期存在非常明显的差别(见表4－15)。若将“完成有可能”和“有可能”两类视作“失业风险较高”一类，那么从调查结果看，“农、林、牧、渔、水利业生产人员”中失业风险较高的占比高达40.22%，“生产工人、运输工人和有关人员”的这一比例也高达37.25%。另外，“国家机关、党群组织、企业、事业单位负责人”“专业技术人员”“办事人员和有关人员”这三个职业类别从业者的失业风险在20%以下，“专业技术人员”的失业风险更是仅有12.14%。可见，不断提高劳动者的专业技能水平，让更多的劳动者从事需要一些专业技能的工作是降低失业风险的重要途径。

表4-15　不同职业预计未来6个月内失业的可能性　(单位:%)

职业类别	完全有可能	有可能	一般	不太可能	完全不可能
国家机关、党群组织、企业、事业单位负责人	3.02	11.31	7.53	29.38	48.76
专业技术人员	3.46	8.68	7.22	37.74	42.9
办事人员和有关人员	3.72	12.67	9.51	32.69	41.41
商业工作人员	10.62	19.58	10.63	29.65	29.51
服务性工作人员	9.91	20.71	15.36	27.62	26.4
农、林、牧、渔、水利业生产人员	20.85	19.37	14.85	20.29	24.63
生产工人、运输工人和有关人员	13.90	23.35	14.28	24.42	24.04
警察及军人	0	29.44	0	13.66	56.9

分单位/公司性质看，诸如“党政机关、人民团体、军队”“国有企业及国有控股企业”“国有/集体事业单位”等国有部门的失业风险明显比非国有部门小。相较而言，失业风险较高的是“私营企业”和“个体工商户”，这两个类别的劳动者中认为未来6个月内完全有可能或有可能失业的比例在25%左右。

表4-16　不同单位/公司类型预计未来6个月内失业的可能性　(单位:%)

单位/公司类型	完全有可能	有可能	一般	不太可能	完全不可能
党政机关、人民团体、军队	2.28	8.17	6.06	25.25	58.25
国有企业及国有控股企业	1.34	13.83	7.84	29.99	46.99
国有/集体事业单位	1.29	8.88	5.44	34.09	50.31
集体企业	0.80	16.37	19.00	29.12	34.71
私营企业	4.43	21.40	13.58	33.72	26.87
三资企业	4.24	13.42	10.12	41.68	30.54
个体工商户	3.59	21.48	13.37	30.11	31.46
民办事业单位(民办非企业单位)	0.00	12.25	23.94	39.66	24.15
社区居委会、村委会等自治组织	2.47	18.17	11.92	32.07	35.38

(二) 工作满意度评价

劳动者对其目前所从事工作的满意度评价是衡量工作环境质量的又一个重要指标。中国社会状况综合调查请目前从事非农工作的劳动者评价 9 个具体方面的工作满意度以及工作的总体满意度，结果如表 4 – 17 所示。在 9 个分项方面，满意度较高的项目是“与同事的关系”和“与领导的关系”，平均值分别为 8.62 分和 8.13 分；满意度较低的项目是“收入及福利待遇”和“晋升机会”，平均值分别为 6.33 分和 5.84 分。不过，总体而言，非农劳动者对目前所从事工作的总体满意度评分达到了 7.58 分，中位值也达到了 8 分，表明当前就业人员对工作的满意度较高。

表 4 – 17　非农就业劳动者对工作各方面的满意程度评分　（单位：分）

类型	平均值	标准差	中位值
工作环境	7.57	2.28	8
工作轻松程度	6.56	2.55	7
工作的安全性	7.95	2.29	9
收入及福利待遇	6.33	2.46	6
与领导的关系	8.13	1.95	8
与同事的关系	8.62	1.59	9
晋升机会	5.84	2.92	6
个人能力的发挥	7.28	2.20	8
工作的自由程度	7.47	2.35	8
总体工作满意度	7.58	2.07	8

尽管就业人员总体工作满意度较高，但不同地区、不同群体的工作满意度存在一定差距。具体而言，城镇地区就业人员的总体工作满意度评分均值为 7.63 分，农村地区为 7.43 分，城镇地区的工作满意度高于农村地区。区分不同地区看，东部地区、中部地区、西部地区就业人员的总体工作满意度评分均值依次为 7.67 分、7.47 分、7.51 分，东部地区的工作满意度明显高于中、西部地区。区分六大区看，总体工作满意度由高到低依次为东北、华东、华北、西南、西北、中南，评分均值依次为 7.84 分、7.75 分、7.69 分、7.51 分、7.46 分、7.32 分。

表4－18列出了不同职业劳动者对总体工作满意度的评分，从结果看，只有“农、林、牧、渔、水利业生产人员”的平均得分低于7分，为6.82分，可见，农业相关劳动者的工作满意度较低。其他各类职业，“国家机关、党群组织、企业、事业单位负责人”“办事人员和有关人员”“警察及军人”三类职业劳动者的平均评分在8分以上，属于劳动者较为青睐的职业类型；评分在7分至8分的职业类型中，“专业技术人员”“商业工作人员”“服务性工作人员”三类职业的评分显著高于“生产工人、运输工人和有关人员”。如果从第一产业、第二产业和第三产业划分的角度看，可以发现，第三产业就业人员的平均工作满意度明显优于第一产业和第二产业就业人员。

表4－18　不同职业劳动者对总体工作满意度的评分　（单位：分）

职业类别	总体工作满意度
国家机关、党群组织、企业、事业单位负责人	8.57
专业技术人员	7.86
办事人员和有关人员	8.17
商业工作人员	7.50
服务性工作人员	7.62
农、林、牧、渔、水利业生产人员	6.82
生产工人、运输工人和有关人员	7.06
警察及军人	8.12

表4－19列出了不同单位/公司类型的劳动者对总体工作满意度的评分，可以看到，有明确单位归属的劳动者的工作满意度均在7分以上。而且，在这些类型中，“个体工商户”的总体满意度最低，为7.43分，也从一个侧面证明了单位/公司归属对劳动者工作满意度的提升作用。总体工作满意度较高的单位类型是“社区居委会、村委会等自治组织”和“党政机关、人民团体、军队”，平均得分分别为8.55分和8.37分。

表4－19　不同单位/公司类型的劳动者对总体工作满意度的评分　(单位：分)

单位/公司类型	总体工作满意度
党政机关、人民团体、军队	8.37
国有企业及国有控股企业	7.83
国有/集体事业单位	8.04
集体企业	7.75
私营企业	7.49
三资企业	7.86
个体工商户	7.43
民办事业单位（民办非企业单位）	8.36
社区居委会、村委会等自治组织	8.55

(三) 工作机会评价

失业预期和工作满意度评价可以较好地反映当前已就业人员对其工作环境的感知，而民众对于劳动力市场中工作机会的评价以及对于政府就业工作的评价则可以更加全面地反映社会总体的工作环境。显然，更广泛意义上的工作环境质量评价不仅包括与工作直接相关的工作环境，还包括工作机会的公平性以及政府对就业的保障状况。因此，与上文聚焦于分析就业人员不同，在中国社会状况综合调查中，全部受访者均对当前社会的工作与就业机会公平状况给出了评价。表4－20列出了不同群体对工作机会公平感的评价。总体上看，认为很不公平的占比3.89%，认为不太公平的占比23.20%，合计占比27.09%；而认为比较公平的占比54.01%，认为非常公平的占比11.29%，合计占比65.30%。可见，大多数受访者认为我国的工作机会是公平的，只有3.89%的人认为很不公平。

表4－20　各类群体对工作与就业机会的评价　(单位：%)

群体类型	很不公平	不太公平	比较公平	非常公平	不好说
总体	3.89	23.20	54.01	11.29	7.60
就业状况					
工作群体	3.86	21.54	55.16	12.12	7.31

续表

群体类型	很不公平	不太公平	比较公平	非常公平	不好说
未工作群体	3.96	26.55	51.69	9.63	8.18
性别					
男性	3.91	22.77	55.39	12.02	5.91
女性	3.88	23.65	52.59	10.55	9.33
城乡					
城镇地区	3.62	24.94	56.30	9.42	5.73
农村地区	4.41	20.00	49.76	14.77	11.07
年龄段					
18—29 岁	2.50	26.92	59.17	10.37	1.04
30—39 岁	3.82	23.74	59.75	8.80	3.89
40—49 岁	3.84	23.28	56.09	10.18	6.62
50—59 岁	4.93	21.70	48.64	12.62	12.11
60—69 岁	5.12	17.76	40.64	16.46	20.02
受教育程度					
初中及以下	4.86	20.44	48.90	13.57	12.23
高中、中专、技校	3.46	26.87	57.28	8.05	4.34
大专	3.08	22.90	60.52	11.50	2.00
本科及以上	1.85	27.76	61.76	7.89	0.75

为更加简洁地比较不同群体的工作机会公平感，下文分析将“比较公平”和“非常公平”合并为“公平”一类，以便更好地凸显群体差异。从结果看，目前正在工作的群体认为公平的占比67.28%，目前未在工作的群体认为公平的占比61.32%，工作群体的就业公平感更强；男性认为公平的占比67.41%，女性认为公平的占比63.14%，男性的就业公平感更强；城镇地区居民认为公平的占比65.72%，农村地区居民认为公平的占比64.53%，城乡差别不大；分不同年龄段看，总体趋势是随着年龄的增加，就业公平感有所下降，对此问题感到不好说的比例有所上升；分不同受教育程度看，总体趋势是随着受教育程度的提高，就业公平感有所提升，对此问题感到不好说的比例有所下降。

（四）政府就业工作评价

中国社会状况综合调查使用两个指标来衡量民众对政府就业工作的评价：一是居民对政府提供的就业保障状况的评价；二是居民对其所在县（县级市/区）政府“扩大就业，增加就业机会”这方面工作的评价。需要说明的是，与工作机会评价一致，此两方面的评价也询问了全部受访者。

首先是居民对政府提供的就业保障状况的评价。2021 年中国社会状况综合调查请受访者用1—10 分来表达其对于政府所提供的就业保障的评价，1 分表示非常不满意，10 分表示非常满意。需要说明的是，由于就业保障涉及就业工作的多个维度，近两成（19.86%）受访者难以给出明确的评分，因此，表4－21 中评分汇总的对象为有效回答样本。从调查结果看，总体上，民众对于政府就业保障工作的满意程度评分平均值为6.32 分，中位值为 7 分，满意度较高。分不同群体看，工作群体与未工作群体的评分差别不大；男性的平均满意程度高于女性；城镇居民的平均满意程度高于农村居民；年龄与满意度评价呈现“U”形关系，18—29 岁和 60—69 岁受访者的满意度较高，中间各年龄组的满意度略低；民众的受教育程度越高，对政府就业保障工作的满意程度也越高。综上所述，相对而言，当前政府在女性、农村居民、中年人群、受教育程度较低人群等群体的就业保障工作方面存在一定短板。

表4－21　各类群体对政府就业保障工作的满意程度评分　（单位：分）

群体类型	平均值	中位值
总体	6.32	7
就业状况		
工作群体	6.33	7
未工作群体	6.30	7
性别		
男性	6.43	7
女性	6.22	6
城乡		
城镇地区	6.49	7

续表

群体类型	平均值	中位值
农村地区	5. 98	6
年龄段		
18—29 岁	6. 82	7
30—39 岁	6. 24	6
40—49 岁	6. 11	6
50—59 岁	5. 90	6
60—69 岁	6. 33	7
受教育程度		
初中及以下	5. 82	6
高中、中专、技校	6. 44	7
大专	6. 93	7
本科及以上	7. 10	7

其次是居民对其所在县（县级市/区）政府“扩大就业，增加就业机会”这方面工作的评价。从调查结果看，总体而言，除 7. 47% 的受访者未能给出明确的评价，大多数（71. 19%）受访者都给出了积极的评价，当然，也有两成左右的受访者评价较低。为更加简洁地比较不同群体的评价，下文分析将“比较好”和“非常好”合并为“比较好”一类，从结果看：工作群体的评价比未工作群体更好；男性的评价比女性更好；城镇地区居民的评价比农村地区居民更好；越年轻的受访者，评价越好；受教育程度越高的受访者，评价越好。总体来看，在“扩大就业，增加就业机会”的评价上，未工作群体、女性、农村居民、中老年群体和低教育程度者满意度较低。

表 4 – 22　不同群体对县（县级市/区）政府就业工作的评价　（单位：%）

群体类型	很不好	不太好	比较好	非常好	不好说
总体	3. 15	18. 19	54. 17	17. 02	7. 47
就业状况					
工作群体	3. 31	18. 00	54. 01	18. 18	6. 50

续表

群体类型	很不好	不太好	比较好	非常好	不好说
未工作群体	2. 85	18. 57	54. 48	14. 68	9. 42
性别					
男性	3. 26	18. 20	55. 97	16. 87	5. 70
女性	3. 05	18. 19	52. 32	17. 16	9. 29
城乡					
城镇地区	2. 69	18. 04	57. 62	14. 84	6. 80
农村地区	4. 00	18. 47	47. 78	21. 04	8. 71
年龄段					
18—29 岁	2. 41	19. 88	60. 48	14. 05	3. 19
30—39 岁	3. 35	20. 87	55. 76	15. 51	4. 50
40—49 岁	3. 33	17. 86	54. 60	18. 34	5. 86
50—59 岁	3. 30	17. 15	50. 49	19. 13	9. 93
60—69 岁	3. 72	13. 13	45. 01	19. 61	18. 54
受教育程度					
初中及以下	3. 82	16. 78	48. 97	19. 95	10. 48
高中、中专、技校	3. 57	20. 24	55. 98	15. 33	4. 89
大专	2. 29	19. 15	59. 01	15. 27	4. 28
本科及以上	0. 98	19. 52	65. 40	10. 77	3. 33

第二节　当前中国的教育保障

一　平均受教育水平

平均受教育水平是衡量一国居民人力资本和劳动生产率的重要指标，也是评估教育质量的基本指标。表4 -23 列出了当前我国城乡居民受教育程度的基本分布，从结果看，在 18—69 周岁的受访者中，仍有 5. 40% 的人未上过学，有 16. 46% 的人仅完成了小学教育，合计占比 21. 86% 。从另一方面看，近八成的受访者已经至少完成了九年义务教育，而且 26. 93% 的受访者的受教育程度在大学专科及以上。

表4－23　受教育程度的分布　(单位：%)

受教育程度	百分比
未上学	5.40
小学	16.46
初中	29.93
高中	14.08
中专	5.56
职高技校	1.55
大学专科	11.73
大学本科	13.55
研究生	1.65
其他	0.08

为便于进行群体比较，下文分析将居民的受教育程度近似转化为受教育年限，如未上学赋值为0年，初中赋值为9年，由此得到的各群体平均受教育水平如表4－24所示。平均而言，我国18—69周岁居民的受教育水平已经达到10.47年，当然，不同群体的差距也十分明显，主要表现在：男性的平均受教育年限比女性多1年左右；越年轻的群体，平均受教育水平越高，18—29岁群体的平均受教育年限已达到13.52年，可以预期的是，随着时间的推移，我国的平均受教育水平将稳步提升。分地区看，城镇居民的平均受教育水平比农村居民高出3年左右；东部地区的平均受教育水平最高，中部地区次之，西部地区最低；华北地区和东北地区的平均受教育水平较高，超过了11年，华东地区和中南地区超过了10年，西南地区和西北地区的平均受教育水平较低。

表4－24　不同群体的人均受教育年限　(单位：年)

群体类型	平均值	群体类型	平均值
总体	10.47	三大区域	
性别		东部地区	10.87
男性	10.97	中部地区	10.49
女性	9.97	西部地区	9.84

续表

群体类型	平均值	群体类型	平均值
年龄段		六大区域	
18—29 岁	13.52	华北	11.50
30—39 岁	11.50	东北	11.01
40—49 岁	9.71	华东	10.70
50—59 岁	8.43	中南	10.41
60—69 岁	7.52	西南	9.35
城乡		西北	9.62
城镇地区	11.53		
农村地区	8.52		

二　政府的教育保障

地方政府是公共教育服务供给的主体，地方政府的教育工作对一地的教育发展有着重要的推动作用。中国社会状况综合调查询问了受访者对所在县（县级市/区）政府“提供优质教育资源，保障教育公平”方面的评价。从调查结果看，有 6.48% 的受访者无法给出确切的评价，特别是 50 岁以上群体中有较大比例人群难以给出确切评价，这可能是因为这部分人自身及子女已完成教育，不再关心地方的教育发展状况。在给出明确评价的受访者中，19.17% 的受访者认为政府在这方面做得“非常好”，58.23% 的受访者认为“比较好”，13.75% 的受访者认为“不太好”，2.37% 的受访者认为“很不好”。总体上看，有 74.40% 的受访者给出了正面的评价，表明我国民众对地方政府在“提供优质教育资源，保障教育公平”这方面所做的工作较为满意。

表 4－25　　不同群体对县（县级市/区）政府教育工作的评价　（单位：%）

群体类型	很不好	不太好	比较好	非常好	不好说
总体	2.37	13.75	58.23	19.17	6.48
性别					
男性	2.53	14.36	59.20	18.66	5.26
女性	2.21	13.13	57.24	19.69	7.74

续表

群体类型	很不好	不太好	比较好	非常好	不好说
年龄段					
18—29 岁	1.66	14.05	65.29	17.16	1.83
30—39 岁	3.29	17.62	58.33	16.85	3.92
40—49 岁	2.53	14.79	56.24	20.95	5.48
50—59 岁	1.95	10.61	57.08	20.38	9.98
60—69 岁	2.62	10.34	49.99	21.85	15.20
城乡					
城镇地区	2.25	14.50	60.74	16.84	5.67
农村地区	2.59	12.36	53.59	23.48	7.99
三大区域					
东部地区	2.23	13.45	58.98	19.04	6.29
中部地区	2.73	14.49	56.70	17.59	8.49
西部地区	2.17	13.39	58.77	21.15	4.52
六大区域					
华北	3.78	12.79	58.27	18.14	7.02
东北	1.86	11.45	57.74	20.07	8.88
华东	1.66	13.80	56.81	20.81	6.92
中南	2.57	14.71	60.50	15.71	6.51
西南	2.73	11.72	59.04	24.17	2.35
西北	1.55	17.56	53.54	17.47	9.88

为更加简洁地比较不同群体的评价，下文分析将“比较好”和“非常好”合并为“比较好”一类。分群体看：男性与女性的评价没有明显的差异；30—39 岁群体的满意度较低，认为比较好或非常好的占比为 75.18%，这可能与该群体子女正在接受教育有关。分不同区域看：城镇居民与农村居民的评价没有明显的差异；西部地区民众的评价最好，认为比较好或非常好的占比达到 79.92%，东部地区次之，占比 78.02%，中部地区最低，占比 74.29%；分六大地区看，西南地区的评价最好，认为比较好或非常好的比例超过 80%，华北、东北、华东、中南四个地区给出正面评价的占比较为接近，均在 77% 左右，西北地区的满意度相对

较低，认为比较好或非常好的占比为71.01%。

第三节　小结

本章从就业和教育这两方面评估了当前我国的社会经济保障状况，与前两章从家庭收支、住房和社会保障等方面的评估构成了一个整体。在评估指标方面，就业保障质量的评估包括以下8项指标：工作收入、工作时间、劳动技能、劳动合同保障、失业预期、工作满意度、工作机会评价、政府就业工作评价；教育保障质量的评估包括以下2项指标：人均受教育年限、地方政府教育工作评价。本章对以上10项指标的细致分析表明，当前我国在就业和教育方面的社会经济保障建设取得显著成果，一方面，诸如工作收入、教育水平等客观指标在不断提升；另一方面，社会公众对政府在就业、教育等方面所做的工作也给予了积极的评价。当然，本章分析也发现了一些在发展过程中出现的群体之间、地区之间的不平衡问题，为推动社会经济保障全面、均衡发展，需要重点考虑补齐这些“短板”。

第 五 章

社会凝聚报告

第一节　社会凝聚概念与测量

进入新发展阶段，我国社会主要矛盾已经转变为人民日益增长的美好生活需要和不平衡不充分的发展之间的矛盾。这表明，在高速经济发展之后，高质量的经济社会发展越来越成为社会良性运行和可持续发展的关键，社会质量理论及其指标成为评估社会经济发展状况的重要理论工具。社会质量理论最早起源于欧洲，在中国经过完善发展后形成一套较为完善的适用于评估中国发展状况的本土化指标体系，社会凝聚是其重要的维度之一。

就社会凝聚本身而言，其理论起源可以追溯到古典社会学时期，如埃米尔·迪尔凯姆（Emile Durkheim）运用社会团结的概念分析工业社会的道德危机和社会失范，将社会团结表述为社会成员因共同意识所形成的互相依赖、互相信任的群体向心力。后来，罗伯特·帕特南（Robert Putnam）通过对美国社会的研究，将社会凝聚力和社会资本联系起来，认为社会凝聚建立在社会资本之上，是解决社会不平等和社会信任丢失的良药，桥接型社会资本（bridging social capital）可以超越社会成员的异质性建立共同利益的联系，这一观点也丰富了社会凝聚理论的深度和广度。目前，社会凝聚作为一个既是宏观的社会政策层面，又是社会学、心理学学科层面的概念和指标，受到了国内外学者和政策制定者的广泛关注，张海东等认为，社会凝聚指向的是团结和整合问题，考察一个社会的社会关系在何种程度上能保有整体性和维系基本价值规范。[①] Chan 等认为，社会凝聚是社会成员所共同持有的一套社会态度和价值规范，其中包括信任、归属感、社会参与和互助互惠等行为表现。[②]

因此，社会凝聚着眼于分析一个社会内在凝聚水平的高低，是否能形成自上而下的社会合力[③]，是社会成员的社会关系、社会信仰、社会认同、社会信任的集中反映。在现有的社会质量指标体系中，社会凝聚维度主要包括了社会信任、社会规范与价值观以及国家认同三个子指标。鉴于凝聚全社会共识和力量、中华民族凝聚力进一步增强成为"十四五"时期经济社会发展的主要目标和重要内容，[④] 从这三个子指标分析并评估我国社会凝聚的现状有助于更好地推动此目标和任务的达成。

一　社会信任

社会信任是社会凝聚的测量指标之一，良好的社会信任水平有助于增强社会凝聚力，促进社会不同群体的合作，提高社会运行的效率。其中，社会信任可以分为人际信任和制度信任两个指标，这一区分最早源于卢曼对信任概念的研究，他认为信任有助于减少社会交往的复杂性，人际信任是基于人与人之间的情感关系和熟悉程度而形成的，而制度信任则更多地依赖于个人对社会规范、社会制度及其机构的肯定和认同。[⑤] 随着社会从传统向现代转型，社会信任也呈现出以制度信任为重的特点，制度信任有助于更好地适应现代社会的信任模式[⑥]。在当前社会下，提升制度信任水平比人际信任具有更加重要的意义，不仅保障了人与人之间

---

① 张海东、石海波、毕婧千：《社会质量研究及其新进展》，《社会学研究》2012 年第 3 期。

② Chan J.，To HP.，Chan E.，"Reconsidering Social Cohesion：Developing A Definition and Analytical Frame-work for Empirical Research"，*Social Indicators Research*，2006（75），pp. 273 - 302.

③ 崔岩：《中国社会质量研究》，社会科学文献出版社 2017 年版。

④ 《中华人民共和国国民经济和社会发展第十四个五年规划和 2035 年远景目标纲要》，http：//www. gov. cn/xinwen/2021 - 03/13/content_ 5592681. htm。

⑤ N. Luhmann，*Trust and Power*，New York：Jokn Wiley & Sons，1979.

⑥ 陶芝兰、王欢：《信任模式的历史变迁——从人际信任到制度信任》，《北京邮电大学学报》（社会科学版）2006 年第 2 期。

进行社会互动和社会交往所需要的信任，降低了人际信任的风险，更是社会能否稳步、健康发展的重要尺度。①

本书采用2021年中国社会状况综合调查（CSS 2021）数据，对2021年我国社会信任的基本情况展开分析。其中，测量人际信任的题目为："请用1—10分，来表达您对现在人与人之间的信任水平的评价，1分表示非常不信任，10分表示非常信任"，测量制度信任的题目为："请问，您信任下列机构（中央政府、区县政府、乡镇政府、工青妇等群团组织、工作单位/组织/公司、慈善机构、新闻媒体、公安部门、医院、法院）吗？"测量新冠肺炎疫情以来的人际信任变化的题目为"新冠肺炎疫情以来，您'愿意相信陌生人的善意'的变化情况？"为进一步呈现不同群体社会信任的异质性，本书从城乡、地区、代际、职业、受教育程度和收入水平五个方面来解读当前我国的社会信任状况。

二　社会规范与价值观

价值规范是社会凝聚的测量指标之一，社会规范是得到社会成员的集体认可，能指导和约束人们社会行为的准则和尺度。根据社会规范的表现形式，社会规范可分为正式规范和非正式规范，正式规范来源于法律、法规和制度，非正式规范来源于道德、习俗和惯例。社会规范的有效运作有助于社会秩序的维持和社会的良性运行。社会价值观是人们普遍具有的能够稳定地判断是非、认定事物的思维取向②，正向的社会价值取向有助于形成积极向上的社会风气，凝聚社会共识。高质量的社会不仅需要较高的社会信任水平，还需要社会成员拥有较为统一的社会规范和价值认同。

本书从道德和法律两个维度考察我国的社会规范情况，测量道德规范的题目为"请用1—10分，来表达您对现在社会上人们普遍的道德水平的评价，1分表示非常不好，10分表示非常好"，测量法律规范的题目

① 邹宇春：《提升制度信任：确保政府良性运行的重要方向》，《中国发展观察》2014年第8期。

② 石海波：《提升青年社会凝聚力》，《中国社会科学报》，https：//doi. org/10. 28131/n. cnki. ncshk. 2019. 002906，网络首发日期：2019－05－29。

为“请用1—10分，来表达您对现在社会上人们普遍的遵纪守法水平的评价，1分表示非常不好，10分表示非常好”；本书以个人、家庭和社会三种价值取向考察我国居民的价值观情况，测量的具体题目是：“您认为以下哪个方面最能体现一个人的价值?”为进一步呈现不同群体社会规范与价值观的异质性，本书从城乡、地区、代际、职业、受教育程度和收入水平六个方面来解读当前我国社会规范与价值观的状况。

三　国家认同

国家认同是社会凝聚的测量指标之一，是不同社会成员将国家作为自己情感和身份归属的自觉认知及其程度，[①] 也包括社会成员对国家成就和发展的总体评价。作为一种集体观念，国家认同是一个意涵丰富的概念，是政治认同、文化认同和民族认同的紧密结合。[②] 国家认同感关系着民族团结和社会稳定，也是促进民心相通、实现社会共融的精神基础。高度的国家认同感有助于中国社会主义基本制度、核心价值观保持连续性和创新力，能有效地统合社会、凝聚民心，从而实现中华民族伟大复兴的中国梦。[③]

本书将使用一组量表来对国家认同的基本情况进行测量，具体的题目有“即使可以选择世界上任何国家，我也更愿意做中国公民”“别人在批评中国时，就像在批评我自己”“我为自己是个中国人感到自豪”“总的来说，中国比其他大部分国家都好”“中华民族文化优于其他文化”“我国目前的政治制度是最适合中国国情的”六个表述。本书还将考察新冠肺炎疫情对我国居民的国家认同感的影响，测量的题目为：“新冠肺炎疫情以来，您对于‘相信中国会越来越好’的变化情况?”为进一步呈现不同群体国家认同的异质性，本书从城乡、地区、代际、职业、受教育程度、收入水平六个方面来解读当前我国居民国家认同的状况。

---

① 周光辉、刘向东：《全球化时代发展中国家的国家认同危机及治理》，《中国社会科学》2013年第9期。

② 吴玉军：《论国家认同的基本内涵》，《中国特色社会主义研究》2015年第1期。

③ 门洪华：《两个大局视角下的中国国家认同变迁（1982—2012）》，《中国社会科学》2013年第9期。

第二节 当前中国的社会信任水平

一 人际信任

CSS 2021 调查数据显示，我国人际信任的均值为 6.69 分,[①] 与 2019 年相比（6.33 分），我国平均人际信任提高了 0.41 分，这表明随着社会诚信建设的推进和人民整体素质的增强，社会的人际信任水平也在逐步提高，但从整体上看，人际信任水平仍有比较大的进步空间。同时，调查显示，疫情以来“愿意相信陌生人的善意”增多了的受访者占比为 31.0%，认为没变化的受访者占比为 52.9%，认为减少了的受访者占比为 16.1%，这说明，我国居民的人际信任水平在疫情以来反而有提高的趋势，深刻反映了在面对突发公共危机时，我国居民具有较强的韧性、抗逆力和向善力。

（一）城乡差异

从城乡差异看，城乡居民的人际信任水平趋向一致。以受访者的居住地为依据，将我国常住居民划分为农村居民和城镇居民。农村居民的平均人际信任水平为 6.71 分，比城镇居民的平均信任水平高 0.05 分，但该差值并未通过显著性检验。这说明，农村居民的人际信任水平与城镇居民的人际信任水平并无显著差异。这可能是因为随着现代化发展，农村社会也逐渐从“熟人社会”向“陌生人社会”过渡，农村社会和城市社会的人际信任逐渐趋向一致。疫情以来，34.3% 的城镇居民认为人际信任水平提高了，这一比例比农村居民更高（24.8%），认为没有变化的占比则基本持平，分别为 52.6% 和 53.6%，相应地，认为人际信任水平降低了的城镇居民（13.2%）也明显少于农村居民（21.6%）。疫情以来，在异质性较强的城市社会中，人与人之间的社会关系反而有更加紧密联结的变化趋势，人与人之间的信任度由此得到了提升。

① 人际信任得分的满分为 10 分，10 分表示非常好，1 分表示非常不好。

表 5-1 城乡地区的人际信任水平 （单位：分）

	均值	N	标准差
农村地区	6.71	4281	2.24
城镇地区	6.66	5644	1.99
总计	6.69	9925	2.16

注：T 检验，P = 0.12。

表 5-2 城乡地区疫情以来的人际信任水平变化 （单位：%）

	N	增多/增强	没变化	减少/减弱
城镇地区	2758	34.3	52.6	13.2
农村地区	2046	24.8	53.6	21.6
总计	4804	31	52.9	16.1

注：卡方检验，P = 0.00。

（二）地区差异

从地区差异看，全国不同地区的人际信任水平存在差异。以受访者的居住地为依据，将我国划分为东北、华北、华东、中南、西南和西北六大区①，人际信任水平最高的地区为华东地区，平均人际信任水平为6.88分；西南地区次之，为6.83分；东北地区再次之，为6.62分；西北地区的人际信任水平最低，为6.30分。其中，只有华东地区和西南地区的人际信任水平高于全国平均水平（6.69分），其他地区的人际信任水平仍有较大的提升空间。疫情以来，华北地区认为人际信任增多了的占比最高，为33.6%；西北地区最低，为27.4%。相应地，西北地区认为人际信任减少了的占比最高，为20.9%；西南地区次之，为19.5%。可见，疫情以来，西部地区的人际信任水平有下降的趋势，是社会诚信建设需要重点关注的地区。

① 六大区的划分为：东北（黑龙江、吉林、辽宁）、华北（北京、河北、天津、内蒙古、山西）、华东（山东、江苏、安徽、浙江、江西、福建、上海）、中南（河南、湖北、湖南、广东、广西、海南）、西南（四川、重庆、云南、贵州、西藏）、西北（陕西、甘肃、宁夏、青海、新疆），因数据缺失，不包含港澳台。

表5-3　不同地区的人际信任水平　（单位：分）

	均值	N	标准差
华北地区	6.59	1326	2.22
东北地区	6.62	618	2.34
华东地区	6.88	2925	2.04
中南地区	6.58	2906	2.15
西南地区	6.83	1456	2.20
西北地区	6.30	694	2.28
总计	6.69	9925	2.16

注：F检验，P=0.00。

表5-4　不同地区疫情以来的人际信任水平变化　（单位：%）

	N	增多/增强	没变化	减少/减弱
华北地区	631	33.6	48.7	17.7
东北地区	302	31.3	55.2	13.5
华东地区	1368	33	52.8	14.1
中南地区	1435	30.8	54.1	15
西南地区	728	26.5	54	19.5
西北地区	340	27.4	51.6	20.9
总计	4804	31	52.9	16.1

注：卡方检验，P=0.00。

（三）代际差异

从代际差异看，我国居民的人际信任水平随着出生年份越晚，呈现先降后升的变化趋势。以受访者的出生年份为依据，将我国居民划分为"50后"（1950—1959年）、"60后"（1960—1969年）、"70后"（1970—1979年）、"80后"（1980—1989年）和"90后及以后"（1990—2003年）五个代际群体。随着出生年份越晚，不同代际群体的人际信任水平呈现两端高、中间低的"U"形分布。其中，"50后"群体的人际信任水平最高，为6.87分；"90后"群的人际信任水平次之，为6.72分；"60后"群体的人际水平再次之，为6.66分；"80后"群体的人际信任水平位居第四，为6.58分；"70后"群体的人际信任水平最低，为6.58分。

只有“50后”和“90后”的人际信任水平高于社会总体平均水平，其余均低于社会总体平均水平。值得注意的是，“80后”和“90后及以后”的人际信任水平逐步提高，且明显高于前一世代，可见，年青一代对社会中人与人之间的信任持有更积极的态度。疫情以来，“90后及以后”群体认为人际信任提高了的占比最高，为39.3%；“80后”群体次之，为33.2%；其余群体的占比则均低于30%，分别为“70后”（28.6%）、“60后”（22.5%）和“50后”（23.6%）。这表明，疫情以来，年青一代倾向信任他人的比例在提高，这将有助于推动年青一代更好地融入社会，与他人进行更良性的交往和互动。

表5-5　　不同代际群体的人际信任水平　　（单位：分）

	均值	N	标准差
50后	6.87	1793	2.38
60后	6.66	2501	2.32
70后	6.58	2016	2.15
80后	6.65	1701	2.04
90后及以后	6.72	1914	1.81
总计	6.69	9925	2.16

注：F检验，P=0.00。

表5-6　　不同代际群体疫情以来的人际信任水平变化　　（单位：%）

	N	增多/增强	没变化	减少/减弱
50后（1950—1959）	852	23.6	53.1	23.3
60后（1960—1969）	1232	22.5	54.1	23.4
70后（1970—1979）	970	28.6	53.3	18.1
80后（1980—1989）	817	33.2	52.6	14.2
90后及以后（1990—2003）	933	39.3	52	8.7
总计	4804	31	52.9	16.1

注：卡方检验，P=0.00。

（四）职业差异

从职业差异看，不同职业群体的人际信任水平差异较大。以受访者的职业类别为依据，将我国居民划分为不同的职业群体。不同职业群体的人际信任水平存在显著差异，按平均人际信任水平由高到低排序，依次为机构负责人（7.42 分），办事人员（7.04 分），专业技术人员（6.97 分），农、林、牧、渔、水利业生产人员（6.71 分），商业工作人员（6.70 分），服务业工作人员（6.56 分）和生产工人、运输工人和有关人员（6.49 分）。其中，服务业工作人员，生产工人、运输工人和有关人员的人际信任水平低于社会总体平均水平，这可能是因为其职业的社会经济地位、职业社会声望处于相对不利地位，相较于其他职业群体更缺乏对社会的一般信任，安全感较低。疫情以来，认为人际信任水平增多了的职业群体占比，按照由高到低的排序依次为机构负责人（49.3%），办事人员（43.3%），专业技术人员（38.0%），服务业工作人员（33.8%），商业工作人员（30.4%），农、林、牧、渔、水利业生产人员（24.3%），生产工人、运输工人和有关人员（23.8%）。从总体上看，各职业群体人际信任水平增多了的占比均高于人际信任减少了的占比。这表明，疫情以来各职业的居民基本上都在人际信任方面有比较积极的变化。但值得注意的是，农、林、牧、渔、水利业生产人员（25.2%）和生产工人、运输工人和有关人员（19.4%）认为疫情以来人际信任减少了的比例超过两成，高于其他职业群体，这可能是因为其职业的不稳定性较强，在疫情中面临相对较高的社会风险，对人际信任变化的消极预期也因此高于其他群体。

表 5－7　　不同职业群体的人际信任水平　　（单位：分）

	均值	N	标准差
专业技术人员	6.97	497	1.68
农、林、牧、渔、水利业生产人员	6.71	2483	2.41
办事人员	7.04	587	1.71
商业工作人员	6.70	790	2.04
服务业工作人员	6.56	920	2.14
机构负责人	7.42	170	1.96
生产工人、运输工人和有关人员	6.49	1093	2.14
总计	6.69	9925	2.16

注：F 检验，P＝0.00。

表5-8 不同职业群体疫情以来的人际信任水平变化 (单位:%)

	N	增多/增强	没变化	减少/减弱
机构负责人	82	49.3	36.1	14.6
专业技术人员	260	38.0	56.1	5.9
办事人员	302	43.3	47.9	8.8
商业工作人员	399	30.4	56.9	12.7
服务业工作人员	443	33.8	51.3	14.9
农、林、牧、渔、水利业生产人员	1187	24.3	50.5	25.2
生产工人、运输工人和有关人员	524	23.8	56.9	19.4
总计	3222	31.0	52.9	16.1

注:卡方检验,P=0.00。

(五)不同受教育程度群体差异

从受教育程度上看,我国居民的人际信任水平随着受教育程度的增加而提高。以受访者的受教育程度为依据,将我国居民划分为初中及以下、高中/中专/技校、大专和本科及以上四类群体。受教育程度与人际信任水平呈正相关,受教育程度越高,人际信任水平越高,接受更高层次的学校教育有助于提升我国居民的人际信任水平。其中,受教育程度为本科及以上群体的人际信任水平最高,为6.94分;大专群体的人际信任水平次之,为6.90分;高中/中专/技校群体的人际信任水平再次之,为6.64分;初中及以下群体的人际新人水平最低,为6.63分。值得注意的是,大专以上学历群体的人际信任水平明显高于高中/中专/技校以下学历群体的人际信任水平,且超过了社会总体平均水平。疫情以来,本科及以上学历群体认为人际信任提升了的占比最高,为45.4%;大专学历群体次之,为41.5%;高中/中专/技校学历群体再次之,为32.1%;初中及以下群体最低,为23.8%。这表明,是否接受高等教育对我国居民的人际信任水平具有至关重要的影响,接受高等教育的群体更容易在社会突发事件面前保持更加积极的社会心态。

表5－9　不同受教育程度群体的人际信任水平　（单位：分）

	均值	N	标准差
初中及以下	6.63	6022	2.37
高中/中专/技校	6.64	1860	1.96
大专	6.90	917	1.76
本科及以上	6.94	1117	1.47
总计	6.69	9925	2.16

注：F检验，P＝C.00。

表5－10　不同受教育程度群体疫情以来的人际信任水平变化　（单位：%）

	N	增多/增强	没变化	减少/减弱
初中及以下	2893	23.8	54.6	21.6
高中/中专/技校	906	32.1	52.4	15.5
大专	460	41.5	49.9	8.6
本科及以上	540	45.4	50.4	4.2
总计	4799	31	52.9	16.1

注：卡方检验，P＝0.00。

（六）不同收入群体差异

从收入差异看，家庭年收入与人际信任水平基本呈正相关，收入水平越高，人际信任水平越高。以受访者的家庭年收入为依据，将我国居民划分为低收入群体、中低收入群体、中间收入群体、中高收入群体和高收入群体五类。其中，中高收入群体的人际信任水平最高，为6.82分；高收入群体的人际信任水平次之，为6.81分；中间收入群体的人际信任水平再次之，为6.64分；中低收入群体的人际信任水平位居第四，为6.61分；低收入群体的人际信任水平最低，为6.58分。值得注意的是，只有中高收入群体和高收入群体的人际信任水平高于社会总体平均水平，其余收入群体的人际信任水平均低于社会总体平均水平。疫情以来，高收入群体认为人际信任水平提升了的占比最高，为36.7%；中高收入者次之，为32.6%；其余群体认为人际信任水平提升了的占比均低于30%，分别为低收入群体（28.6%）、中低收入群体（25.4%）和中间收入群体

(28.9%)。这表明，中间收入及以下群体对社会人际信任的评价相对较低，对社会交往的风险感知相对更高，应对风险能力也相对更脆弱，在突发社会事件中处于不利的地位，这将不利于社会阶层矛盾的缓和以及社会中下层的社会融入。

表5-11　　不同家庭年收入群体的人际信任水平　　（单位：分）

	均值	N	标准差
低收入群体	6.58	1981	2.44
中低收入群体	6.61	1986	2.32
中间收入群体	6.64	1986	2.11
中高收入群体	6.82	1804	2
高收入群体	6.81	2168	1.87
总计	6.69	9925	2.16

注：F检验，P=0.00。

表5-12　　不同家庭年收入群体疫情以来的人际信任水平变化　　（单位：%）

	N	增多/增强	没变化	减少/减弱
低收入群体	928	28.6	52	19.4
中低收入群体	949	25.4	52.5	22.2
中间收入群体	952	28.9	51	20.1
中高收入群体	904	32.6	55.4	12
高收入群体	1071	36.7	53.3	10
总计	4804	31	52.9	16.1

注：卡方检验，P=0.00。

二　制度信任

在传统社会向现代社会的转型过程中，社会信任的建立机制和基本结构也相应地发生变化：制度信任越来越成为社会信任更为重要的衡量尺度，制度信任超越了个体之间的社会关系，扩大了社会信任的范围，也强化了信任的简化机制，有利于具有规范性的社会关系的形成和维持，也更有助于提升现代社会的信任水平。本书对制度信任的测量包括以下

10 个机构：中央政府、区县政府、乡镇政府、群团组织、工作单位、慈善机构、新闻媒体、医院、法院和公安部门，涉及各级政府机构和其他各类社会机构，能比较全面地反映出我国制度信任的水平。①

CSS 2021 调查数据显示，与 2019 年相比，我国居民对各制度代表机构的信任水平都得到了提升，但不同制度代表机构的信任水平仍然存在着较大的差距。其中，我国居民对中央政府的信任水平最高，为 96.6%，较 2019 年（94.8%）提高了 1.8 个百分点；公安部门和工作单位的信任水平次之，为 87.6%，分别较 2019 年（85.5% 和 84.9%）提高了 2.1 个和 2.7 个百分点；法院再次之，为 86.0%，较 2019 年（84.8%）提高了 1.2 个百分点。制度信任水平最低的三个机构由低到高依次是慈善机构（69.5%）、新闻媒体（73.7%）和乡镇政府（75.3%）。从政府信任上看，我国居民的政府信任呈现出明显的差序格局，具体表现为政府层级越高，距离越远，信任水平越高，相反，政府层级越低，距离越近，信任水平越低的信任梯度。值得注意的是，我国居民对慈善机构的信任度受到近年来慈善领域不规范运作、不合理运营等负面新闻的影响，处于较低水平，不利于我国慈善事业的发展。与此同时，我国居民对新闻媒体的信任度也相对较低，这可能是因为随着网络的发达，尤其是自媒体时代的来临，人们获取信息的渠道和来源得到了充分的拓展，对信息的判断能力也相应地得到了锻炼和增强，媒体机构的新闻更容易受到质疑，由此降低了可信度。

表 5－13　　我国的制度机构信任水平　　（单位：%）

	中央政府	区县政府	乡镇政府	群团组织	工作单位	慈善机构	新闻媒体	医院	法院	公安部门
N	9738	9438	9381	8053	5083	8488	8921	9516	8676	9052
信任占比	96.6	83.1	75.3	80.7	87.6	69.5	73.7	80.3	86.0	87.6

① 本书将制度信任的相关变量处理为二分变量进行分析，即将选项"非常信任"和"比较信任"处理为信任，"不太信任"和"完全不信任"处理为不信任，"不好说""不适用"处理为缺失值。

（一）城乡差异

从城乡差异上看，城乡居民对不同制度机构有着不同的信任水平。城乡居民对中央政府、群团组织、工作单位和医院的制度信任不存在显著差异，且均稳定地保持在80%以上的较高水平。与乡村居民相比，城镇居民对区县政府、乡镇政府的信任明显更高，分别高1.8个和2.3个百分点，对慈善机构、新闻媒体、法院和公安部门的信任明显更低，分别低6.5个、6.3个、0.8个和1.9个百分点。这可能是因为城乡居民与上述机构的接触程度不同，所以导致信任水平也呈现出高低差异。

表5－14　城乡地区的制度信任水平　（单位：%）

	中央政府	区县政府	乡镇政府	群团组织	工作单位	慈善机构	新闻媒体	医院	法院	公安部门
城镇地区	96.7	83.8	76.3	80.7	88.1	66.8	71.0	80.0	85.7	86.8
乡村地区	96.4	82.0	74.0	80.9	86.5	73.4	77.3	80.6	86.5	88.7
总计	96.6	83.1	75.3	80.7	87.6	69.5	73.7	80.3	86.0	87.6

注：不同机构的制度信任水平＝该群体中信任此机构人数/该群体总人数×100%。

（二）地区差异

从地区差异上看，不同地区居民的制度信任水平不同，其中，中央政府、工作单位和慈善机构的制度信任水平不存在显著的地区差异。在政府信任方面，不同地区对中央政府的信任水平均稳定地保持在95%以上的较高水平。对区县政府和乡镇政府的信任呈现出北高南低、东高西低的特征，华北地区对区县政府和乡镇政府的信任最高，分别为84.4%和78.5%；中南地区对区县政府的信任最低，为80.8%；西北地区对乡镇政府的信任最低，为71.1%。在公共部门的信任方面，西南地区（83.1%、88.0%、90.4%）、华东地区（81.0%、87.8%、88.7%）和西北地区（79.6%、87%、88.8%）对医院、法院和公安部门的信任水平都居于全国前三；东北地区对医院、法院和公安部门的信任都最低，分别为78.8%、81.2%和83.1%。在其他社会组织的信任方面，华东地区对群团组织的信任最高，为82.8%；华北地区和西南地区的信任次之，为81.1%；东北地区对群团组织的信任最低，为78.6%。西北地区对新闻媒体的信任最高，为77.4%；西南地区次之，为77.%；东北地区再次之，为75.4%；华东地区对新闻媒体的信任最低，为71.1%。

表5－15　　不同地区的制度信任水平　　（单位：%）

	中央政府	区县政府	乡镇政府	群团组织	工作单位	慈善机构	新闻媒体	医院	法院	公安部门
华北地区	96.3	84.4	78.5	81.1	86.8	69.3	73.0	79.5	82.1	84.7
东北地区	96.5	83.2	77.3	78.6	86.8	66.5	75.4	78.8	81.2	83.1
华东地区	96.9	85.6	77.3	82.8	89.4	69.4	71.1	81.0	87.8	88.7
中南地区	96.1	80.8	72.9	79.1	86.8	68.5	73.5	79.0	85.8	87.0
西南地区	96.3	81.8	74.3	81.1	86.0	71.1	77.0	83.1	88.0	90.4
西北地区	98.2	82.0	71.1	79.7	88.8	74.2	77.4	79.6	87.0	88.8
总计	96.6	83.1	75.3	80.7	87.6	69.5	73.7	80.3	86.0	87.6

注：不同机构的制度信任水平＝该群体中信任此机构人数/该群体总人数×100%。

（三）代际差异

从代际差异上看，我国居民对不同制度机构的信任水平存在着显著的代际差异，且随着出生年份越晚，呈现不同的变化趋势。工作单位的制度信任不存在显著差异，且均稳定地保持在85%以上的较高水平。不同代际群体对不同制度代表机构的信任水平呈现出不同的特点。在政府信任方面，不同代际群体对中央政府的信任水平始终稳定地维持在较高水平，且不同代际间差距较小。其中，“50后”（1950—1959年）对中央政府的信任最高，为97.8%；“80后”（1980—1989年）对中央政府的信任最低，为95.3%。两者仅相差2.6个百分点，是工作单位之外代际间信任差距最小的制度机构。不同代际群体对区县政府和乡镇政府的信任水平都随着出生年份越晚呈现出越高的趋势，“90后及以后”（1990—2003年）对区县政府和乡镇政府的信任水平均最高，分别为88.9%和82.4%；“60后”（1960—1969年）对区县政府和乡镇政府的信任水平均最低，分别为80.4%和71.5%。“90后及以后”和“60后”在这两级政府的信任水平上分别相差8.5个和10.9个百分点。在公共部门的信任方面，不同代际群体对医院、法院和公安部门的信任水平呈现出“两端高，中间低”的“U”形分布。其中，“90后及以后”群体对医院、法院和公安部门的信任水平都最高，分别为89.3%、92.4%和90.3%；“60后”群体对医院、法院和公安部门的信任水平都最低，为76.6%、82.9%和86.1%。“90后及以后”和“60后”在这三类机构的信任水平上分别相差12.7个、9.4个和4.3个百分点。在其他社会组织的信任方面，不同代际群体对群团组织的信任水平在“50后”和“60后”群体中相对更高，分别是84.6%和82.1%；在“70后”（1970—1979年）、“80后”和“90后”群体中相对较低，分别为79.0%、79.3%和79.4%，表现出随着出生年份越晚，信任水平越高的趋势。不同代际群体对慈善机构和新闻媒体的信任则呈现出随着出生年份越晚，信任水平波动下降的趋势。“50后”对慈善机构和新闻媒体的信任水平最高，分别为76.6%和80.8%；“80后”对慈善机构的信任水平最低，为63.7%；“90后及以后”对新闻媒体的信任水平最低，为65.5%。信任程度最高的代际群体与信任程度最低的代际群体在新闻媒体的信任上相差15.3个百分点，为信任差距最大的制度机构；慈善机构的信任差距次之，最高与最低间相差12.9个百分点。总的来说，“90后及以后”和“80后”的年青一代对政府和公共部门的信任水平都相对较高，“60后”和“50后”对其他社会组织的信任水平相对较高。不同代际在慈善机构和新闻媒体方面的信任水平差异最大，对其他几种制度机构的信任程度则较为集中。

表5-16　不同代际群体的制度信任水平　（单位：%）

	中央政府	区县政府	乡镇政府	群团组织	工作单位	慈善机构	新闻媒体	医院	法院	公安部门
50后	97.8	81.9	75.3	84.6	86.7	76.6	80.8	78.4	85.4	88.8
60后	97.3	80.4	71.5	82.1	86.9	74.1	77.6	76.6	82.9	86.1
70后	96.1	82.0	74.0	79.0	89.3	68.6	73.8	79.0	83.8	86.7
80后	95.3	82.6	74.2	79.3	87.7	63.7	71.3	78.5	85.5	86.4
90后及以后	96.0	88.9	82.4	79.4	87.0	65.2	65.5	89.3	92.4	90.3
总计	96.6	83.1	75.3	80.7	87.6	69.5	73.7	80.3	86.0	87.6

注：不同机构的制度信任水平=该群体中信任此机构人数/该群体总人数×100%。

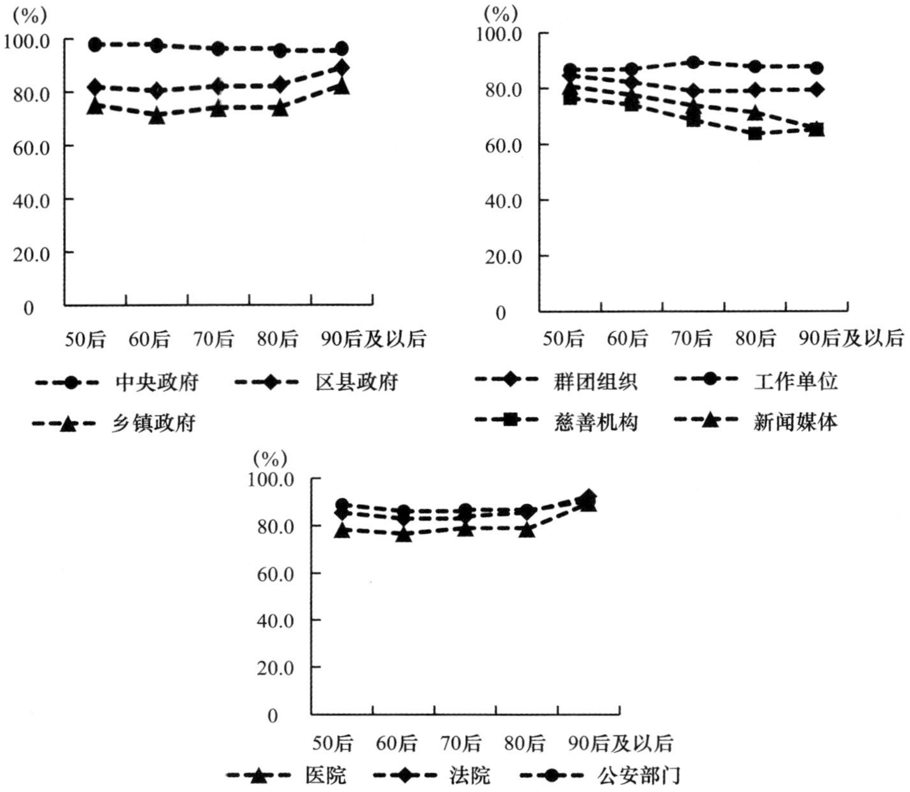

图5－1　不同代际群体的制度信任变化趋势

（四）职业差异

从职业差异上看，不同职业群体的制度信任水平存在着较大差异。在政府信任方面，不同职业群体对政府信任的差距随着政府层级的降低而拉大，对中央政府信任水平最高的职业是办事人员（99.1%），其次是专业技术人员（98.2%），再次是农、林、牧、渔、水利业生产人员（97.8%），最低是商业工作人员（95.9%）以及生产工人、运输工人和有关人员（95.9%）。最高信任水平与最低信任水平之间相差3.3个百分点，差距为所有制度机构中最小。对区县政府信任水平最高的职业是专业技术人员（91.6%），其次是办事人员（91.0%），再次是农、林、牧、渔、水利业生产人员（89.1%），最低是生产工人、运输工人和有关人员（80.1%），最高信任水平与最低信任水平之间相差11.5个百分点。对乡镇政府信任水平最高的职业是办事人员（85.8%），其次是专业技术人员（85.0%），再次是农、林、牧、渔、水利业生产人员（82.9%），最低是生产工人、运输工人和有关人员（68.6%），最高信任水平与最低信任水平之间相差17.2个百分点，差距为所有制度机构中最大。在公共部门的信任方面，不同职业群体对医院的信任差距较大，对法院和公安部门的信任差距相对较小。其中，农、林、牧、渔、水利业生产人员（88.4%、89.2%、89.7%），办事人员（84.0%、89.8%、89.5%）和专业技术人员（82.4%、90.5%、92.4%）对医院、法院和公安部门的信任水平都位于前列；生产工人、运输工人和有关人员对医院的信任最低，为75.1%；服务业工作人员对法院和公安部门的信任最低，分别为82.7%和84.5%。在其他社会组织的信任方面，不同职业群体对群团组织和工作单位的信任水平相对较高，对慈善机构和新闻媒体的信任水平相对较低。其中，对群团组织和工作单位的信任度排名前三的职业是办事人员（87.9%、94.6%），农、林、牧、渔、水利业生产人员（85.3%、93.4%）和专业技术人员（89.9%、97.6%），最低的是生产工人、运输工人和有关人员（75.1%、83.6%）。对慈善机构信任度排名前三的职业是机构负责人（75.3%）、专业技术人员（72.8%）和办事人员（70.5%），最低的是农、林、牧、渔、水利业生产人员（65.4%）。对新闻媒体信任度排名前三的职业是机构负责人（80.0%）、专业技术人员（79.6%）和办事人员（76.4%），最低的是农、林、牧、渔、水利业生产人员（68.0%）。

表5－17　　不同职业群体的制度信任水平　　（单位：%）

	中央政府	区县政府	乡镇政府	群团组织	工作单位	慈善机构	新闻媒体	医院	法院	公安部门
专业技术人员	98.2	91.6	85.0	89.9	97.6	72.8	79.6	82.4	90.5	92.4
农、林、牧、渔、水利业生产人员	97.8	89.1	82.9	85.3	93.4	65.4	68.0	88.4	89.2	89.7
办事人员	99.1	91.0	85.8	87.9	94.6	70.5	76.4	84.0	89.8	89.5
商业工作人员	95.9	83.5	74.9	78.7	87.5	67.5	72.8	79.4	85.3	85.0
服务业工作人员	96.2	80.8	72.9	77.5	89.8	66.8	72.0	76.2	82.7	84.5
机构负责人	96.7	80.4	72.5	81.3	85.7	75.3	80.0	80.1	86.2	88.6

续表

	中央政府	区县政府	乡镇政府	群团组织	工作单位	慈善机构	新闻媒体	医院	法院	公安部门
生产工人、运输工人和有关人员	95.9	80.1	68.6	75.1	83.6	63.4	70.2	75.1	83.9	87.0
总计	96.6	83.1	75.3	80.7	87.6	69.5	73.7	80.3	86.0	87.6

注：不同机构的制度信任水平 = 该群体中信任此机构人数/该群体总人数 ×100%。

（五）不同受教育程度群体差异

从教育差异看，我国居民对各级政府、群团组织、工作单位和医院的信任水平与受教育程度呈正相关，接受高等教育的群体均持有更高的制度信任水平。以政府信任为例，本科及以上学历群体对各级政府（中央政府、区县政府、乡镇政府）的信任水平均为最高（98.8%、93.2%、86.8%），随着受教育程度的下降，信任水平也相应地降低，初中及以下群体对各级政府（中央政府、区县政府、乡镇政府）的信任水平最低（95.8%、79.8%、71.5%），且随着政府层级的降低，不同受教育群体的政府信任水平差异也逐步拉大。

我国居民对慈善机构和新闻媒体的信任水平与受教育程度呈负相关，受教育程度越高，信任水平越低。对慈善机构信任度最高的为初中及以下学历群体，为72.6%；高中/中专/技校学历群体次之，为66.3%；大专学历群体再次之，为65.8%；本科及以上学历群体信任度最低，为63.5%。对新闻媒体信任度最高的为初中及以下学历群体，为76.6%；高中/中专/技校学历群体次之，为71.8%；大专学历群体再次之，为70.6%；本科及以上学历群体信任度最低，为65.5%。在对法院和公安部门的信任上，高中/中专/技校学历群体信任度最低，分别为83.7%和85.2%；本科及以上学历群体信任度最高，分别为92.4%和92.2%。最高信任水平与最低信任水平仅相差8.7个和7个百分点，信任差距较小。

表 5-18 不同受教育程度群体的制度信任水平 （单位：%）

	中央政府	区县政府	乡镇政府	群团组织	工作单位	慈善机构	新闻媒体	医院	法院	公安部门
初中及以下	95.8	79.8	71.5	78.8	84.7	72.6	76.6	77.8	84.9	87.2
高中/中专/技校	96.6	84.1	76.9	81.0	86.7	66.3	71.8	78.6	83.7	85.2
大专	98.5	88.6	82.4	83.9	91.4	65.8	70.6	84.9	88.8	88.7
本科及以上	98.8	93.2	86.8	86.2	93.4	63.5	65.5	92.1	92.4	92.2
总计	96.6	83.1	75.3	80.7	87.6	69.5	73.7	80.3	86.0	87.6

注：不同机构的制度信任水平 = 该群体中信任此机构人数/该群体总人数 ×100%。

（六）不同收入群体差异

从收入差异看，我国居民对不同制度机构的信任水平随着家庭年收入的增加，呈现不同的变化趋势。不同家庭年收入的群体对群团组织、法院和公安部门的信任水平不存在显著差异。在政府信任方面，我国居民对各级政府的信任随着家庭年收入的提高呈现波动上升的趋势，但总体比较稳定。不同家庭年收入群体对中央政府的信任水平始终维持在较高水平，且不同收入群体差距较小。其中，高收入群体对中央政府的信任最高，为97.4%；低收入群体对中央政府的信任最低，为95.5%，两者仅相差1.9个百分点。高收入群体对区县政府和乡镇政府的信任水平也是最高的，分别为86.4%和77.5%；中间收入群体对区县政府的信任水平最低，为81.2%；低收入群体对乡镇政府的信任水平最低，为73.8%。居民对工作单位的信任也呈现出同样的趋势，即随着家庭年收入的提高，对工作单位的信任度也相应地提高。其中，低收入群体对工作单位的信任水平最低，为84.2%；高收入群体对工作单位的信任水平最高，为90.9%。在慈善机构和新闻媒体的信任方面，随着家庭年收入的提高，居民的信任水平呈现出先升后降的倒“U”形分布。中低收入群体对慈善机构和新闻媒体的信任水平均最高，分别为73.0%和76.5%。之后随着收入的提高逐步下降至信任水平最低的高收入群体，其对慈善机构和信任媒体的信任水平分别为64.3%和69.7%。在医院的信任方面，随着家庭年收入的提高，居民的信任水平呈现出两端高、中间低的“U”形分布。低收入群体的信任水平较高，为81.2%；中低收入群体和中间收入群体的信任水平相对较低，分别为77.9%和78.9%；中高收入群体的信任水平有所提高，为80.3%；高收入群体的信任水平最高，为82.8%。

表5－19　　不同家庭年收入群体的制度信任水平　　（单位：%）

	中央政府	区县政府	乡镇政府	群团组织	工作单位	慈善机构	新闻媒体	医院	法院	公安部门
低收入群体	95.5	81.5	73.8	79.9	84.2	72.2	73.8	81.2	85.8	87.8
中低收入群体	96.7	82.0	74.3	80.3	84.4	73.0	76.5	77.9	84.9	87.3
中间收入群体	96.5	81.2	73.9	80.2	86.5	70.6	75.5	78.9	84.8	86.8
中高收入群体	96.6	83.8	76.9	81.2	88.5	68.9	73.6	80.3	86.6	87.4
高收入群体	97.4	86.4	77.5	81.8	90.9	64.3	69.7	82.8	87.7	88.4
总计	96.6	83.1	75.3	80.7	87.6	69.5	73.7	80.3	86.0	87.6

注：不同机构的制度信任水平＝该群体中信任此机构人数/该群体总人数×100%。

第三节　当前中国社会的社会规范与价值观

全社会的道德水平和遵纪守法状况是社会质量的重要衡量指标，习近平总书记在参加十三届全国人大一次会议重庆代表团审议时的讲话强调，要既讲法治又讲德治，重视发挥道德教化作用，把法律和道德的力量、法治和德治的功能紧密结合起来，把自律和他律紧密结合起来，引导全社会积极培育和践行社会主义核心价值观，树立良好道德风尚，防止封建腐朽道德文化沉渣泛起。道德和法治这一对非正式规范和正式规范的相辅相成、相互促进，共同推动着社会凝聚和社会团结。

一　道德水平评价

党的十八大以来，以习近平同志为核心的党中央高度重视公民道德建设，立根塑魂、正本清源，作出一系列重要部署，推动思想道德建设取得显著成效。《新时代公民道德建设实施纲要》强调，“加强公民道德建设是一项长期而紧迫、艰巨而复杂的任务”“推动全民道德素质和社会文明程度达到一个新高度”。[①] 加强公民道德建设、提高全社会道德水平，是全面建设社会主义现代化强国的战略任务，是促进社会全面进步、人的全面发展的必然要求。

调查数据表明，与2019年相比，公众对社会普遍道德水平的评价有明显提升。当被问及“现在社会上人们普遍的道德水平如何”时，受访者对道德水平的评价均值为7.20分，比2019年高0.64分。

（一）城乡差异

调查数据显示，乡村居民对我国社会的道德水平评价高于城镇居民。乡村居民对我国社会道德水平的评价均值为7.33分，比城镇居民高0.2分。费孝通先生在《乡土中国》中提出“差序格局”的概念，我国农村社会是典型的熟人社会，人与人之间的关系密切，形成了以个人为中心的交往圈，强调私人关系的道德要素。在这种情况下，破坏社会道德公约的成本更高，因此，乡村居民更可能遵从道德规范，感知到的社会道德水平也相对更高。

表5-20　城乡地区的社会普遍道德水平评价　（单位：分）

	均值	N	标准差
城镇地区	7.13	5949	1.766
乡村地区	7.33	3214	1.976
总计	7.20	9163	1.845

注：F检验，P=0.00。

（二）地区差异

数据表明，全国不同地区间居民对社会普遍道德水平的评价存在差异。评价最高的是西南地区，均值为7.38分；最低的是西北地区，均值为6.91分；其他地区分别为华东地区7.29分、东北地区7.20分、中南地区7.19分、华北地区6.99分。不同地区的社会道德水平受到地区经济发展状况、社会结构、历史文化传统、社会风气等多方面因素的影响。

① 《新时代公民道德建设实施纲要》，人民出版社2019年版。

表 5－21 不同地区的社会普遍道德水平评价 （单位：分）

	均值	N	标准差
西南地区	7.38	1314	1.939
华东地区	7.29	2740	1.746
东北地区	7.20	558	1.985
中南地区	7.19	2667	1.779
华北地区	6.99	1246	1.938
西北地区	6.91	639	1.944
总计	7.20	9163	1.845

注：F 检验，P＝0.00。

（三）代际差异

调查结果显示，对社会道德水平的评价随着代际的年轻化呈下降趋势，即出生年代越早的群体，对我国社会普遍道德水平的评价就越高；而出生年代越晚近的群体，对社会普遍道德水平的评价就越低。如表 5－22 所示，不同代际群体对我国社会普遍道德水平的评价由高到低依次为，“50 后”（1950—1959 年）7.49 分，“60 后”（1960—1969 年）7.44 分，“70 后”（1970—1979 年）7.20 分，“80 后”（1980—1989 年）7.17 分，“90 后及以后”（1990—2003 年）6.96 分。从上述分析结果可见，相比于其他群体，“90 后及以后”群体对社会普遍道德水平的评价较低，侧面反映了他们对社会道德水平拥有更高的期待，也对公民道德建设提出了更高的要求。道德水平评价的代际趋势与信任水平的代际趋势恰好相反，值得进一步研究其成因与机制。

表 5－22 不同代际群体对社会普遍道德水平的评价 （单位：分）

	均值	N	标准差
50 后	7.49	1016	2.055
60 后	7.44	1647	1.994
70 后	7.20	1978	1.907
80 后	7.17	1843	1.773
90 后及以后	6.96	2679	1.620
总计	7.20	9163	1.845

注：F 检验，P＝0.00。

（四）不职业群体差异

数据显示，职业群体对社会普遍道德水平的评价较2019年有较大提升，相比于2019年的6.62分，2021年职业群体的评分均值为7.27分。七类职业人群中机构负责人与农、林、牧、渔、水利业生产人员两类职业群体对我国社会普遍的道德水平的评价明显高于其他职业群体，评分均值分别为7.57分和7.44分；商业工作人员、专业技术人员、服务业工作人员与工人群体对我国社会普遍的道德水平评价较低，评分均值在7.12分至7.20分之间；办事人员的评价居中，评分均值为7.26分。

不同职业对道德水平的评价差异，可能受到来自工作环境与所接触的社会群体的影响，如机构负责人在日常工作生活中较少经历不平等对待，农民生活环境较为简单淳朴，一定程度上对道德水平评价更高；而商业、服务业、工人群体工作环境相对较复杂或较差，可能还会经历一些歧视或不平等对待，因此感知到的道德水平略低。

表5－23　　不同职业群体对社会普遍道德水平的评价　　（单位：分）

	均值	N	标准差
机构负责人	7.57	179	1.665
专业技术人员	7.14	563	1.445
办事人员	7.26	633	1.501
商业工作人员	7.12	835	1.784
服务业工作人员	7.20	952	1.825
农、林、牧、渔、水利业生产人员	7.44	1717	2.096
生产工人、运输工人和有关人员	7.20	1113	1.850
总计	7.27	5991	1.844

注：F检验，P＝0.00。

（五）不同受教育程度群体差异

调查数据显示，我国不同受教育程度群体对社会普遍道德水平的评价总体呈波浪式下降趋势。如表5－24所示，初中及以下群体对社会普遍的道德水平评价最高，为7.34分；其次是大专群体，为7.11分；高中/中专/技校群体与本科及以上群体对社会道德水平的评价相对最低，为

7.03分。总体来看，受教育程度较高群体对社会的道德水平评价偏低，体现了文化素质越高对社会道德水平的期望也越高，因此面对现状可能有更多的不满意之处。随着国民平均受教育程度的不断提升，也迫切需要全社会共同维护社会公德和传统美德，构建文明社会。

表5-24　不同受教育程度群体对社会普遍道德水平的评价　（单位：分）

	均值	N	标准差
初中及以下	7.34	4746	2.062
高中/中专/技校	7.03	1942	1.709
大专	7.11	1075	1.529
本科及以上	7.03	1393	1.373
总计	7.20	9156	1.845

注：F检验，P=0.00。

（六）不同收入群体差异

数据显示，不同家庭收入水平的群体对社会普遍道德水平的评价有所不同，呈波浪式分布。具体来看，低收入和高收入群体的评价较低，均值分别为7.16分和7.15分；中低收入与中高收入群体的评价最高，均值均为7.25分；中间收入群体的评价居中，均值为7.22分。但家庭收入对不同群体道德水平评价的影响未通过显著性检验，因此，这些差别并不能代表总体不同家庭收入群体之间存在显著差异。

表5-25　不同家庭年收入群体对社会普遍道德水平的评价　（单位：分）

	均值	N	标准差
低收入群体	7.16	1590	2.098
中低收入群体	7.25	1629	1.979
中间收入群体	7.22	1828	1.816
中高收入群体	7.25	1793	1.782
高收入群体	7.15	2324	1.616
总计	7.20	9163	1.845

注：F检验，P=0.26。

二　遵纪守法水平评价

全民守法是科学立法、严格执法、公正司法的落脚点和归宿，也是全面依法治国的高级目标。推进全民守法是法治社会建设的客观要求，其内涵主要体现为信仰法律、了解法律、自觉守法、主动用法、积极护法五个层次的要求。推进全民守法的路径就是要清醒认识当前我国守法现状，充分重视和运用影响守法的多元要素，从改变社会的行动逻辑入手去构建循法而行的法治社会。当前我国不断推进法治社会的建设，强调公民要建立法治观念，自觉遵守法律法规，这是保障社会安稳有序发展的基础，也是提高社会质量的关键。一个有着较高凝聚力和认同感的社会，社会成员自觉遵守公共秩序，坚决维护法律的尊严，对法律法规的服从也是对自我权利的保障，较高的遵纪守法水平对于维护社会秩序、促进社会平稳运行有着重要的作用和意义。

调查数据显示，我国民众的遵纪守法水平与2019年相比显著提升。当被问及“现在社会上人们普遍的遵纪守法水平如何?”时，以10分制计，我国居民对于社会普遍的遵纪守法水平评价平均为7.61分，较2019年（7.04）高出0.57分。这说明，2018年至2020年开展的扫黑除恶专项行动，使社会治安持续向好，人民安全感显著提升，我国法治社会建设稳步推进，成效凸显。

（一）城乡差异

相较于城镇居民，乡村居民对社会普遍的遵纪守法水平评价更高。调查数据表明，乡村居民对我国社会遵纪守法水平的评价均值为7.73分，高于城镇居民平均7.55分的评分。乡村地区熟人社会中，乡规民约、亲缘关系等有机团结方式使违法乱纪在法律代价之外还有一系列的社会后果，对个人及家庭的生活造成重大影响，违法成本更高。此外，乡村地区相对人员流动率低、结构简单，一定程度上也减少了违法事件的发生。

表5－26　　城乡地区的社会遵纪守法水平评价　　（单位：分）

	均值	N	标准差
城镇地区	7.55	5949	1.651
乡村地区	7.73	3214	1.873
总计	7.61	9163	1.734

注：F检验，P=0.00。

（二）地区差异

数据表明，全国不同地区的居民对社会普遍遵纪守法水平的评价存在差异。评价最高的是华东地区，均值为7.74分，之后依次是：东北地区7.71分、西南地区7.67分、中南地区7.54分、华北地区7.48分，而评分最低的是西北地区，均值为7.43分。西北地区的遵纪守法水平和道德水平评价均为六大区中最低，可能与当地的地理、文化、经济等多方面因素有关，也提示未来在法治社会建设中需要重点关注该地区。

表5－27　　不同地区的社会遵纪守法水平评价　　（单位：分）

	均值	N	标准差
华东地区	7.74	2740	1.626
东北地区	7.71	558	1.868
西南地区	7.67	1314	1.793
中南地区	7.54	2667	1.718
华北地区	7.48	1246	1.772
西北地区	7.43	639	1.879
总计	7.61	9163	1.734

注：F检验，P=0.00。

（三）代际差异

从数据的总体趋势来看，民众对社会普遍遵纪守法水平的评价呈现随代际年轻化而下降的趋势，即出生年代越晚，对我国社会遵纪守法水平的评价越低。如表5－28所示，对我国社会的遵纪守法水平评价最高的是“50后”（1950—1959年）群体，均值为7.87分，“60后”（1960—

1969 年）群体为 7.86 分，“70 后”（1970—1979 年）群体为 7.69 分，“80 后”（1980—1989 年）群体为 7.55 分，评价最低的是“90 后及以后”（1990—2003 年）群体，为 7.35 分。在五个代际群体中，“80 后”和“90 后及以后”群体对社会遵纪守法水平的评价均低于整体水平，这或许是伴随受教育程度的普遍提高，以及法律知识和普法教育的普及，青年群体有着更强的法治精神和法治要求，因此对社会遵纪守法水平的评价更为严格。随着时代变迁，“80 后”和“90 后及以后”群体将在社会建设与发展中发挥越来越重要的作用，也会进一步促进法治社会的建设和完善。

表 5-28　　不同代际群体对社会普遍遵纪守法水平的评价　（单位：分）

	均值	N	标准差
50 后	7.87	1016	1.850
60 后	7.86	1647	1.843
70 后	7.69	1978	1.760
80 后	7.55	1843	1.680
90 后及以后	7.35	2679	1.592
总计	7.61	9163	1.734

注：F 检验，P = 0.00。

（四）不同职业群体差异

数据显示，职业群体对社会遵纪守法水平的评价较 2019 年有较大提升，相比 2019 年的 7.08 分，2021 年职业群体的评分均值为 7.70 分。其中，机构负责人群体对社会遵纪守法水平评价最高，评分均值为 7.99 分；农业生产人员和工人群体的评价也较高，评分均值分别为 7.84 分和 7.76 分，均高于平均水平；其他四类职业群体对社会遵纪守法水平的评价略低，办事人员与服务业工作人员的评分均值为 7.59 分，专业技术人员与商业工作人员的评分均值为 7.57 分，均低于平均水平。

从职业差异来看，不同职业群体对社会遵纪守法水平的评价差异可能与职业的社会互动情况有关。机构负责人、农业生产人员与工人相对来说，他们的工作环境与工作对象较为简单，而办事人员、专业技术人员、商业工作人员与服务业工作人员，都要与较多的人群打交道，在工作中可能要接触更多复杂的人群与情况，因此，也更可能遇到不遵守规则、不遵纪守法的事件，从而影响了他们的主观感受与评价。

表 5－29　不同职业群体对社会遵纪守法水平的评价　（单位：分）

	均值	N	标准差
机构负责人	7.99	179	1.322
专业技术人员	7.57	563	1.357
办事人员	7.59	633	1.404
商业工作人员	7.57	835	1.664
服务业工作人员	7.59	952	1.668
农、林、牧、渔、水利业生产人员	7.84	1717	1.959
生产工人、运输工人和有关人员	7.76	1113	1.754
总计	7.70	5991	1.716

注：F 检验，P＝0.00。

（五）不同受教育程度群体差异

调查数据表明，随着受教育水平的提高，对社会遵纪守法水平的评价呈下降趋势。如表 5－30 所示，初中及以下群体对社会遵纪守法水平评价最高，均值为 7.74 分；高中/中专/技校群体和大专群体对社会遵纪守法水平的评价均值分别为 7.52 分、7.50 分；本科及以上群体的评价均值最低，为 7.38 分。受教育程度与评价负相关说明接受更高教育的群体其法律知识和法律意识更强，对社会的遵纪守法要求也相应提升，对现实中存在的问题和不足也会持更加严厉的评判态度。

表 5－30　不同受教育程度群体对社会遵纪守法水平的评价　（单位：分）

	均值	N	标准差
初中及以下	7.74	4746	1.928
高中/中专/技校	7.52	1942	1.612
大专	7.50	1075	1.465

续表

	均值	N	标准差
本科及以上	7.38	1393	1.306
总计	7.61	9156	1.734

注：F 检验，P＝0.00。

（六）不同收入群体差异

分析显示，家庭年收入对于不同群体对我国社会的遵纪守法水平的评价不具有显著影响，未通过显著性检验。但从数据来看，存在与道德水平评价类似的波浪线趋势，且高收入与低收入群体的评价偏低，中低收入与中高收入群体评价较高，中间收入群体评价居中。高收入和低收入群体对社会遵纪守法水平的评价较低，反映出收入两端的群体可能面临不同类型但都较高的社会风险。

表 5－31　　不同家庭年收入群体对社会遵纪守法水平的评价　（单位：分）

	均值	N	标准差
低收入群体	7.59	1590	1.953
中低收入群体	7.69	1629	1.846
中间收入群体	7.62	1828	1.756
中高收入群体	7.64	1793	1.662
高收入群体	7.55	2324	1.516
总计	7.61	9163	1.734

注：F 检验，P＝0.15。

三　价值观取向

价值观受到历史传统、文化传播、时代精神和社会实践的多方面影响，人的价值观会随着时代发展而变化，不同人口特征的群体也会有着不同的价值倾向。作为社会意识重要内容的价值观，既是社会实践的产物，也同时影响着人们的行为活动。共同的价值观念，能够起到凝聚和整合社会成员的作用，而过度分裂的价值取向，则会增加社会冲突，降低个人的社会认同，不利于社会团结。因此，了解民众的价值取向与群体特征，对于提升社会凝聚、预防社会问题、促进社会持续健康发展有着重要的现实意义。

改革开放以来，随着生产方式及所有制形式的变化，时代精神和人的价值观也随之发生变化，总体趋势表现为价值观由单一和高度统一向自主和多元发展。① 在此次调查中，通过询问“您认为以下哪个方面最能体现一个人的价值?”这一问题，来分析民众最为看重的价值元素与倾向。将十个选项划分为三种价值取向，分别是：

1. 个人取向——选项包括：个人能力很强、比别人更有权或更有钱、拥有个人美貌和好身材、拥有健康的身体、有精神信仰。

2. 家庭取向——选项包括：家庭幸福美貌、培养出优秀的孩子。

3. 社会取向——选项包括：能为社会做出贡献、能和周围大多数人和谐相处、有好人品。

从表5－32可见，在三种不同的价值取向中，受访者选择比例最高的是社会取向，为39.6%，但选择个人取向与家庭取向的比例也都接近三成。表明在当今社会，社会取向依然是民众的价值主流，但也有一定比例的居民更加看重个体成功和家庭幸福，多元价值取向并存。

表5－32　　价值取向分布　　(单位：%)

	N	占比
个人取向	1359	30.5
家庭取向	1331	29.9
社会取向	1760	39.6
总计	4450	100.0

(一) 城乡差异

调查数据表明，城乡居民在价值取向上有显著的不同，虽然两个群体中选择比例最高的都是社会取向，但相比之下，乡村居民更看重家庭取向，城市居民更看重个人取向和社会取向。具体来说，城镇居民中

---

① 张永奇：《时代精神与人的价值——兼论90后的价值取向和社会选择》，《理论导刊》2010年第4期。

40.1%选择社会取向，32.0%选择个人取向，27.9%选择家庭取向；而乡村居民38.4%选择社会取向，33.7%选择家庭取向，27.8%选择个人取向。乡村地区更看重家庭，与传统农业生产方式以及社会组织形式都有一定关系。

表5-33　城乡地区的价值观取向　（单位：%）

	N	个人取向	家庭取向	社会取向
城镇地区	2916	32.0	27.9	40.1
农村地区	1535	27.8	33.7	38.4
总计	4451	30.5	29.9	39.5

注：卡方检验，P=0.00。

（二）地区差异

如表5-34所示，全国不同地区的居民对社会普遍遵纪守法水平的评价存在差异，但未通过显著性检验，也就意味着这些差异并不显著。从数据结果来说，不同地区之间的居民在价值取向上不存在系统性差异。

表5-34　不同地区的价值取向　（单位：%）

	N	个人取向	家庭取向	社会取向
华北地区	608	29.6	28.1	42.3
东北地区	269	34.2	35.7	30.1
华东地区	1369	30.6	29.0	40.4
中南地区	1269	30.8	29.9	39.2
西南地区	645	29.0	32.2	38.8
西北地区	291	30.9	27.5	41.6
总计	4451	30.5	29.9	39.5

注：卡方检验，P=0.11。

（三）代际差异

调查数据表明，不同代际在价值取向上存在显著差异。“50后”（1950—1959年）群体在个人、家庭与社会取向上基本处于三分的状态，占比分别为31.9%、32.6%和35.5%；“60后”（1960—1969年）群体个人取向相比“50后”开始弱化，最为看重家庭，“60后”群体的家庭取向占比是所有代际中最高的，达到37.1%，而个人取向占比28.1%，社会取向占比34.8%；“70后”（1970—1979年）群体的个人取向进一步减弱，为25.1%，社会取向明显提高，为38.6%，家庭取向略低于“60后”，为36.3%；“80后”（1980—1989年）群体的价值取向与“70后”较为相似，社会取向占比最高，为37.3%，但家庭取向明显弱化，占比33.0%，而个人取向出现上升，占比29.7%；而“90后及以后”（1990—2003年）群体的价值取向则呈现出非常明显的两极化，45.6%选择社会取向，35.8%选择个人取向，只有18.5%选择家庭取向。

从整个趋势来看，可以发现除“60后”群体最看重家庭外，其他代际群体中都最大比例选择了社会取向。自“60后”开始，代际越年轻则越发看重社会取向，同时越发不看重家庭取向。一方面反映出社会核心价值观的凝聚力越来越强；另一方面也反映出公众的家庭观念的改变，与我国近年来结婚率、生育率下降的现象有密切联系。此外，虽然“90后及以后”群体中近半数选择了社会取向，但个人取向的比例也高于以往任何世代，需要予以重视，因为过度发展的个人主义价值取向不利于社会凝聚与团结，需要在青年的价值观念方面加以引导。

表5-35　不同代际群体的价值观取向　（单位：%）

	N	个人取向	家庭取向	社会取向
50后	445	31.9	32.6	35.5
60后	747	28.1	37.1	34.8
70后	960	25.1	36.3	38.6
80后	940	29.7	33.0	37.3
90后及以后	1359	35.8	18.5	45.6
总计	4451	30.5	29.9	39.5

注：卡方检验，P=0.00。

（四）不同职业群体差异

从数据可见，不同职业群体居民的价值取向存在较大且显著的差异。

从共性特征来看，除农业生产人员最看重的是家庭取向外，其他职业中均为选择社会取向的比例最高，其中机构负责人群体选择社会取向的比例最高，为56.8%，这与公职人员人民公仆、服务社会的工作定位密不可分。社会取向排在其次的是工人与办事人员，选择比例分别为42.5%、40.9%。在个人取向方面，选择比例最高的是专业技术人员，为35.9%，相对来说该群体受教育程度较高，自我意识较强，会更强调个人价值的实现。选择家庭取向比例最高的职业是农业生产人员，与前文中城乡差异表现一致，乡村居民在价值取向上相比其他群体更加看重家庭维度。

表5－36　　不同职业群体的价值取向　　（单位：%）

	N	个人取向	家庭取向	社会取向
机构负责人	95	22.1	21.1	56.8
专业技术人员	262	35.9	27.9	36.2
办事人员	291	26.5	32.6	40.9
商业工作人员	412	31.1	31.5	37.4
服务业工作人员	473	31.9	29.6	38.5
农、林、牧、渔、水利业生产人员	802	29.6	36.5	33.9
生产工人、运输工人和有关人员	555	27.4	30.1	42.5
总计	2890	29.7	31.8	38.5

注：卡方检验，P＝0.00。

（五）不同受教育程度群体差异

调查数据表明，不同受教育程度群体之间在价值取向上有不同的偏重，群体之间存在显著差异。受教育程度越高的群体，有更高的比例选择社会取向；而受教育程度越低的群体，选择家庭取向的比例更高。从表5－37可见，本科及以上群体选择社会取向的比例为48.2%，而初中及以下群体仅为35.0%；在家庭取向上，则正好相反，初中及以下群体选择家庭取向的比例为36.6%，本科及以上群体仅为19.5%。在两种价值取向上截然相反的表现，体现了受教育程度越高，社会认同感越强的趋势。

表 5－37　不同受教育程度群体的价值取向　（单位：%）

	N	个人取向	家庭取向	社会取向
初中及以下	2229	28.4	36.6	35.0
高中/中专/技校	985	33.3	25.1	41.6
大专	520	31.9	25.2	42.9
本科及以上	713	32.3	19.5	48.2
总计	4447	30.5	30.0	39.5

注：卡方检验，P＝0.00。

（六）不同收入群体差异

分析发现，家庭年收入对个人的价值取向产生显著影响。从表 5－38 可见，不同家庭收入水平的群体在价值取向的总体趋势呈现出中高收入或高收入群体的社会取向选择比例更高；中间收入群体更加看重家庭取向；而低收入或中低收入群体的个人取向更加强烈的现象。我们可以结合前文的受教育程度分组共同分析，相对高教育程度、高收入的群体，更加看重社会取向，而低教育程度、低收入群体则更关注个人取向。这体现了社会分层的影响，低阶层的群体由于物质和精神资源相对匮乏，关心的更多是个人生计和个人发展；而高阶层的群体，不需要担心基本的生活保障，有更多的精力和能力去关心社会的发展，也有更高的文化素质与社会责任感关注社会贡献；而中间群体则呈现出过渡特征，在三个维度上选择的比例较为接近，但最为突出的是家庭取向。

表 5－38　不同家庭年收入群体的价值观取向　（单位：%）

	N	个人取向	家庭取向	集体取向
低收入群体	752	34.0	29.4	36.6
中低收入群体	796	30.3	32.8	36.9
中间收入群体	889	29.8	32.6	37.6
中高收入群体	868	29.1	26.8	44.0
高收入群体	1146	30.0	28.5	41.4
总计	4451	30.5	29.9	39.5

注：卡方检验，P＝0.01。

第四节　当前的国家认同水平

所谓国家认同（country identity），是国家内的公民对自己国家的历史文化传统、国家主权、政治道路、政治主张、道德价值观等的认可，它是在一定历史情境中建构的，是国家建设和国民整合的重要基础，是国家稳定与繁荣的重要保证。① 国家认同是公民对民族国家的归属感，构成了政体合法性的社会心理基础，是关系到国家存续、发展、稳定的关键议题。

然而，随着全球化和现代化的不断推进，超越国家范围的政府间国际组织影响扩大，多元价值观念相互碰撞，民族国家的作用式微，“国民身份危机成了一个全球的现象”②。因此，对当前社会成员的国家认同进行测量和研究越发具有重要意义。

学界一般认为，国家认同既有政治性的认可，即对国家的政治制度、政治理念等方面的赞同与支持，也有基于文化性的归属感，即个体对民族文化、意识形态等方面的接受与热爱。③ 亨廷顿将国家认同划分为四个部分：民族属性、人种属性、文化属性与政治属性，并发现美国随着时代的变迁，政治成分的作用越来越明显。④

一　国家认同现状

本书使用了一组量表来对国家认同进行测量和分析，量表中包含6个表述，请受访者选择自己在多大程度上同意这些说法，具体表述如下：

1. 即使可以选择世界上任何国家，我也更愿意做中国公民；
2. 别人批评中国时，就像在批评我自己；
3. 我为自己是个中国人感到自豪；

---

① 柴民权、管健：《从个体认同到国家认同：一个社会心理路径》，《南京社会科学》2018年第11期。

② 金炜玲：《亚洲青年国家认同的影响因素分析——基于2013年亚洲大学生价值观调查数据》，《中国青年研究》2018年第3期。

③ 詹小美、王仕民：《文化认同视域下的政治认同》，《中国社会科学》2013年第9期。

④ 塞缪尔·亨廷顿：《我们是谁——美国国家特性面临的挑战》，程克雄译，新华出版社2005年版。

4. 总的来说，中国比其他大部分国家都好；

5. 中华民族文化优于其他文化；

6. 我国目前的政治制度是最适合中国国情的。

在具体分析时，将选项分别赋值为：很不同意 =1，不太同意 =2，比较同意 =3，非常同意 =4。并将 6 个表述合并为一个 6—24 分的尺度，来代表国家认同感的不同程度，6 分为最低，24 分为最高。分析显示，公众对国家认同的平均得分为 21.83 分，中位值为 23 分，6 个题目都选择同意的比例为 95.4%，说明公众对国家的认同程度普遍较高。

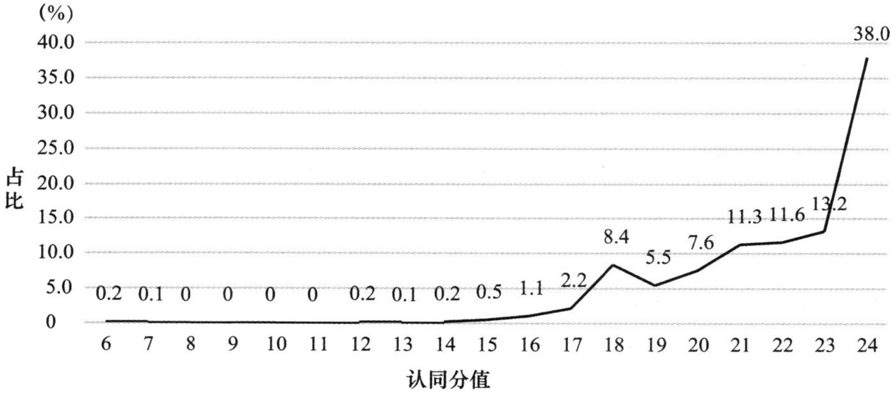

图 5－2 国家认同程度占比分布图

（一）城乡差异

数据显示，城镇居民的认同程度均值为 21.81 分，乡村居民为 21.85 分，城镇居民与乡村居民在国家认同程度上没有显著差异。

表 5－39 城乡地区的国家认同程度

	均值	N	标准差
城镇地区	21.81	2827	2.556
乡村地区	21.85	1471	2.328
总计	21.83	4298	2.480

注：F 检验，P =0.62。

（二）地区差异

调查数据表明，不同地区居民的国家认同程度在数值上有一定差异。华北地区最高，均值为22.04分；西北地区最低，均值为21.72分。但未通过显著性检验，说明不同地区居民在国家认同程度上的差异并不显著。西北地区在前文中在对社会普遍道德水平、遵纪守法水平评价上都是最低，国家认同程度也是最低，值得进一步深入研究存在的问题以及如何改善。

表5-40　不同地区的国家认同程度　（单位：分）

	均值	N	标准差
华北地区	22.04	588	2.367
东北地区	22.00	253	2.717
华东地区	21.82	1316	2.475
中南地区	21.78	1220	2.492
西南地区	21.73	640	2.458
西北地区	21.72	281	2.499
总计	21.83	4298	2.480

注：F检验，P=0.20。

（三）代际差异

调查数据表明，不同代际群体的国家认同程度大致处于相似水平，但也存在细微差异。在不同代际中“80后”（1980—1989年）的国家认同程度最高，均值为21.97分；最低的是“90后及以后”（1990—2003年）群体，均值为21.66分。虽然代际差异是显著的，但在6—24分的测量尺度上的0.3差值，讨论的意义不大，总的来说，不同代际都有较高程度的国家认同。这与国家一直以来的爱国主义教育以及国家的繁荣昌盛密不可分。

表5-41　不同代际群体的国家认同程度　（单位：分）

	均值	N	标准差
50后	21.95	421	2.447
60后	21.88	704	2.352

续表

	均值	N	标准差
70 后	21.84	918	2.555
80 后	21.97	906	2.579
90 后及以后	21.66	1349	2.429
总计	21.83	4298	2.480

注：F 检验，P = 0.03。

（四）不同职业群体差异

在七类不同职业群体中，国家认同度最高的是机构负责人群体，均值为 22.38 分；其次为办事人员群体，均值为 22.14 分；最低的是专业技术人员群体，均值为 21.58 分。从职业上看，公职人员群体的国家认同度更高，但分析结果同时显示，职业群体间的差异并不具有统计显著。

表 5－42　　不同职业群体的国家认同程度　　（单位：分）

	均值	N	标准差
机构负责人	22.38	94	2.337
专业技术人员	21.58	258	2.865
办事人员	22.14	284	2.353
商业工作人员	21.88	399	3.093
服务业工作人员	21.97	463	2.330
农、林、牧、渔、水利业生产人员	21.77	771	2.468
生产工人、运输工人和有关人员	21.79	533	2.440
总计	21.86	2802	2.566

注：F 检验，P = 0.05。

（五）不同受教育程度群体差异

调查数据表明，不同受教育程度群体的国家认同程度存在显著的差异，并呈现倒“U”形。国家认同程度最高的是大专群体，均值为 22.14 分；初中及以下群体与高中/中专/技校群体的国家认同均值为 21.84 分；本科及以上群体的国家认同程度最低，均值为 21.56 分。从不同受教育程度群体的国家认同差异来看，虽然差异显著，但分值相差并不大，在 6—

24 分的测量尺度上，最高和最低分值只差 0.58 分。教育程度对国家认同呈现“两端低、中间高”的影响机制有待进一步研究。

表 5 – 43　　不同受教育程度群体的国家认同程度　　（单位：分）

	均值	N	标准差
初中及以下	21.84	2107	2.462
高中/中专/技校	21.84	970	2.497
大专	22.14	509	2.292
本科及以上	21.56	709	2.615
总计	21.83	4295	2.481

注：F 检验，P = 0.00。

（六）收入

家庭年收入不同分组的群体，其国家认同程度具有显著差异，总体呈倒“U”形趋势。如表 5 – 44 所示，国家认同度最高的是中间收入群体，均值为 21.94 分；其次为中高收入群体，国家认同程度均值为 21.92 分；然后依次为中低收入群体，国家认同程度均值为 21.87 分，高收入群体的国家认同程度均值为 21.83 分；国家认同程度最低的是低收入群体，均值为 21.57 分。从数据来看，处于收入两端的群体对国家的认同度都低于中间收入群体的数据结果，恰好说明当前我国政府提出扩大中间收入群体的重要性。国内外有关阶层的研究结果已表明，中间收入群体是社会的稳定器，在政治态度和社会行动上均更有利于社会凝聚的实现。

表 5 – 44　　不同家庭年收入群体居民的国家认同程度　　（单位：分）

	均值	N	标准差
低收入群体	21.57	719	2.630
中低收入群体	21.87	754	2.313
中间收入群体	21.94	853	2.506
中高收入群体	21.92	833	2.453
高收入群体	21.82	1138	2.482
总计	21.83	4298	2.480

注：F 检验，P = 0.03。

二 新冠肺炎疫情以来的国家自信

新冠肺炎疫情暴发以来，对国家、社会与人民生活都造成了重大影响。全国上下在党中央的领导下，同舟共济、团结一心做好抗疫工作，鼓舞了斗志、凝聚了共识。但也不可否认，疫情对生产生活造成了冲击，那么在疫情发生以来，民众对于国家的信心有什么变化？我们在此次调查中询问了“新冠肺炎疫情以来，您对于中国会越来越好的信心程度如何”。数据显示，89.4%的受访者表示信心增强了，9.7%表示没有变化，只有0.9%表示信心减弱。

（一）城乡差异

数据显示，疫情以来城乡居民对国家会越来越好的信心都高度增强，城镇居民89.1%选择信心增强，乡村居民89.8%选择信心增强，且城乡差异统计检验不显著。

表5－45　　城乡地区疫情以来的国家自信状况　　（单位：%）

	N	增多/增强	没变化	减少/减弱
城镇地区	2958	89.1	10.0	0.9
乡村地区	1576	89.8	9.1	1.0
总计	4534	89.4	9.7	0.9

注：卡方检验，P＝0.59。

（二）地区差异

如表5－46所示，疫情以来，全国不同地区的居民对国家会越来越好的信心都高度增强，选择增强的比例在87.4%—90.7%，地区之间无显著差异。

表5－46　　不同地区疫情以来的国家自信状况　　（单位：%）

	N	增多/增强	没变化	减少/减弱
华北地区	618	89.3	9.9	0.8
东北地区	281	89.3	10.0	0.7

续表

	N	增多/增强	没变化	减少/减弱
华东地区	1315	88.9	10.3	0.8
中南地区	1347	90.5	8.5	1.0
西南地区	649	87.4	11.4	1.2
西北地区	324	90.7	8.3	0.9
总计	4534	89.4	9.7	0.9

注：卡方检验，P = 0.77。

（三）代际差异

调查数据表明，不同代际群体对疫情以来的国家自信绝大多数都表示增强了，但依然存在一定差异。选择增强比例最高的是“90 后及以后”（1990—2003 年）群体，比例为 90.8%，比例最低的是“60 后”（1960—1969 年），为 88.1%；选择减弱的最高的是“50 后”（1950—1959 年），为 1.8%，其次为“60 后”（1960—1969 年），为 1.2%。可见，民众中近九成对于中国会越来越好的信心在增强，尤其是“90 后及以后”的青年群体对国家的未来发展抱有非常高的自信和期待。

表 5－47　　不同代际群体疫情以来的国家自信状况　　（单位：%）

	N	增多/增强	没变化	减少/减弱
50 后	513	89.1	9.2	1.8
60 后	850	88.1	10.7	1.2
70 后	974	89.2	9.9	0.9
80 后	890	88.7	10.2	1.1
90 后及以后	1307	90.8	8.8	0.4
总计	4534	89.4	9.7	0.9

注：卡方检验，P = 0.02。

（四）不同职业群体差异

从数据可见，疫情以来，不同职业群体居民对国家会越来越好的信心程度有所不同，选择增强比例最高的是机构负责人群体，为 95.2%；

其次是办事人员群体，比例为92.6%；选择增强比例最低的是商业工作人员，比例为84.1%；选择减弱比例最高的是农业生产人员，比例为1.5%，其次为商业工作人员和服务业工作人员，分别为1.4%和1.1%。

相比之下，体制内职业的信心程度强于体制外职业，而工业、商业受疫情影响较大，一定程度上影响了相关行业人员的信心。但总体来看，不管什么职业群体，绝大多数从业人员都对国家的未来发展持高度的信心。

表5-48　不同职业群体疫情以来的国家自信状况　（单位：%）

	N	增多/增强	没变化	减少/减弱
机构负责人	84	95.2	4.8	0.0
专业技术人员	296	90.5	8.8	0.7
办事人员	339	92.6	7.1	0.3
商业工作人员	416	84.1	14.4	1.4
服务业工作人员	467	89.9	9.0	1.1
农、林、牧、渔、水利业生产人员	843	87.4	11.0	1.5
生产工人、运输工人和有关人员	541	87.2	11.8	0.9
总计	2986	88.4	10.5	1.1

注：卡方检验，P=0.02。

（五）不同受教育程度群体差异

调查数据表明，疫情以来，不同受教育程度群体对国家会越来越好的信心程度有所不同。选择增强比例最高的是高中/中专/技校群体，为91.8%；选择增强比例最低的是初中及以下群体，比例为87.8%；本科及以上群体没有人选择减弱，其中，90.6%选择增强，9.4%选择没变化。可以看到，受教育程度最低的群体总体自信心略低于其他群体，这与疫情对他们工作和生活冲击较大可能有关，而受教育程度越高，选择减弱的越少，体现出受教育程度越高，对国家未来信心越强的趋势。

表5－49　不同受教育程度群体疫情以来的国家自信状况　（单位：%）

	N	增多/增强	没变化	减少/减弱
初中及以下	2361	87.8	10.9	1.3
高中/中专/技校	942	91.8	7.3	0.8
大专	553	90.4	9.0	0.5
本科及以上	673	90.6	9.4	0.0
总计	4529	89.4	9.7	0.9

注：卡方检验，P＝0.00。

（六）不同收入群体差异

分析发现，不同家庭年收入水平群体的信心程度有一定的差异。如表5－50所示，选择增强比例最高的是中间收入群体，比例为91.0%；其次为高收入群体，选择增强的比例为90.1%；而最低的是低收入群体，选择增强的比例为86.2%。体现出低收入家庭在疫情之下面临更大的压力，信心略有下降，从提升国家自信的角度而言需要政府对社会低收入家庭在疫情之下的生活保障予以关注和关怀。

表5－50　不同家庭年收入群体疫情以来的国家自信状况　（单位：%）

	N	增多/增强	没变化	减少/减弱
低收入群体	762	86.2	12.1	1.7
中低收入群体	794	89.7	9.2	1.1
中间收入群体	909	91.0	8.4	0.7
中高收入群体	914	89.3	10.1	0.7
高收入群体	1156	90.1	9.3	0.7
总计	4535	89.4	9.7	0.9

注：卡方检验，P＝0.05。

第五节　小结

本章主要从社会信任、社会规范及价值观、国家认同三个维度考察了我国社会凝聚的基本情况。

一 社会信任

社会信任是社会良性运行和高质量发展的重要保障。随着经济社会的发展和人民整体素质的提高，我国居民社会信任水平得到了较大的提升，在抗击新冠肺炎疫情的过程中，我国居民同心协力、互助互惠，社会信任和凝聚力更是得到了充分的体现。

在人际信任方面，与2019年相比，我国居民的人际信任水平有所提高，人际信任的城乡差距逐步消弭，但在地区、代际、职业、受教育程度和家庭年收入方面仍然呈现出不平衡不充分的特点，还有相当大的提升空间。具体而言，华东地区、“80后”及以后“90后”及以后的年轻世代、社会声望或经济地位更高的职业、接受高等教育和家庭经济条件更好的群体对人际信任持有更加正向和积极的态度。换言之，在地区经济水平、代际、职业、受教育程度和家庭年收入中处于不利地位的群体，也更容易在人际信任上给予比较消极的评价，形成负面的社会心态。在疫情带来的不确定性下，这类弱势群体应对社会风险的能力也会受到削弱，带来人际信任的再度降低，这将进一步阻碍其社会融入，不利于社会矛盾的缓和与社会共融的实现。因此，疫情之下保民生，加强民生建设显得尤为重要。同时，通过改革进一步破除制度性的社会排斥机制，如户籍制度、教育制度和职业市场中的歧视性因素等，建立和谐包容的社会互动机制，减少社会群体之间的隔阂和不安全感，促进社会共融，提高社会凝聚力。

在制度信任方面，与2019年相比，我国居民对各制度代表机构的信任水平均有所提高，但不同社会群体对不同制度机构的信任水平仍存在着较大的差异。从政府信任上看，政府信任总体上呈现出“央强地弱”的特点。我国居民高度信任中央政府，无论是在整体上，还是不同的社会群体对中央政府的信任度都达到95%以上，但对区县政府和乡镇政府的信任水平则呈现出层级越低，信任度也越低的差序格局。具体而言，有八成受访者信任区县政府，七成受访者信任乡镇政府，这一信任水平在农村地区、西部和南部地区、代际较早、低职业地位、低学历和低收入群体中还要更低。这表明，地方政府仍需进一步提高治理能力和治理水平，尤其是要充分重视社会弱势群体的利益诉求，畅通和拓宽合理合法的利益表达渠道，把矛盾纠纷化解在基层，树立好为人民服务、公正廉洁高效的政府形象，提高地方政府的公信力。只有民众高度信任政府，才能最大范围地凝聚社会共识，应对各种社会风险，实现社会发展的目标。从公共部门的信任上看，我国居民对法院和公安部门的信任水平都相对较高且比较稳定，但不同社会群体对医院的信任水平则参差不齐，社会分层结构处于不利地位的群体对医院的信任度也相对较低，这反映了医疗资源分配不均、医患关系紧张等社会问题的存在。从其他社会组织的信任上看，我国居民对慈善机构和新闻媒体的信任均明显低于其他制度机构的信任水平。慈善机构作为社会公益和福利事业的关键组成部门，是实施扶弱救困、弘扬互助友爱的重要组织，对慈善机构的信任缺失，将极大地阻碍道德、诚信、信任等一系列价值观在社会的传播，对建立广泛的社会凝聚具有消极影响。因此，慈善机构要着力于其公信力的建设，推动公益事业向规范化、公开化方向发展，重拾人们对实践善行、助人为乐的信心。新闻媒体作为社会正能量的宣传阵地，对新闻媒体的公信力不足将进一步降低其影响力和引导力，进而导致舆情混乱，众声喧嚣的情况，给社会稳定和社会凝聚带来不良影响。因此，新闻媒体要坚持其公正、客观、真实的立场，把握正确的舆论导向，加强从业者的职业道德，进一步推动行业的规范化，承担起媒体应有的社会责任，提升其公信力。

二 社会规范及价值观

习近平总书记在中央全面依法治国工作会议上指出，要坚持依法治国和以德治国相结合，实现法治和德治相辅相成、相得益彰。高质量的社会主义社会需要既重视发挥法律的规范作用，又重视发挥道德的教化作用。调查数据显示，我国居民对当前的社会普遍道德水平和遵纪守法水平都有良好的主观感受，近年来一直保持较高水平，且 2021 年较 2019 年有明显提升，体现出社会规范的良好运行。

但我国在社会规范方面仍有三个问题较为突出：第一，“80 后”和“90 后及以后”群体对我国社会当前的道德水平和遵纪守法水平评价都低于社会平均水平，反映出青年群体对当下社会整体道德和法治表现满意度还不高，他们的整体文化素质和法治意识高于以往代际，对于社会有更多的期待和要求。而作为当前经济与社会发展的中坚力量，他们的看法和观念非常重要且影响广泛。为此，建议政府部门进一步了解青年群体对社会道德和遵纪守法水平的负面感受和建议，培养法律信仰、法治观念、规则意识，引导人们认同和信仰法律，以道德伦理滋养法治精神，在全社会营造有利于法律实施的文化氛围。同时，鼓励青年群体更多参与到社会主义精神文明建设和法治建设中来，发挥他们的积极性和引领作用，更好地推进高质量社会建设。第二，家庭年收入最低收入群体对我国社会当前的道德和遵纪守法水平评价低于其他收入群体，可能与他们收入低，生活中遇到的困难与不平等对待较多有关。建议政府部门在再次分配中更加注重公平正义，更多关注低收入群体的生活保障与法律保障，共享经济社会发展带来的福利，避免不同阶层之间的社会矛盾和冲突加剧，维护社会公平稳定运行。第三，在各个地区中，西北地区居民对社会道德和遵纪守法水平的主观评价最低，建议政府部门更多关注地方经济、文化、社会特征，制定更适合当地的德治和法治举措，提升当地法治意识和法治观念。

在价值观方面，我国民众在价值取向上以社会取向为重，但比例未过半数，个人取向与家庭取向的比例在不同群体中普遍较高，显示出多元价值取向的现状。值得注意的问题是，“90后及以后”群体、高受教育程度群体在家庭取向上大幅低于其他群体，这与我国当下低结婚率、低生育率的现状相符，但不利于未来社会和经济发展对人力资本的需求。因此，如要提高年轻群体的生育率，还需要更多了解其价值观念形成的影响因素，从而制定更加切实可行的政策。

三 国家认同

总体而言，我国居民普遍对国家认同程度较高，超过95%的受访者对于国家认同的正面表述表示同意。新冠肺炎疫情发生以来，以习近平同志为核心的党中央始终坚持民众对国家会越来越好的信心程度普遍增强，人民至上、生命至上的原则，受到广大人民群众的拥护，疫情以来，需要注意的是，数据表明，收入低、受教育程度低的社会弱势群体在国家认同度和对国家的信心程度均低于其他群体。针对这一现象，建议政府部门关注弱势群体的生活和就业状况，保障生产经营，加大社会保障制度对弱势群体的兜底作用，针对疫情以来社会弱势群体面临的生活困难制定相应举措，使每位公民都能充分享受到改革与社会发展带来的红利。同时，通过宣传来引导激发人们的文化认同感和荣誉感，提高全社会的凝聚力与国家认同感，不断提升社会发展质量。

第六章

社会包容报告

第一节　社会包容的测量与意义

本章基于社会质量的理论视角，将社会包容定义为“将人们整合到社会体系中，使他们有机会参与到日常生活相关的各种社会关系中去”[①]。社会包容的要点在于尊重与平等，倡导平等融合，表达了社会公正的现实关怀，一个具有包容的社会有利于缓解个人与社会之间出现的矛盾与冲突，从而改善社会状况，提升个人的福利与潜力。[②]

社会包容的测量有多种方式，佛罗里达和盖茨以同性恋指数、波西米亚指数、外国出生人口指数和多样性指数这四类指数来衡量城市包容度。[③] 科迪埃总结出最常见的三类社会包容的测量指标为连通性、参与性和公民权。[④] 李叶妍和王锐从流动人口的社会保障和公共服务两个方面构建了“城市包容度综合指数”[⑤]。卢小军、韩愈从公民权、劳动力市场、

---

① Walker A., Wigfield A., “The Social Inclusion Component of Social Quality”, *The Hague*: *EFSQ*, Retrived from http://www.socialquality.org/site/index.html, 2004.

② 张海东、丛玉飞：《社会质量与社会公正——社会发展研究的重要议题》，《吉林大学社会科学学报》2011 年第 4 期。

③ Gates G., Florida R., “Technology and Tolerance: Diversity and High Tech Growth”, *Retrieved on November*, 2002 (21), p. 2009.

④ Cordier R., Milbourn B., Martin R., et al., “A Systematic Review Evaluating the Psychometric Properties of Measures of Social Inclusion”, *PloS one*, 2017, 12 (6): e0179109.

⑤ 李叶妍、王锐：《中国城市包容度与流动人口的社会融合》，《中国人口·资源与环境》2017 年第 1 期。

服务和社会网络四个方面对社会包容水平进行了测量。[①] 根据国情、研究目的、研究内容、研究对象等方面的不同研究者选择不同的测量指标与方式。中国社会科学院社会质量项目组在设计社会包容指标时重点从不同个体对其他群体的宽容程度、不同个体遭受社会歧视的经历和对社会不公正待遇的评价等方面展开具体指标的设计，分别考察当前中国社会的宽容水平和公众的社会公平感。上述方式的测量，在符合我国现实情况的基础上也能够较好地反映当前的社会包容状况。

当前，中国正处于体制改革与社会转型的关键时期，在追求经济增长的同时，社会各领域的全面发展也需要得到重视，社会质量理论中所蕴含的社会发展理念与和谐社会的理念相契合。但目前中国社会发展不充分不平衡的矛盾依然突出，贫富差距仍有待进一步缩小，社会阶层之间的冲突仍有待解决，社会中弱势群体的贫困问题、权利保障问题、人际交往、社会参与及社会排斥问题仍需进一步重视。这也意味着，上述问题导致的社会分化程度的加深与社会区隔的凸显必然会影响社会质量的提升。为推进中国社会的可持续进程，提升整体的社会质量，增进社会包容尤为迫切与重要。

第二节　当前中国的社会宽容水平

宽容是中华民族的传统美德，社会宽容是衡量社会包容的重要指标之一。社会宽容是重要的社会资本要素，对公共参与等社会政治生活有着很大的作用。社会宽容反映了社会成员彼此之间对不同文化、不同背景、不同习惯和生活方式的相互理解与尊重。现代社会是一个文化多元的社会，不同的社会群体拥有自己的文化价值观念，有着自己的生活态度和行为方式，应当实现彼此尊重和相互包容。另外，对于少部分处于社会边缘的人群，例如刑满释放者、婚前同居者、同性恋者、艾滋病患者等，应当给予这部分人群更多的理解，而不应当对其进行排挤和孤立，应促使他们能够更好地在社会中生存和发展。因此，社会宽容一方面是对社会中多元文化

---

① 卢小君、韩愈：《中国城市社会包容水平测度——以 48 个城市为例》，《城市问题》2018 年第 12 期。

的理解和尊重；另一方面也是不同社会群体彼此之间的相互认同和包容。中国的社会宽容水平和发展趋势比较平稳，但无论是社会宽容的整体水平还是针对部分特殊群体的社会宽容，都还有很大的提升空间。[①]

一 当前公众的整体社会宽容水平

从2021年的数据看，我国目前的社会宽容仍然处于较低水平，其中接受度最低的是同性恋、艾滋病患者，而接受度相对较高的是不同宗教信仰者和刑满释放者。从社会成员的生活方式选择来看，有43.3%的受访者表示不接纳乞讨者；而对于婚前同居者也有41.5%的受访者表不接纳。另外，对于社会上一些特殊群体，有62.4%的受访者表示不接纳艾滋病患者；对同性恋群体表示不接纳的受访者占比为74.5%；有30.1%的受访者表示不接纳刑满释放者。此外，还有26.4%的受访者表示不接纳不同宗教信仰者。

与2019年的数据相比，2021年中国社会民众对社会成员生活方式选择和社会上一些特殊群体的宽容度有一定程度的提高，其中对于同性恋群体的接纳程度提升得最为明显。

表6－1　当前我国公众的社会宽容水平　（单位：%）

	非常不能接纳	不太能接纳	比较能接纳	非常能接纳	不好说
婚前同居者	16.5	25.0	45.9	9.0	3.6
同性恋	52.9	21.6	17.3	4.0	4.2
乞讨者	14.7	28.6	43.9	8.5	4.2
刑满释放者	9.0	21.1	58.0	7.4	4.4
不同宗教信仰者	10.3	16.1	53.6	13.6	6.5
艾滋病患者	36.2	26.2	28.7	3.9	5.1

二 不同代际的社会宽容水平

我们将受访者按照不同年龄进行分组，从不同代际出发分析各年龄组人群内部的社会宽容水平。从数据来看，整体而言，当前社会的社会

① 严挺、卢春龙：《中国的社会宽容及其对公共参与的影响》，《学习与探索》2022年第1期。

宽容水平随着年龄的减小而提升。通过分析不同代际人群对社会特殊群体的不接纳比例来分析其社会宽容状况。具体而言，在“60后”群体中，从社会成员的生活方式选择来看，不接纳婚前同居者的受访者占比为52.9%，不接纳乞讨者的受访者占比为46.8%；从对待特殊社会群体的态度上来看，不接纳艾滋病患者的受访者占比为66.1%；有80.3%的受访者对同性恋群体表示不接纳，有34.6%的受访者表示不接纳不同宗教信仰者，还有30.1%的受访者对刑满释放者表示不接纳。在“70后”群体中，就社会成员的生活方式选择而言，不接纳婚前同居者的受访者占比为50.2%，不接纳乞讨者的受访者占比为46.0%；从对待特殊社会群体的态度上来看，有86.5%的受访者表示不接受同性恋群体，不接纳艾滋病患者的受访者占比为66.7%；有29.2%的受访者表示不接纳刑满释放者，还有30.6%的受访者对不同宗教信仰者表示不接纳。在“80后”群体中，从社会成员的生活方式选择来看，不接纳婚前同居者的受访者占比为36.1%，不接纳乞讨者的受访者占比为43.3%；从对待特殊社会群体的态度上来看，有79.5%的受访者对同性恋群体表示不接纳，不接纳艾滋病患者的受访者占比为65.9%；有30.9%的受访者表示不接纳刑满释放者，还有23.0%的受访者对不同宗教信仰者表示不接纳。而在“90后”群体中，就社会成员的生活方式选择而言，不接纳婚前同居者的受访者占比为24.8%，不接纳乞讨者的受访者占比为36.9%；从对待特殊社会群体的态度上来看，不接纳同性恋群体的受访者占比为58.2%，不接纳艾滋病患者的受访者占比为53.7%；有30.1%的受访者表示不接纳刑满释放者，还有16.1%的受访者对不同宗教信仰者表示不接纳。

表6-2　　不同代际的社会宽容水平　　（单位：%）

群体	50后	60后	70后	80后	90后
	不接纳	不接纳	不接纳	不接纳	不接纳
婚前同居者	57.0	52.9	50.2	36.1	24.8
同性恋	74.1	80.3	86.5	79.5	58.2
乞讨者	47.9	46.8	46.0	43.3	36.9

续表

群体	50后	60后	70后	80后	90后
	不接纳	不接纳	不接纳	不接纳	不接纳
刑满释放者	36.7	30.1	29.2	30.9	30.1
不同宗教信仰者	37.8	34.6	23.0	23.0	16.1
艾滋病患者	74.4	66.1	66.7	65.9	53.7

总体来讲，2021年的数据进一步印证了社会宽容度与受访者年龄成反比，越年轻的世代越表现出对不同生活方式和特殊群体有更大的宽容度，但是唯一例外的是“70后”群体对于同性恋人群的不接纳程度相比于“60后”群体反而提升了，这可能是因为目前“70后”群体的子女正处于择偶婚配阶段，都希望自己的子女能有一个正常的性取向，组建一个正常的家庭，所以对于同性恋人群表现出更大的排斥。

三　不同受教育程度的社会宽容水平

在2021年中国社会状况综合调查（CSS 2021）中，受访者的受教育程度包括：未上学、小学、初中、高中、中专、职高技校、大学专科、大学本科以及研究生。在本部分，我们将受访者的受教育程度划分为四个不同的等级，即初中及以下、高中/中专/技校、大专和本科及以上。

通过分析不同受教育程度人群对社会特殊群体的不接纳比例来分析其社会宽容状况。从数据来看，整体而言，受访者的社会宽容水平随着其受教育水平的提升而提高，即学历越高的受访者，社会宽容水平越高。具体来说，在初中及以下的受访者中，从社会成员的生活方式选择来看，不接纳婚前同居者的受访者占比为50.1%，不接纳乞讨者的受访者占比为44.9%；从对待特殊社会群体的态度上来看，不接纳同性恋群体的受访者占比为82.3%，不接纳艾滋病患者的受访者占比为70.2%；有37.5%的受访者表示不接纳不同宗教信仰者，有31.8%的受访者对刑满释放者表示不接纳。在高中/中专/技校群体中，就社会成员的生活方式选择而言，不接纳婚前同居者的受访者占比为39.5%，不接纳乞讨者的受访者占比为43.2%；从对待特殊社会群体的态度上来看，不接纳同性恋群体的受访者占比为78.1%，不接纳艾滋病患者的受访者占比为

60. 7%；有 27. 7% 的受访者对刑满释放者表示不接纳，还有 22. 0% 的受访者表示不接纳不同宗教信仰者。在大专群体中，从社会成员的生活方式选择来看，不接纳婚前同居者的受访者占比为 30. 7%，不接纳乞讨者的受访者占比为 43. 2%；从对待特殊社会群体的态度上来看，不接纳同性恋群体的受访者占比为 66. 8%，不接纳艾滋病患者的受访者占比为 56. 1%；有 29. 2% 的受访者表示不接纳刑满释放者，还有 10. 6% 的受访者对不同宗教信仰者表示不接纳。而在本科及以上群体中，就社会成员的生活方式选择而言，不接纳婚前同居者的受访者占比为 23. 4%，不接纳乞讨者的受访者占比为 34. 4%；从对待特殊社会群体的态度上来看，不接纳同性恋群体的受访者占比为 48. 6%，不接纳艾滋病患者的受访者占比为 43. 0%；有 29. 0% 的受访者表示不接纳刑满释放者，还有 6. 5% 的受访者对不同宗教信仰者表示不接纳。

表 6－3　　不同学历的社会宽容水平　　（单位：%）

	初中及以下	高中/中专/技校	大专	本科及以上
	不接纳	不接纳	不接纳	不接纳
婚前同居者	50. 1	39. 5	30. 7	23. 4
同性恋	82. 3	78. 1	66. 8	48. 6
乞讨者	44. 9	43. 2	43. 2	34. 4
刑满释放者	31. 8	27. 7	29. 2	29. 0
不同宗教信仰者	37. 5	22. 0	10. 6	6. 5
艾滋病患者	70. 2	60. 7	56. 1	43. 0

2021 年的数据依然表明受教育程度越高，人们的社会宽容度越高。与 2019 年的数据相比，2021 年的数据有一个比较明显的变化就是总体上来说初中及以下、高中/中专/技校以及大专群体的社会宽容度在这两年有了一个明显的提升，这可能是因为随着整体社会素质的提高、社会文明的进步以及高等教育群体的倡导和引领，受教育程度较低的人群思想观念也更为进步，逐渐开始接受社会宽容的价值理念。

四　不同收入群体的社会宽容水平

从不同收入群体的社会宽容水平来看，本部分以城乡居民家庭人均年收入五等分分组，将人群划分为低收入群体、中低收入群体、中间收入群体、中高收入群体和高收入群体。通过分析不同收入人群对社会特殊群体的不接纳比例来分析其社会宽容状况。数据显示，个体收入水平与其社会宽容水平呈正比。也就是说，相较于低收入群体，高收入群体的社会宽容水平更高。具体来看，在低收入群体中，从社会成员的生活方式选择来看，不接纳婚前同居者的受访者占比为43.3%，不接纳乞讨者的受访者占比为38.9%；从特殊社会群体来看，不接纳同性恋群体的受访者占比为68.3%，不接纳艾滋病患者的受访者占比为60.8%；有32.8%的受访者对刑满释放者表示不接纳，还有29.8%的受访者对不同宗教信仰者表示不接纳。在中低收入群体中，就社会成员的生活方式选择而言，不接纳婚前同居者的受访者占比为50.3%，不接纳乞讨者的受访者占比为43.9%；从特殊社会群体来看，不接纳同性恋群体的受访者占比为78.8%，不接纳艾滋病患者的受访者占比为66.4%；有33.8%的受访者表示不接纳不同宗教信仰者，还有30.8%的受访者对刑满释放者表示不接纳。在中间收入群体中，从社会成员的生活方式选择来看，不接纳婚前同居者的受访者占比为44.1%，不接纳乞讨者的占比为44.7%；从特殊社会群体来看，不接纳同性恋群体的受访者占比为77.2%，不接纳艾滋病患者的受访者占比为61.9%；有29.2%的受访者表示不接纳刑满释放者，还有26.7%的受访者对不同宗教信仰者表示不接纳。在中高收入群体中，就社会成员的生活方式选择而言，不接纳婚前同居者的受访者占比为39.4%，不接纳乞讨者的受访者占比为46.5%；从对待特殊社会群体的态度上来看，不接纳同性恋群体的受访者占比为79.5%，不接纳艾滋病患者的受访者占比为63.7%；有30.0%的受访者表示不接纳刑满释放者，还有24.1%的受访者对不同宗教信仰者表示不接纳。而在高收入群体中，就社会成员的生活方式选择而言，不接纳婚前同居者的受访者占比为29.5%，不接纳乞讨者的受访者占比为43.3%；从对待特殊社会群体的态度上来看，不接纳同性恋群体的受访者占比为69.2%，不接纳艾滋病患者的受访者占比为58.9%；有27.9%的受访者表示不接纳刑满释放者，还有 16.2% 的受访者对不同宗教信仰者表示不接纳。

表 6－4　不同收入群体的社会宽容水平　（单位：%）

	低收入群体	中低收入群体	中间收入群体	中高收入群体	高收入群体
	不接纳	不接纳	不接纳	不接纳	不接纳
婚前同居者	43.3	50.3	44.1	39.4	29.5
同性恋	68.3	78.8	77.2	79.5	69.2
乞讨者	38.9	43.9	44.7	46.5	43.3
刑满释放者	32.8	33.8	29.2	30.0	27.9
不同宗教信仰者	29.8	30.8	26.7	24.1	16.2
艾滋病患者	60.8	66.4	61.9	63.7	58.9

从 2021 年的数据中可以看到，收入水平和社会宽容度呈现出比较复杂的关系，一方面在对婚前同居、刑满释放者、不同宗教信仰者的态度上，随着收入的提升，人们的态度倾向于宽容；另一方面，在对待乞讨者的态度上，随着收入水平的提升，人们反而呈现出较低的宽容度，这可能与高收入人群对于底层人民的生活并不能感同身受有一定的关系；而在对待同性恋群体和艾滋病患者的态度上，呈现出低收入群体和高收入群体较高的宽容度，而中间收入群体较低的宽容度，这可能与中间收入群体的保守性有一定的关系。但是总体来说相较于 2019 年的数据，2021 年不同收入群体的社会宽容水平都有了比较明显的提高。

五　城乡社会宽容水平

从数据来看，整体而言，相较于乡村居民，城镇居民的社会宽容水平更高。通过分析不同户籍人群对社会特殊群体的不接纳比例来分析其社会宽容状况。具体来看，在乡村居民中，就社会成员的生活方式选择而言，不接纳婚前同居者的受访者占比为 48.2%，不接纳乞讨者的受访者占比为 42.1%；从对待特殊社会群体的态度上来看，不接纳同性恋群体的受访者占比为 77.4%，不接纳艾滋病患者的乡村受访者占比为 65.1%；有 34.0% 的受访者表示不接纳不同宗教信仰者，还有 29.7% 的受访者对刑满释放者表示不接纳。

而在城镇居民中，就社会成员的生活方式选择而言，不接纳婚前同居者的受访者占比为37.9%，不接纳乞讨者的受访者占比为44.1%；从对待特殊社会群体的态度上来看，不接纳同性恋群体的受访者占比为72.4%，不接纳艾滋病患者的受访者占比为60.9%；有30.3%的受访者表示不接纳刑满释放者，还有22.2%的受访者对不同宗教信仰者表示不接纳。

总体而言，城镇居民比乡村居民表现出更高的宽容度，尤其是在对待婚前同居者、同性恋、不同宗教信仰者、艾滋病患者这几个群体时表现得更为突出。相比较2019年而言，城乡社会宽容水平的差距体现得更为明显，总体上城镇居民对于社会上生活方式以及特殊群体的宽容度提高是较为显著的，但是农村居民的宽容度却不升反降，在婚前同居者、不同宗教信仰者这几个群体上体现得最为明显。

表6-5　城乡社会宽容水平　（单位：%）

	农村	城镇
	不接纳	不接纳
婚前同居者	48.2	37.9
同性恋	77.4	72.4
乞讨者	42.1	44.1
刑满释放者	29.7	30.3
不同宗教信仰者	34.0	22.2
艾滋病患者	65.1	60.9

六　不同地区社会宽容水平

通过分析不同地区人群对社会特殊群体的不接纳比例来分析其社会宽容状况。从不同地区的社会宽容水平来看，对于婚前同居者不接纳人数占比最高的地区是西北地区，占比为48.6%；最低的地区是华东地区，占比为38.3%。不接纳同性恋人数占比最高的地区是东北地区，占比为77.3%；最低的是华北地区，占比为72.8%。不接纳乞讨者人数占比最高的地区是西南地区，占比为47.2%；最低的是西北地区，占比为37.1%。不接纳刑满释放者人数占比最高的地区是西南地区，占比为

31.8%；最低的是东北地区，占比为28.1%。不接纳不同宗教信仰者人数占比最高的地区是中南地区，占比为27.1%；最低的是华东地区，占比为22.9%。不接纳艾滋病患者人数占比最高的地区是西南地区，占比为67.1%；最低的是华北地区，占比为57.6%。

表6－6　　不同地区社会宽容水平　　（单位：%）

	东北	华北	华东	中南	西南	西北	全国
	不接纳	不接纳	不接纳	不接纳	不接纳	不接纳	不接纳
婚前同居者	42.4	46.0	38.3	39.8	43.7	48.6	43.1
同性恋	77.3	72.8	73.0	75.3	76.8	73.9	78.5
乞讨者	47.1	43.0	43.1	42.6	47.2	37.1	45.5
刑满释放者	28.1	31.5	30.6	28.9	31.8	30.0	30.3
不同宗教信仰者	24.0	25.3	22.9	27.1	34.2	25.9	27.2
艾滋病患者	61.5	57.6	61.4	64.3	67.1	58.6	63.4

总体而言，在对不同群体的宽容度上表现出一定的地域差异，其中，对待婚前同居者，华东地区和中南地区表现出更高的宽容度；对待同性恋群体，华北地区和华东地区表现出更高的宽容度；而对于乞讨者，西北地区有更高的宽容度；对于刑满释放者，区域间的态度较为一致；对于不同宗教信仰者，东北和华东地区有着更高的宽容度，这反映了人们对不同群体的态度一方面与当地的经济发展水平相关，另一方面也与当地的宗教信仰、民俗存在一定关系。相较于2019年而言，不同地区的社会宽容水平均有所提升，尤其是在对待婚前同居者和艾滋病患者的态度上体现得更为明显。

第三节　当前中国公众感知到不公平待遇状况

公众感知到的不公平待遇，即社会歧视性待遇，作为社会包容的指标之一，是衡量当前社会包容水平的重要标准。在人类社会发展过程中，由于社会资源和社会财富分配的不均衡，社会歧视长期存在。就社会歧视的类别而言，社会歧视包括性别歧视、种族歧视、宗教歧视、家庭背景歧视、学历歧视和年龄歧视等。从社会学角度看，歧视根源于生产资料私有造成的财富分布不均，是社会学研究的一个重要概念，它是指歧视方以性别、宗教、种族、出身等因素为依据将社会上一些特定群体划分出来并施以不公，从而导致该群体的权利在某种程度上被剥夺，以达到维护歧视方的地位、利益等不受挑战的目的。[①] 在高质量的社会中，社会歧视的发生比率应当处于较低的水平，年龄、性别、种族、宗教信仰、家庭背景或学历都不应当成为阻碍社会成员生存和发展的影响因素，社会成员不应当由于这些因素而受到社会上其他成员的差异化或不公正的待遇。在社会质量理论研究体系中，社会歧视一方面包括不同社会群体之间或社会成员之间的正向或负向的评价；另一方面还包括社会上所实行的社会政策和社会制度是否存在制度层面的群体区隔效应。通过对当前我国社会歧视现状的研究，一方面可以了解当前社会公众的社会包容水平，另一方面还能够了解当前社会政策和社会制度的实施是否产生相应的社会效果。

一　当前公众对社会不公正待遇的评价

从当前我国公众对社会不公正待遇状况的评价来看，在家庭背景及社会关系、受教育程度、职业、户口、年龄和性别方面存在不公正待遇的情况较为严重，相对而言，在种族/民族和宗教信仰方面的不公正待遇的评价相对较低。具体而言，受访者中有40.5%的人认为在家庭背景及社会关系方面存在不公正待遇，39.6%的人认为在受教育程度方面存在不公正待遇，33.8%的人认为在职业方面存在不公正待遇，30.4%和21.0%的人认为在年龄和性别方面存在不公正待遇，18.7%的人认为在户口方面存在不公正待遇。而在种族/民族和宗教方面，只有7.2%和6.8%的人认为存在不公正待遇。

与2019年相比，2021年的数据显示，在以上所有领域反映出的不公正待遇评价都有显著的降低，这反映了社会整体在逐步朝着好的方向前进，各项目的在于减少、预防社会歧视的政策和制度在发挥作用。

---

① 王福玲：《消除社会歧视　实现人的尊严》，《湖北大学学报》（哲学社会科学版）2014年第1期。

表 6－7　公众对当前社会存在不公正待遇严重性评价　（单位：%）

	非常严重	比较严重	不太严重	无此问题	不好说
年龄	7.7	22.7	39.9	25.0	4.7
性别	4.1	16.9	43.3	31.8	3.9
种族/民族	1.8	5.4	40.9	44.7	7.2
户口	4.4	14.3	38.4	38.1	4.9
宗教	1.6	5.2	35.0	44.3	13.9
受教育程度	9.9	29.7	30.1	25.5	4.8
职业	7.6	26.2	34.6	26.0	5.7
家庭背景及社会关系	13.8	26.7	31.2	24.3	4.0

二　不同代际对各类不公平待遇的评价

从不同代际来看，就年龄方面而言，年龄越大的非退休年龄人群认为在年龄方面存在的不公正待遇的比例越高，具体来讲，“50 后”群体有 30.5% 的人认为存在年龄方面的不公正待遇，“60 后”群体有 34.3% 的人认为在年龄方面存在不公正待遇，是所有年龄段里最高的，这是由于“60 后”恰好处于退休年龄段，他们在就业市场中很难和年轻人竞争，所以会遭到很多不公正的待遇，随后分别是“70 后”“80 后”和“90 后”。在性别方面，“90 后”群体认为存在不公正待遇的比例最高，达 29.5%，而“50 后”“60 后”“70 后”和“80 后”的不公正待遇评价大致保持在 16%—19%，这应该与年青一代性别意识的进步尤其是女权主义的兴起有一定的关系。在种族/民族评价方面，不同世代的不公正性评价都较低，大致在 6.1%—9.5%，彼此差异较小，“90 后”稍微偏高一点。在户口方面，不同世代的评价也较为接近，不公正性评价比例大概在 16.4%—21.1%，差异较小，“90 后”稍微偏高一点。在宗教方面，各个世代的不公正性评价都较低，在 6.1%—8.1%，差异很小，“90 后”稍微高一点。在受教育程度方面，越年轻的世代，认为存在不公正待遇评价的比例就越高，其中“90 后”不公正待遇评价的比例高达 52.2%。这一方面说明了在当前的就业市场和社会评价方面，人们对教育的重视程度；另一方面也说明了社会中存在着较为严重的学历歧视，尤其是对年青一代的学历歧视。在职业方面，和受教育程度类似，越年轻的世代，认为存在不公正待遇评价比例就越高，其中“90后”中有41.6%的人认为社会中存在着职业方面的不公正待遇。随着社会分工的细化，在工资待遇、职业社会地位方面都出现了较高的分化，这些都造成了年青一代面临着更为严峻的职业方面偏见和歧视问题。在家庭及社会关系方面，也存在着显著的随着世代推后不公平待遇评价升高的趋势，其中“90后”中有49.5%的人认为存在着家庭背景及社会关系不公正待遇的问题，这说明，即使是在市场化高度发达的今天，人情、社会关系、家庭背景依然在社会中影响人们各个方面生活的重要方面，阶层固化也是当今年轻人可能面临的严峻问题。

表6-8　不同代际受访者对社会不公正待遇的评价　（单位：%）

歧视类别	50后	60后	70后	80后	90后
年龄	30.5	34.3	32.1	28.8	27.7
性别	16.8	18.2	17.0	17.8	29.5
种族/民族	6.7	6.9	6.1	5.8	9.5
户口	16.5	18.9	16.4	18.6	21.1
宗教	6.4	6.1	6.6	6.2	8.1
受教育程度	23.6	29.2	35.6	43.5	52.2
职业	23.0	29.1	31.7	34.5	41.6
家庭背景及社会关系	27.3	33.8	36.4	45.8	49.5

通过和2019年的数据对比可以发现，不同代际的受访者对于社会不公正待遇的评价都有所下降，在年龄、种族/民族、受教育程度、职业、家庭背景及社会关系这几个歧视类别里体现得较为明显。

三　不同受教育程度群体对社会不公正待遇的评价

从不同受教育程度群体对社会不公正待遇的评价来看，基本上是受教育程度与不公正待遇的评价成正比，即受教育程度越高，对于社会不公正待遇的评价越高。根据数据具体分析可以发现，在年龄方面，本科及以上认为存在不公正待遇的比例最高，为32.2%，而其他群体之间差异不大，在27.2%—31.0%；在性别方面，本科及以上的群体认为存在不公正待遇比例最高，为 36.3%，而其他群体之间差异不大，在 17.3%—22.7%，这可能与大学教育对人们性别平等意识的促进作用有关。在种族/民族方面，各个群体之间的评价大致相当，本科及以上和初中及以下两个群体的不公平性评价比例最高，为 7.6%。在户口方面，各个群体之间差异不大，其中本科及以上不公平性评价最高，为 21.0%，这与受过高等教育群体更有可能留在大城市就业而面临户籍歧视有关。在宗教方面，各个群体的不公正性评价比例都较低，大致在 5.8—7.6%。在受教育程度方面，受教育程度越高的群体反倒越觉得在社会中受教育程度存在不公平性待遇。其中本科及以上人群中有 53.3% 的人认为受教育程度存在不公正性待遇，这可能是因为高学历人群更倾向于寻找对于学历要求较高的工作，这种类型的工作通常对于求职者的教育层次有着明确的标准，所以受过高等教育的人群在就业市场中更能感受到学历以及院校差距带来的歧视。在职业和家庭背景及社会关系方面，依然是受教育程度越高，对社会中此类不公正待遇评价比例越高，其中有高达 42.6% 和 53.1% 的本科及以上人群认为存在此类不公正待遇。这可能与他们的社会公正意识觉醒和以能力衡量人的价值标准有关。

表 6－9　　不同教育程度受访者对社会不公正待遇的评价　　（单位：%）

歧视类别	初中及以下	高中中专技校	大专	本科及以上
年龄	31.0	29.2	27.2	32.2
性别	17.3	18.1	22.7	36.6
种族/民族	7.6	6.9	5.9	7.6
户口	19.1	16.9	17.3	21.0
宗教	7.6	6.1	5.8	6.0
受教育程度	32.7	42.3	47.2	53.3
职业	29.6	35.1	38.1	42.6
家庭背景及社会关系	34.1	43.2	46.8	53.1

对比 2019 年的数据，在不同的歧视类别里，不同受教育程度的受访者对社会不公正待遇的评价明显下降，在种族/民族、户口、受教育程度、职业、家庭背景及社会关系这几个方面体现得比较典型。

四 不同收入群体对社会不公正待遇的评价

总体来说，除了年龄、种族/民族、户口、宗教几个类别外，其他的歧视类别里，收入越高，群体对于社会不公正待遇的评价越高。结合数据来看，在年龄方面不公正待遇的评价上，不同收入群体之间差距不大，集中在30%左右。在性别方面，高收入群体对性别方面不公正待遇的评价稍微偏高，为23.6%，而其他群体的评价在18.4%—22.6%。在种族/民族方面，不同收入群体的评价大致相当，不公正待遇的评价都相对较低，比例大约在6.8%—8.4%。在户口方面，不同收入群体的评价大致相当，大致在16.4%—20.6%。在宗教方面，各个收入群体亦表现出较低的不公正待遇评价，大致在6.2%—7.5%。而在受教育程度方面，高收入群体表现为更高的不公正待遇评价，其比例为46.8%，这可能是因为高收入职业对教育的要求也相对较高，存在一定的学历、学校偏见。在职业方面，各个群体的不公正待遇评价在29.8%—37.7%，收入越高，不公正待遇评价相对越高。而在家庭及社会关系方面，亦存在同样的趋势，这可能与高收入职业本身竞争较大，是许多人都心仪的稀有资源，而家庭背景较好或者社会关系较强的人会动用公平竞争之外的手段来得到这些工作，所以高收入群体对于家庭背景以及社会关系带来的附加作用感受更为直观，同时他们遭受不公正待遇的可能性也会更高。

表6-10 不同收入群体对社会不公正待遇的评价 (单位：%)

歧视类别	低收入群体	中低收入群体	中间收入群体	中高收入群体	高收入群体
年龄	29.6	29.7	30.1	29.4	31.9
性别	22.6	18.4	20.6	20.0	23.6
种族/民族	8.4	6.8	6.9	6.9	7.2
户口	20.6	18.5	16.4	19.8	18.3
宗教	7.3	7.5	6.5	6.2	6.6
受教育程度	33.7	35.0	40.5	42.8	46.8
职业	29.8	32.0	33.4	36.3	37.7
家庭背景及社会关系	37.0	36.8	39.3	43.9	46.6

总的来讲，相较于2019年的数据，2021年各收入群体对于社会各方面不公正待遇评价的都显著降低，并且在相同歧视类别各收入群体之间的横向比较上，2021年不同收入群体对于社会不公正待遇评价比例的极差和方差都在缩小，各收入群体对于社会不公正待遇的评价趋于相同，这体现了我国社会公平的较大进步，能够兼顾各个收入群体的感受。

五　城乡居民对社会不公正待遇的评价

结合数据结果可以发现，城乡居民在年龄、性别、种族/民族、户口、宗教、受教育程度、职业、家庭背景及社会关系等方面的不公正待遇的评价差异都不是特别大，仅仅在受教育程度、职业、家庭背景与社会关系方面的评价差异稍微大一些，但依然没有超过10%，可见在社会不公正待遇评价方面，城乡之间不存在巨大差异。

相比于2019年，2021年城乡受访者对于不公正待遇评价的比例降低了很多，并且城乡之间对于各方面社会不公正待遇的评价越来越接近，比如在年龄以及户口方面的不公正待遇评价已经基本没有差别，这充分体现了我国社会公平的进步以及城乡融合趋势的进一步发展。

表6－11　　城乡受访者对社会不公正待遇的评价　　（单位：%）

歧视类别	乡村	城镇
年龄	29.8	30.7
性别	18.9	22.2
种族/民族	7.8	7.0
户口	18.7	18.6
宗教	6.5	7.6
受教育程度	41.9	35.2
职业	31.4	35.0
家庭背景及社会关系	35.3	43.4

六　不同地区居民对社会不公正待遇的评价

地区与社会不公正待遇评价之间的相关关系较为复杂，每个类别呈现出的趋势都各有特点。结合数据具体分析可得知，从不同地区居民对年龄方面不公正待遇评价来看，东北地区居民的不公正待遇评价比例最高，为34.4%，比例最低的地区为华东地区的26.8%；对性别不公正待遇的评价，各个区域相差不大，比例最高的为东北地区的31.4%，比例最低的为西北地区的20.2%；在种族/民族不公正待遇方面，比例最高的为西南和西北地区，分别为10.1%和12.3%，而比例最低的为东北地区的2.8%；在户口不公正待遇方面，比例最高的为华北地区的19.9%，比例最低的为东北地区的14.2%；在宗教不公正待遇方面，比例最高的为西南地区的8.9%，比例最低的为华北地区的4.0%；在受教育程度不公正待遇方面，比例最高的为华北地区的42.7%，而比例最低的为东北地区的35.9%；在职业不公正待遇方面，比例最高的为华北地区的36.0%，比例最低的为西北地区的29.7%；在家庭背景及社会关系不公正待遇方面，比例最高的为中南地区的42.6%，而比例最低的为西北地区的36.7%。

表6-12　不同地区受访者对社会不公正待遇的评价　（单位：%）

歧视类别	东北	华北	华东	中南	西南	西北
年龄	34.4	31.3	26.8	31.5	32.6	31.6
性别	31.4	22.5	19.8	21.3	21.2	20.2
种族/民族	2.8	7.2	6.4	6.4	10.1	12.3
户口	14.2	19.9	18.6	19.5	19.2	16.0
宗教	7.3	4.0	6.5	6.2	8.9	8.6
受教育程度	35.9	42.7	36.7	42.4	39.8	36.8
职业	34.4	36.0	31.3	34.7	35.7	29.7
家庭背景及社会关系	44.3	38.8	38.0	42.6	40.8	36.7

对比2019年，2021年不同地区受访者对社会不公正待遇的评价总体上呈下降趋势。在年龄上，不公正待遇的评价下降最多的是华北地区；在种族/民族和受教育程度上，下降最多的是东北地区；在性别、户口、宗教、家庭背景以及社会关系上，下降最多的均是西北地区。

第四节　当前中国公众的社会公平感

社会公平感是指个体对社会现象和社会公平程度的主观判断。[①] 新时代，中国正处于现代化快速发展、社会结构转型的进程之中。社会转型的关键时期，社会利益冲突的凸显、社会不稳定因素的增多，致使社会不公平现象影响人们的日常生活。现代化的机制与逻辑、新旧体制的交叉碰撞，在一定程度上影响着人们对社会感知的变化趋势，社会公平感便是人们对于当前社会状况和社会质量的主观反映。影响社会公平感的因素是多方面的，如城镇化、受教育程度的提升、经济收入的增多、社会保险的覆盖、互联网的普及等都会在一定程度上提高对社会公平认知的程度。维护社会公平，构建与经济转型、社会转型相适配的现代社会公平体系，对于实现社会各阶层的良性互动、推进改革与发展的进程意义深重。

一　当前公众的整体社会公平感

从公众的整体社会公平感角度来看，当前我国公众在社会各个领域中的公平感评价水平较高。具体从以下几个方面分析：数据结果显示，就高考制度而言，有 3.5% 的受访者认为当前高考制度非常不公平，8.5% 的受访者认为不太公平，47.3% 的受访者认为比较公平，34.1% 的受访者认为当前高考制度非常公平。就公共医疗来讲，仅有 3.2% 的受访者认为当前的公共医疗非常不公平，14.6% 的受访者认为不太公平，而认为比较公平的受访者占比达 59.1%，还有 18.6% 的受访者认为公共医疗非常公平。就司法与执法而言，仅有 2.8% 的受访者认为当前我国的司法与执法非常不公平，11.7% 的受访者认为不太公平，53.8% 的受访者认为比较公平，23.0% 的受访者认为我国的司法与执法非常公平。就养老等社会保障待遇而言，有 6.2% 的受访者认为当前社会保障待遇非常不公平，17.7% 的受访者认为不太公平，认为比较公平的受访者占比达

① Jost J. T.，Kay A. C.，“Social Justice：History，Theory，and Research”，*Handbook of Social Psychology*，2010.

55.8%，还有15.5%的受访者认为我国的社会保障非常公平。就政治权利而言，有4.1%的受访者认为当前的政治权利非常不公平，14.1%的受访者认为不太公平，53.2%的受访者认为比较公平，另外有22.2%的受访者认为政治权利非常公平。就工作与就业机会而言，认为当前的工作与就业机会非常不公平的受访者比例为3.9%，认为不太公平的受访者比例为23.2%，认为比较公平的受访者比例达54.0%，另外，还有11.3%的受访者认为当前的工作与就业机会非常公平。就财富及收入分配而言，认为当前的财富及收入分配非常不公平的受访者占比达8.5%，认为不太公平的受访者占比达27.5%，认为比较公平的受访者占比为47.2%，另外有9.9%的受访者认为财富及收入分配非常公平。就城乡之间的权利待遇而言，认为不公平的受访者占比为9.9%，认为不太公平的受访者占比达28.4%，认为比较公平的受访者占比为45.9%，此外，有9.7%的受访者认为当前城乡之间的权利、待遇非常公平。

表6-13　当前我国公众的整体社会公平感状况　(单位：%)

	非常不公平	不太公平	比较公平	非常公平	不好说
高考制度	3.5	8.5	47.3	34.1	6.8
公共医疗	3.2	14.6	59.1	18.6	4.4
司法与执法	2.8	11.7	53.8	23.0	8.7
养老等社会保障待遇	6.2	17.7	55.8	15.5	4.8
政治权利	4.1	14.1	53.2	22.2	6.4
工作与就业机会	3.9	23.2	54.0	11.3	7.6
财富及收入分配	8.5	27.5	47.2	9.9	7.0
城乡之间的权利待遇	9.9	28.4	45.9	9.7	6.3

通过对2021年的数据观察发现，公众对当前社会各领域的公平感评价水平相对较高。特别是在对高考制度的公平性评价上，超三成的受访者认为当前高考制度非常公平。原因可能在于伴随着这考试招生制度的改革和社会主义现代化建设的推进，高考制度的公平程度有所提升，进

而提高人们对其公平性评价。① 另外在司法与执法、政治权利方面，公众的公平感也相对较高。但在城乡之间的权利待遇、财富收入及收入分配方面，公众的公平感相对较低。与2019年数据相比较而言，2021年公众的整体社会公平感有了明显的提升，尤其是在司法与执法、政治权利以及公共医疗方面提升幅度较大，相较而言，财富及收入分配、工作与就业机会、社会保障待遇等领域的公平感提升并不明显。

二　不同代际的社会公平感

从数据结果来看，不同代际在社会公平感上存在一定的差异。根据不同代际人群对社会各领域的不公平感评价所占比例来分析当前不同代际的社会不公平感状况。具体而言，在“50后”群体中，有9.8%的受访者认为高考制度不公平，15.6%的受访者认为政治权利不公平，13.0%的受访者认为司法与执法不公平，22.2%的受访者认为公共医疗不公平，22.5%的受访者认为工作与就业机会不公平，33.9%的受访者认为财富及收入分配不公平，31.3%的受访者认为养老等社会保障待遇不公平，42.7%的受访者认为城乡之间的权利待遇不公平。在“60后”群体中，有10.1%的受访者认为高考制度不公平，18.8%的受访者认为政治权利不公平，14.5%的受访者认为司法与执法不公平，22.4%的受访者认为公共医疗不公平，25.8%的受访者认为工作与就业机会不公平，36.0%的受访者认为财富及收入分配不公平，29.1%的受访者认为养老等社会保障待遇不公平，42.6%的受访者认为城乡之间的权利待遇不公平。在“70后”群体中，有14.9%的受访者认为高考制度不公平，20.4%的受访者认为政治权利不公平，17.2%的受访者认为司法与执法不公平，30.0%的受访者认为公共医疗不公平，27.6%的受访者认为工作与就业机会不公平，36.4%的受访者认为财富及收入分配不公平，28.1%的受访者认为养老等社会保障待遇不公平，41.6%的受访者认为城乡之间的权利待遇不公平。在“80后”群体中，有16.9%的受访者认为高考制度不公平，23.3%的受访者认为政治权利不公平，18.7%的受

---

① 刘文：《高考改革深化期制度公平的现实样态与未来启示——基于中国社会状况综合调查数据的分析》，《大学教育科学》2021年第5期。

访者认为司法与执法不公平，18.8%的受访者认为公共医疗不公平，27.0%的受访者认为工作与就业机会不公平，37.0%的受访者认为财富及收入分配不公平，24.5%的受访者认为养老等社会保障待遇不公平，38.3%的受访者认为城乡之间的权利待遇不公平。在“90后”群体中，有8.3%的受访者认为高考制度不公平，13.7%的受访者认为政治权利不公平，10.2%的受访者认为司法与执法不公平，10.4%的受访者认为公共医疗不公平，29.3%的受访者认为工作与就业机会不公平，35.8%的受访者认为财富及收入分配不公平，14.6%的受访者认为养老等社会保障待遇不公平，31.3%的受访者认为城乡之间的权利待遇不公平。

表6-14　不同代际的社会公平感状况　（单位：%）

	50后	60后	70后	80后	90后
	不公平	不公平	不公平	不公平	不公平
高考制度	9.8	10.1	14.9	16.9	8.3
政治权利	15.6	18.8	20.4	23.3	13.7
司法与执法	13.0	14.5	17.2	18.7	10.2
公共医疗	22.2	22.4	30.0	18.8	10.4
工作与就业机会	22.5	25.8	27.6	27.0	29.3
财富及收入分配	33.9	36.0	36.4	37.0	35.8
养老等社会保障待遇	31.3	29.1	28.1	24.5	14.6
城乡之间的权利待遇	42.7	42.6	41.6	38.3	31.3

通过2021年数据结果显示，得出以下几点结论：（1）“90后”群体与“50后”“60后”“70后”“80后”群体相比较对社会各领域的不公平感相对较低，仅仅在工作与就业机会方面，不公平感相对较高。（2）“70后”“80后”的不公平感评价相对较高，尤其是在高考制度、政治权利、司法与执法等方面与其他世代差异显著，“70后”“80后”的不公平相对较强。（3）在公共医疗与社会保障待遇方面，世代较早的群体的社会不公平感更高，而世代较晚的群体的社会不公平感更低，这与

2019 年的数据结果大体一致，体现了人们对政府在民生和社会保障领域一系列惠民政策的肯定。

三　不同受教育程度群体的社会公平感

在教育层面，根据不同受教育程度的人群对社会各领域的不公平感评价所占比例来分析其社会不公平感状况。数据结果表明，不同受教育程度的群体在社会公平感上存在差异性。在教育背景为初中及以下的受访者中，认为高考制度不公平的占比为 12.9%，认为政治权利不公平的占比为 20.5%，认为司法与执法不公平的占比为 15.3%，认为公共医疗不公平的占比为 20.5%，认为工作与就业机会不公平的占比为 25.3%，认为财富及收入分配不公平的占比为 33.5%，认为养老等社会保障待遇不公平的占比为 27.6%，认为城乡之间的权利待遇不公平的占比为 41.9%。在教育背景为高中/中专/技校的受访者中，认为高考制度不公平的占比为 12.8%，认为政治权利不公平的占比为 18.3%，认为司法与执法不公平的占比为 16.0%，认为公共医疗不公平的占比为 28.4%，认为工作与就业机会不公平的占比为 30.3%，认为财富及收入分配不公平的占比为 37.7%，认为养老等社会保障待遇不公平的占比为 25.5%，认为城乡之间的权利待遇不公平的占比为 38.5%。在教育背景为大专的受访者中，认为高考制度不公平的占比为 11.6%，认为政治权利不公平的占比为 14.7%，认为司法与执法不公平的占比为 13.9%，认为公共医疗不公平的占比为 13.5%，认为工作与就业机会不公平的占比为 26.0%，认为财富及收入分配不公平的占比为 35.2%，认为养老等社会保障待遇不公平的占比为 17.5%，认为城乡之间的权利待遇不公平的占比为 29.1%。在教育背景为本科及以上的受访者中，认为高考制度不公平的占比为 7.9%，认为政治权利不公平的占比为 12.9%，认为司法与执法不公平的占比为 10.2%，认为公共医疗不公平的占比为 11.4%，认为工作与就业机会不公平的占比为 29.6%，认为财富及收入分配不公平的占比为 34.8%，认为养老等社会保障待遇不公平的占比为 14.5%，认为城乡之间的权利待遇不公平的占比为 32.5%。

表 6-15　不同受教育程度群体的社会公平感状况　(单位: %)

	初中及以下	高中/中专/技校	大专	本科及以上
	不公平	不公平	不公平	不公平
高考制度	12.9	12.8	11.6	7.9
政治权利	20.5	18.3	14.7	12.9
司法与执法	15.3	16.0	13.9	10.2
公共医疗	20.5	28.4	13.5	11.4
工作与就业机会	25.3	30.3	26.0	29.6
财富及收入分配	33.5	37.7	35.2	34.8
养老等社会保障待遇	27.6	25.5	17.5	14.5
城乡之间的权利待遇	41.9	38.5	29.1	32.5

通过数据结果发现,(1)总体来讲,教育水平为大专及以上的群体的不公平感评价要低于高中及以下教育水平者;(2)教育水平在初中及以下、高中/中专/技校的群体在养老等社会保障待遇以及城乡之间的权利待遇中感受到的不公平感最高;(3)高中/中专/技校学历的群体在公共医疗方面的社会公平感高于其他教育水平的群体;(4)与2019年数据相比较,整体上看,随着受教育程度的提升,社会公众的不公平感有了明显下降,但高中/中专/技校学历的群体,其在财富及收入分配方面感受到的不公平感却显著高于2019年。

四　不同收入群体的社会公平感

在收入层面,根据不同收入群体对社会各领域的不公平感评价所占比例来分析其社会不公平感状况。从数据结果来看,在低收入群体中,有11.3%的受访者认为高考制度不公平,18.2%的受访者认为政治权利不公平,13.5%的受访者认为司法与执法不公平,17.8%的受访者认为公共医疗不公平,24.7%的受访者认为工作与就业机会不公平,31.8%的受访者认为财富及收入分配不公平,22.1%的受访者认为养老等社会保障待遇不公平,38.5%的受访者认为城乡之间的权利待遇不公平。在中低收入群体中,有10.7%的受访者认为高考制度不公平,17.1%的受访者认为政治权利不公平,13.9%的受访者认为司法与执法不公平,

18.5%的受访者认为公共医疗不公平，26.3%的受访者认为工作与就业机会不公平，34.8%的受访者认为财富及收入分配不公平，26.1%的受访者认为养老等社会保障待遇不公平，39.4%的受访者认为城乡之间的权利待遇不公平。在中间收入群体中，有12.5%的受访者认为高考制度不公平，18.1%的受访者认为政治权利不公平，15.4%的受访者认为司法与执法不公平，18.3%的受访者认为公共医疗不公平，29.2%的受访者认为工作与就业机会不公平，37.6%的受访者认为财富及收入分配不公平，26.5%的受访者认为养老等社会保障待遇不公平，38.5%的受访者认为城乡之间的权利待遇不公平。在中高收入群体中，有13.9%的受访者认为高考制度不公平，18.1%的受访者认为政治权利不公平，14.4%的受访者认为司法与执法不公平，18.4%的受访者认为公共医疗不公平，29.0%的受访者认为工作与就业机会不公平，38.0%的受访者认为财富及收入分配不公平，23.9%的受访者认为养老等社会保障待遇不公平，37.7%的受访者认为城乡之间的权利待遇不公平。在高收入群体中，有11.7%的受访者认为高考制度不公平，19.6%的受访者认为政治权利不公平，15.3%的受访者认为司法与执法不公平，16.1%的受访者认为公共医疗不公平，26.7%的受访者认为工作与就业机会不公平，38.3%的受访者认为财富及收入分配不公平，21.1%的受访者认为养老等社会保障待遇不公平，36.9%的受访者认为城乡之间的权利待遇不公平。

表6-16　　不同收入群体的社会公平感状况　　（单位：%）

	低收入群体	中低收入群体	中间收入群体	中高收入群体	高收入群体
	不公平	不公平	不公平	不公平	不公平
高考制度	11.3	10.7	12.5	13.9	11.7
政治权利	18.2	17.1	18.1	18.1	19.6
司法与执法	13.5	13.9	15.4	14.4	15.3
公共医疗	17.8	18.5	18.3	18.4	16.1
工作与就业机会	24.7	26.3	29.2	29.0	26.7
财富及收入分配	31.8	34.8	37.6	38.0	38.3
养老等社会保障待遇	22.1	26.1	26.5	23.9	21.1
城乡之间的权利待遇	38.5	39.4	38.5	37.7	36.9

通过数据结果观察发现，不同收入水平的群体对高考制度的不公平感最低，而对城乡之间权利待遇的不公平感最高。此外，不同收入群体之间对社会各领域的不公平感差别不大，这与2019年的数据结果大体相同。

五 城乡社会公平感

在城乡上，根据不同户籍人口对社会各领域的社会不公平感评价所占比例来分析其社会不公平感状况。从城乡居民的社会公平感数据结果来看，在乡村居民中，认为高考制度不公平的占比为12.0%、公平的占比为78.3%；认为政治权利不公平的占比为18.3%、公平的占比为72.7%；认为司法与执法不公平的占比为12.9%、公平的占比为75.1%；认为公共医疗不公平的占比为17.6%、公平的占比为75.9%；认为工作与就业机会不公平的占比为24.4%、公平的占比为64.5%；认为财富及收入分配不公平的占比为31.8%，公平的占比为58.5%；认为养老等社会保障待遇不公平的占比为24.4%、公平的占比为69.0%；认为城乡之间的权利待遇不公平的占比为41.0%、公平的占比为50.8%。在城镇居民中，认为高考制度不公平的占比为12.0%、公平的占比为82.9%；认为政治权利不公平的占比为18.2%、公平的占比为76.9%；认为司法与执法不公平的占比为15.4%、公平的占比为77.8%；认为公共医疗不公平的占比为17.9%、公平的占比为78.8%；认为工作与就业机会不公平的占比为28.6%、公平的占比为65.7%；认为财富及收入分配不公平的占比为38.3%，公平的占比为56.2%；认为养老等社会保障待遇不公平的占比为23.7%、公平的占比为72.5%；认为城乡之间的权利待遇不公平的占比为36.7%、公平的占比为58.0%。

表6－17　　城乡社会公平感状况　　（单位：%）

	乡村		城镇	
	不公平	公平	不公平	公平
高考制度	12.0	78.3	12.0	82.9
政治权利	18.3	72.7	18.2	76.9

续表

	乡村		城镇	
	不公平	公平	不公平	公平
司法与执法	12.9	75.1	15.4	77.8
公共医疗	17.6	75.9	17.9	78.8
工作与就业机会	24.4	64.5	28.6	65.7
财富及收入分配	31.8	58.5	38.3	56.2
养老等社会保障待遇	24.4	69.0	23.7	72.5
城乡之间的权利待遇	41.0	50.8	36.7	58.0

根据对数据结果的分析发现：（1）农村居民在城乡之间的权利待遇方面的不公平感最高，而城镇居民在财富及收入分配方面的不公平感最高；（2）城乡之间在社会各领域的公平感差别不大，总体而言，相较于2019年的数据结果，2021年不同收入群体对社会的公平性评价水平有了大幅提升。

六　不同地区社会公平感

在地区层面，根据不同地区人口对社会各领域的不公平感评价所占比例来分析其社会不公平感状况。从数据结果具体来看，在高考制度上，东北地区认为其不公平的人数占比最高，占比为15.3%；西北地区人数占比最低，占比为6.7%。在政治权利上，中南地区认为其不公平的人数占比最高，占比为20.1%；西北地区人数占比最低，占比为14.9%。在司法与执法上，华北地区认为其不公平的人数占比最高，占比为19.9%；西南地区人数占比最低，占比为12.7%。在公共医疗上，华北地区认为其不公平的人数占比最高，占比为21.0%；西北地区的人数占比最低，占比为14.8%。在工作与就业机会上，东北地区认为其不公平的人数占比最高，占比为30.2%；华东地区的人数占比最低，占比为25.5%。在财富及收入分配上，中南地区认为其不公平的人数占比最高，占比为38.0%；西北地区的人数占比最低，占比为34.1%。在养老等社会保障待遇上，中南地区认为其不公平的人数占比最高，占比为26.7%；东北地区的人数占比最低，占比为21.0%。在城乡之间的权利待遇上，中南地区认为其不公平的人数占比最高，占比为42.2%；华北地区认为其不公平的人数占比最低，占比为32.4%。

表6－18　　不同地区的社会公平感状况　　（单位：%）

	东北	华北	华东	中南	西南	西北
	不公平	不公平	不公平	不公平	不公平	不公平
高考制度	15.3	9.5	11.5	14.7	7.9	6.7
政治权利	18.7	16.0	17.6	20.1	17.8	14.9
司法与执法	18.1	19.9	13.1	14.2	12.7	13.9
公共医疗	17.2	21.0	17.4	19.2	16.8	14.8
工作与就业机会	30.2	28.3	25.5	26.6	27.2	28.4
财富及收入分配	37.5	36.4	34.6	38.0	34.4	34.1
养老等社会保障待遇	21.0	24.6	23.2	26.7	22.1	25.2
城乡之间的权利待遇	36.2	32.4	37.0	42.2	37.9	36.9

综上来看，当前社会各领域的社会不公平感评价存在一定的地域性差异，表现为：东北地区在高考制度、工作与就业机会这两个社会领域的不公平感高于其他地区，而华北地区在司法与执法、公共医疗方面的不公平感高于其他五个地区，中南地区在政治权利、财富及收入分配、养老等社会保障待遇、城乡之间的权利待遇上的不公平性评价高于其他区域。

第五节　小结

为缓解经济增长过快导致的社会阶层分化和社会利益格局中的社会断裂现象，促进社会高质量发展，社会包容作为社会质量的重要内容之一，作用不容忽视。“包容性增长”“包容性社会发展”等相关概念是新时代背景下中国经济社会发展的新理念，为我国未来社会发展和社会建设提供了新的思路。从数据展现的结果来看，当前我国社会包容水平仍有着较大的提升空间。

从社会宽容维度来分析，首先，从整体而言，虽然当前我国整体的社会宽容处于较低水平，但与 2019 年的数据相比，社会公众对其生活方式的选择和对某些特殊群体尤其是同性恋群体的接纳程度有了显著提高，这也反映出社会宽容日渐向好的趋势。其次，代际较晚的群体比代际较早的群体社会接纳度更高，体现出新时代，社会环境的改善与社会价值多元化，年轻世代对社会的认知与评价更显积极与包容。此外公众的受教育水平越高，城镇居民对不同群体的社会接纳度越高。随着受教育水平的提升以及城市多元化生活的影响，人们对自由、平等思想观念更容易接受与内化，看待问题的视野更加开阔，从而易于对异质性群体采取包容的态度。[①] 不同地区在社会宽容水平上也存在一定的地域差异，如经济水平比较发达的华东、华北地区对不同人群的生活方式、宗教信仰、性取向上有着较高的社会接纳度，而经济发展水平较低的西北对乞讨者宽容度较高，说明地区的经济发展水平及地域差异会对当地的社会宽容度产生影响。

从对社会不公正待遇的评价维度来分析，从整体性视角上看，当前我国公众遭遇社会歧视的现象仍旧普遍存在，尤其是在家庭背景及社会关系、受教育程度、职业、户口、年龄和性别方面比较严重，但与 2019 年数据相比，2021 年的数据显示，在以上所有领域所反映出的不公正待遇评价都有显著的降低，这反映了社会整体在逐步朝着好的方向前进，各项目的在于减少、预防社会歧视的政策和制度在发挥作用。此外，从不同群体的比较看，在受教育程度、职业、家庭背景和社会关系上，越年轻的世代，其社会不公平待遇评价越高，反映了当前年轻人在教育、职场中面临的困境。此外，受教育程度与社会不公正待遇评价之间呈正相关，即受教育程度越高，公众对社会不公正待遇的评价也就越高。此种趋势也体现在收入水平与社会不公正待遇评价的关系之中。教育水平较高的群体，随着其权利与公平意识的增强，对社会中不公平的现象有着更为敏锐的感知。高收入群体在拥有高收入职业的同时也相应地面临着较高的竞争压力，对于家庭背景以及社会关系带来的附加作用感受更为直观，同时他们遭受不公正待遇的可能性也会更高。最后，城乡之间

---

① 胡荣、王晓：《社会资本与城市居民对外来农民工的社会距离》，《社会科学研究》2012 年第 3 期。

对于各方面社会不公正待遇的评价越来越接近，比如在年龄以及户口方面的不公正待遇评价已经基本没有差别，这充分体现了我国社会公平的进步以及城乡融合趋势的进一步发展。在社会公平感维度上，总体而言，我国公众对社会公平状况的总体评价基本上处于好评区间，特别是在高考制度、公共医疗、司法与执法、政治权利方面的社会公平性评价相对较高，而在工作与就业机会、财富与收入分配、城乡之间的权利、待遇方面公平性评价相对较低。与2019年相比较，公众的整体社会公平感上升趋势明显，尤其在司法与执法、政治权利、公共医疗、城乡待遇方面提升幅度较大，相较而言，财富及收入分配、社会保障待遇提升并不明显。此外，“90后”群体的社会公平感相对较高，这说明成长生活在社会政策更为完善、社会制度更为公平的世代，他们对社会的公平感也呈现出积极的面向。此外，随着教育水平的提高，人们的不公平感相对变高，这可能与人们对公平的预期以及对不公平现象的敏锐性提高有关系，同时也说明了，随着民众整体教育水平的提升，社会公平感提升的难度会越来越大。

一个社会的包容程度是衡量社会发展水平的重要标志之一，通过跟踪历年的社会包容数据表明，中国的社会包容水平处于不断提升的状态，社会对不同生活方式、特殊群体的接纳度在不断提升，社会中由于年龄、性别、教育、宗教信仰、家庭背景等因素产生的歧视性待遇也不断减少，人们对社会在政治、经济、教育、社会保障方面的公平感知也在不断提升，新生世代面临着更为友好的社会环境和社会政策，也呈现出更为积极的评价。但与此同时，也需要看到，从整体水平上来讲，社会宽容程度的绝对水平依然较低，社会中因为年龄、性别、教育、家庭背景等原因的歧视性待遇依然普遍存在，而随着年轻世代的整体教育水平不断提升，权利公平意识不断觉醒，这意味他们对社会的宽容性、包容性、公平性要求也越来越高，社会包容的提升之路依然任重而道远。

第七章

社会赋权报告

第一节 社会赋权概念与测量

社会赋权是社会质量理论考察社会质量的第四个维度，是指在个体层面实现社会成员竞争力或能力提升，即个体能够充分发挥其潜能，其核心是社会成员在与社会进行良性互动基础上，拓展自身发展空间，实现自我社会能动性的提升。[①] 赋权的基本含义是增能，强调个体控制自己生活的能力，能够获得各种机会以增加选择空间。社会赋权聚焦个体在知识、技能、经验等方面潜能的实现程度，关注社会能否为个体发挥潜能提供公平机会。[②] 在现代社会治理模式下，高质量社会应当能够充分调动个体的社会能动性，赋予个体参与社会的能力，实现个体和公共领域之间的有效互动。

社会赋权维度的指标体系不仅包含公众对信息资讯获取、社会事务参与、参政议政可及性等客观条件指标，还包含公众参与社会事务和公共治理过程的个人能力、意愿和积极性等主观指标；由于社会参与能够提升人们的社会和认知权利，因此这一维度也强调建设公民社会的重要性和发展非政府组织的必要性。[③] 有的研究认为社会赋权变量应包括社会

---

① 黄永亮：《中国“90后”青年的社会质量评价研究——一项基于2017年“中国社会状况综合调查”的分析》，《青年研究》2019年第3期。

② 张秀娟、胡建国：《获得感何以可能？——基于“社会质量”分析视角的探讨》，《中共杭州市委党校学报》，https：//doi. org/10. 16072/j. cnki. 1243d. 20220324. 001，网络首发日期：2022－03－24。

③ 林卡：《社会质量理论：研究和谐社会建设的新视角》，《中国人民大学学报》2010年第2期。

流动、社会参与,[1] 有的研究把参与公共事务行为、自我效能感构建为社会赋权二级指标,[2] 但较为通行的做法是把社会赋权二级指标构建为社会活动参与、政治活动参与、政治效能感。[3] 本书沿用这一指标内涵，通过对个体社会参与、政治参与、政治效能感三方面的测量来评估当下中国民众的社会赋权水平。

一 社会参与

社会参与作为社会赋权的一个重要途径和组成部分，对个体主观精神健康和社会良性运行的正向作用已得到学界广泛关注。一方面，个体通过参与社会活动可以扩大社会支持网络、增加社会资本、提升个体发展能力；另一方面，个体社会参与增加一定程度上对社会整体发展和良好运行具有促进作用。

多主体、多层次、多面向、多维度的社会参与是社会建设的基础力量，也是衡量现代化进程的一个重要指标。社会参与强调的主体是公民个体而非社会组织，但是将社会组织作为中介方式的个体社会参与是衡量社会建设发展水平的代表性指标。与此同时，为配合疫情防控工作相关要求，公众的社会参与尤其是线下社会参与的整体状况受到了一定影响，而线上社会参与的形式和内容日益丰富。因此，本部分将从个体的社会组织参与和线上群/圈参与两个维度对我国公众的社会参与状况进行分析，并分别从代际、教育、收入、职业以及城乡视角呈现不同群体社会参与的特征和差异。

二 政治参与

政治参与主要指公民以合法方式参加政治生活并对政治体系构成、规则、运行和政策过程产生影响的行为。政治参与作为社会主义民主的

---

① 张秀娟、胡建国:《获得感何以可能？——基于“社会质量”分析视角的探讨》,《中共杭州市委党校学报》, https://doi.org/10.16072/j.cnki.1243d.20220324.001，网络首发日期：2022－03－24。

② 董海军、杨静:《社会质量对青年社会公平感的影响》,《青年研究》2021年第4期。

③ 黄永亮、崔岩:《现代化进程中的城乡社会质量比较研究》,《浙江社会科学》2021年第5期。

重要内容，一直以来都是我国政治体制改革的重点领域。改革开放以来，随着市场经济不断发展和政治改革不断深入，我国公众的政治参与也发生了深刻变化，政治参与日趋活跃、参与频率日常化、参与内容日益丰富、参与途径日益多元，新时代更是为实现“扩大人民有序政治参与”创造了更加有利的环境和条件。

我国政治参与的主体以公民个体为主，既包括公民依法行使选举权和被选举权，也包括日常生活中各种政治活动参与行为。本章讨论的公众政治参与主要包括社区/村委会选举参与和日常政治参与行为。

三　政治效能感

政治效能感是指民众对自身在政治生活中影响力的心理感知，是民众在与政治系统相互作用基础上形成的关于自身政治影响力和政治系统回应力内在比较稳定的评价系统，[①] 一定程度上反映了个体在政治领域能够发挥相关能力的空间，通常分为内在效能感和外在效能感。[②] 内在效能感也可以被理解为个体效能感，主要表现为个人对自己参与政治活动的能力和机会的感知，也表现为投票行为的活跃度和政治相关活动的参与度；外在效能感主要指个体对政府对其诉求作出反应的程度和可能的认知，与政府能够在多大程度上观照、回应、满足个人需求有关。

政治效能感往往与政治参与密切相关。一般而言，具有较高政治效能感的公民，对自己具有影响政府决策的知识和能力有信心（内在效能感），也对政府对自己的诉求作出反应有信心（外在效能感），[③] 进而表现出相对积极的政治参与行为。因此，本章主要从个体效能感和政府效能感两个方面来分析公众的政治效能感。

本书采用2021年CSS调查数据，以社会赋权相关概念内涵为基础，同时考虑到个人与社会政治生活的互动特征，从社会参与、政治参与、

---

① 李蓉蓉、王东鑫、翟阳明：《论政治效能感》，《国外理论动态》2015年第5期。

② Robert E. Lane, *Political Life: Why People Get Involved in Politics*, New York: Free Press, 1959, p. 149.

③ 胡荣：《中国人的政治效能感、政治参与和警察信任》，《社会学研究》2015年第10期。

政治效能感三个维度来分析和呈现我国公众当前的社会赋权水平。在分析过程中，依据个人特征如代际、受教育程度、收入、职业以及居住地的城乡属性等对公众进行分群体比较，对比分析不同群体间的社会赋权水平差异及影响因素。

第二节　中国公众社会参与水平

一　社会组织参与水平

参加社会组织是我国公众社会参与的重要形式。CSS 2021 数据显示，我国公众至少参加一个社会组织的比例为 46.2%，参加的类型比例由高到低依次为：校友会（28.7%）、文体娱乐等兴趣组织（20.3%）、职业团体（11.9%）、民间公益社团（8.1%）、宗亲会/同乡会（7.0%）、宗教团体（2.0%）、维权组织（1.6%）和其他团体（0.9%）。同时，公众参加的社会组织存在一定群体间差异。

（一）基于代际的社会组织参与水平

表 7－1　　不同代际群体社会组织参与情况　　（单位：%）

	50 后	60 后	70 后	80 后	90 后及以后	合计
宗教团体	2.6	2.8	1.9	2.3	1.3	2.0
宗亲会/同乡会	2.4	4.6	8.0	9.8	7.7	7.0
校友会	9.5	12.6	23.2	32.4	47.4	28.7
文体娱乐组织	8.4	10.4	12.8	18.0	37.9	20.3
民间公益社团	3.0	5.2	7.8	10.5	10.5	8.1
职业团体	1.2	4.7	12.1	18.8	15.6	11.9
维权组织	0.5	1.4	2.2	2.3	1.3	1.6
其他团体	1.6	0.7	0.8	1.2	0.7	0.9
以上都没有	78.1	72.3	59.4	48.4	32.7	53.8
N	1016	1647	1978	1843	2679	9163

结果显示，代际越近，公众参加社会组织的总体比例越高。“50 后”

“60 后”“70 后”“80 后”和“90 后及以后”至少参加了一个社会组织的比例依次为 21.9%、27.7%、40.6%、51.6% 和 67.3%。代际越近，校友会、文体娱乐组织和民间公益社团的参加比例越高，一定程度上体现了此类社会组织参与的年轻化倾向，而职业团体参与比例与受访者的人生发展阶段密切相关。宗教团体、宗亲会/同乡会、维权组织和其他团体的参加比例分布较散，未表现出一定的世代趋势。

（二）基于受教育程度的社会组织参与水平

表 7－2　不同受教育程度群体社会组织参与情况　（单位：%）

	初中及以下	高中/中专/技校	大专	本科及以上	合计
宗教团体	2.4	2.2	1.4	1.1	2.0
宗亲会/同乡会	6.8	6.1	7.3	8.8	7.0
校友会	13.8	38.8	43.7	53.8	28.7
文体娱乐组织	9.4	22.2	32.7	44.9	20.3
民间公益社团	4.8	9.9	12.1	13.7	8.1
职业团体	6.3	14.4	18.9	22.1	11.9
维权组织	1.5	1.4	2.2	2.0	1.6
其他团体	1.0	0.8	0.8	0.8	0.9
以上都没有	70.4	43.9	35.4	25.3	53.8
N	4746	1942	1075	1393	9156

结果显示，受教育程度越高，公众参加社会组织的比例越高。初中及以下、高中/中专/技校、大专和本科及以上受教育程度群体参加社会组织的比例依次为 29.6%、56.1%、64.6% 和 74.7%。需要指出的是，不同受教育程度群体倾向于参加的社会组织类型存在差异，例如在宗教团体的参加方面，受教育程度越低，参加的比例越高。此外，不同受教育程度群体在维权组织和其他团体参加方面的比例差异在统计上并不显著。

(三) 基于收入的社会组织参与水平

表7-3　　不同收入群体社会组织参与情况　　(单位:%)

	低收入群体	中低收入群体	中间收入群体	中高收入群体	高收入群体	合计
宗教团体	1.6	2.3	2.3	1.9	2.0	2.0
宗亲会/同乡会	5.3	5.6	6.5	7.7	9.6	7.2
校友会	33.5	21.2	19.1	27.1	37.7	28.9
文体娱乐组织	23.6	18.1	14.9	18.8	23.7	20.3
民间公益社团	7.5	5.5	7.2	8.4	10.3	8.1
职业团体	2.6	3.6	8.0	15.9	24.0	12.0
其他团体	1.1	0.5	1.7	1.8	2.6	1.7
以上都没有	53.1	64.5	63.3	52.2	42.0	53.6
N	1864	1286	1713	1542	2407	8813

结果显示，除低收入组群体外，整体呈现出收入越高，公众参加社会组织的比例越高的现象。低、中低、中间、中高和高收入组群体参加社会组织的比例分别为46.9%、35.5%、36.7%、47.8%和58.0%。不同收入组群体参加校友会和文体娱乐组织的比例相较其他团体类型参与比例更高，其中低收入组群体比其他收入组群体参加校友会和文体娱乐组织的比例更高。在宗亲会/同乡会和职业团体参与方面，收入越高参与比例越高。不同收入组群体参加宗教团体和其他团体的比例差异在统计上不显著。

(四) 基于职业的社会组织参与水平

表7-4　　不同职业群体社会组织参与情况　　(单位:%)

	单位负责人	专业技术人员	办事人员	商业人员	服务业人员	农业生产人员	工人	合计
宗教团体	2.8	1.2	0.9	2.2	2.1	2.8	2.0	2.1
宗亲会/同乡会	15.7	6.9	7.9	7.8	7.7	6.3	10.5	8.0
校友会	43.0	48.3	37.8	30.8	27.4	10.5	25.9	26.3

续表

	单位负责人	专业技术人员	办事人员	商业人员	服务业人员	农业生产人员	工人	合计
文体娱乐组织	33.0	29.3	30.6	19.3	17.5	7.4	13.7	17.1
民间公益社团	27.9	8.9	13.6	8.9	9.3	4.0	6.0	8.1
职业团体	33.0	36.1	23.5	18.2	20.4	3.0	15.3	16.3
维权组织	4.5	2.1	2.4	2.6	1.9	0.9	2.1	1.9
其他团体	1.7	1.1	0.8	0.7	0.8	1.0	0.7	0.9
以上都没有	27.5	29.7	41.0	50.5	50.7	75.7	56.3	55.3
N	179	563	633	835	952	1717	1113	6651

结果显示，不同职业群体的社会组织参加情况存在差异。其中，单位负责人群体参加社会组织的比例最高，农业生产人员的比例最低。单位负责人、专业技术人员、办事人员、商业人员、服务业人员、农业生产人员和工人各职业群体参加社会组织的比例分别为72.5%、70.3%、59.0%、49.5%、49.3%、24.3%和43.7%。在参加社会组织类型方面，宗教团体参加比例最高的是单位负责人和农业生产人员，为2.8%，最低的是办事人员，为0.9%；宗亲会/同乡会参加比例最高的是单位负责人，为15.7%，最低的是农业生产人员，为6.3%；校友会参加比例最高的是专业技术人员，为48.3%，最低的是农业生产人员，为10.5%；文体娱乐组织参加比例最高的是单位负责人，为33.0%，最低的是农业生产人员，为7.4%；民间公益社团参加比例最高的是单位负责人，为27.9%，最低的是农业生产人员，为4.0%；职业团体参加比例最高的是专业技术人员，为36.1%，最低的是农业生产人员，为3.0%；维权组织参加比例最高的是单位负责人，为4.5%，最低的是农业生产人员，为0.9%；其他团体参加比例最高的是单位负责人，为1.7%，最低的是商业人员和工人，为0.7%。不同职业群体参加宗教团体的比例差异在统计上不显著。

(五) 基于城乡的社会组织参与水平

表7－5　城乡居民社会组织参与情况　（单位：%）

	城镇	乡村	合计
宗教团体	1.9	2.3	2.0
宗亲会/同乡会	6.9	7.2	7.0
校友会	33.2	20.3	28.7
文体娱乐组织	24.1	13.2	20.3
民间公益社团	9.2	6.0	8.1
职业团体	14.2	7.7	11.9
维权组织	1.9	1.2	1.6
其他团体	1.0	0.8	0.9
以上都没有	48.0	64.4	53.8
N	5949	3214	9163

结果显示，城镇居民参加社会组织的比例高于农村居民，城乡居民参加社会组织的比例分别为52.0%和35.6%。乡村居民仅在宗教团体、宗亲会/同乡会的参加比例上略高于城镇居民，其余各类社会组织的参加比例均低于城镇居民。城乡居民参加宗教团体的比例差异在统计上不显著。

二　线上群/圈参与水平

在信息技术的推动下，以各种群/圈为代表的线上公众参与迅速增加，并日益成为重要的社会参与形式。CSS 2021对11类线上社交群/圈的参与水平进行了测量，数据显示，我国居民的线上社会参与范围广泛、参与程度较高，已成为居民参与社会生活必不可少的重要内容。[①] CSS 2021数据显示，居民参与各类线上社交群/圈的比例由高到低排序为：亲人亲戚间的社交圈（81.8%），朋友间的社交圈（76.7%），同学、校友群（57.5%），同事群（50.0%），邻居间的社交群（35.5%），兴趣群（23.5%），同乡群（22.6%），行业、同行、协会群（21.4%），公益社团群（12.4%），维权

① 加入线上群/圈的群体占样本中上网群体的94.9%，占全部样本的67.23%。

群（2.3%），宗教信仰群（1.6%）。总体而言，我国公众线上群/圈参与率最高的是亲人亲戚间的社交圈，线上社会参与范围比较广泛，公众参与的线上社交群/圈类型具有“差序格局式”的功能性特征。

从代际、受教育程度、收入、职业和居住地的城乡属性对当前线上群/圈参与水平作进一步分析发现，我国公众线上群/圈参与在这几方面存在明显差异。代际越近，线上群/圈参与水平越高；受教育程度越高，线上群/圈参与水平越高；收入水平越高，线上群/圈参与水平越高；不同职业民众的线上群/圈参与水平差异显著；城镇居民线上群/圈参与水平高于农村居民。

（一）基于代际的线上群/圈参与水平

表7-6　　不同代际群体线上群/圈参与情况　　（单位：%）

	50后	60后	70后	80后	90后及以后	合计
亲人亲戚间的社交圈	63.1	77.7	82.5	84.1	83.7	81.8
朋友间的社交圈	55.4	64.2	73.3	79.9	83.7	76.7
同学、校友群	36.7	34.9	47.1	57.6	74.0	57.5
同事群	38.1	43.6	54.5	60.2	44.6	50.0
邻居间的社交群	32.1	40.6	43.8	42.9	24.7	35.5
兴趣群	11.9	11.1	15.0	21.2	35.7	23.5
同乡群	13.1	18.8	23.4	26.7	22.2	22.7
行业、同行、协会群	6.0	13.4	21.6	28.2	21.8	21.4
公益社团群	6.0	8.0	10.0	11.3	16.9	12.4
维权群	2.1	1.3	2.4	3.1	2.0	2.3
宗教信仰群	2.7	3.1	1.8	1.8	0.8	1.7
以上都没有	20.2	9.9	6.1	2.8	2.3	5.1
N	336	916	1505	1670	2602	7028

结果显示，代际越近，公众线上群/圈参与水平越高。“50后”“60后”“70后”“80后”和“90后及以后”加入线上群/圈的比例依次为79.8%、90.1%、93.9%、97.2%和97.7%。从各代际的线上群/圈参与率可以看出，随着年龄的降低，各代际参加线上群/圈比例越来越高，说明年轻人已成为线上社会参与的重要群体。但是，具体线上群/圈参与类

型存在一定的代际差异。例如，在同事群、邻居间的社交群、行业同行协会群的参与率上，呈现倒“U”形趋势，这一趋势理论上会随着“90后及以后”群体逐渐步入社会、走上工作岗位而发生转变。

（二）基于受教育程度的线上群/圈参与水平

表7－7　不同教育程度群体线上群/圈参与情况　（单位：%）

	初中及以下	高中/中专/技校	大专	本科及以上	合计
亲人亲戚间的社交圈	79.3	81.8	85.0	84.6	81.8
朋友间的社交圈	68.6	79.0	83.7	85.7	76.7
同学、校友群	38.4	66.1	68.8	78.4	57.5
同事群	41.5	50.9	63.1	56.6	50.0
邻居间的社交群	40.3	32.8	36.0	28.3	35.5
兴趣群	11.9	23.5	32.7	40.8	23.5
同乡群	26.7	21.3	19.1	18.5	22.7
行业、同行、协会群	15.4	19.1	30.7	29.8	21.4
公益社团群	5.1	12.2	18.0	23.8	12.4
维权群	1.8	1.6	4.4	2.4	2.3
宗教信仰群	2.1	1.5	1.5	1.1	1.6
以上都没有	8.5	3.7	1.8	2.0	5.1
N	2895	1711	1034	1381	7022

结果显示，受教育程度越高，线上群/圈参与比例越高，不同教育程度群体的线上群/圈参与类型存在较大差异。初中及以下、高中/中专/技校、大专和本科及以上不同教育程度群体参加线上群/圈的比例分别为91.5%、96.3%、98.2%和98.0%。在具体群/圈参与类型方面，大专及以上群体加入亲人亲戚间的社交圈，朋友间的社交圈，同学、校友群，同事群，兴趣群，行业、同行、协会群，公益社团群和维权群的比例高于大专以下群体。大专以下群体在邻居间的社交群、同乡群和宗教信仰群参与方面高于大专及以上群体。

（三）基于收入的线上群/圈参与水平

表7-8　　不同收入群体线上群/圈参与情况　　（单位：%）

	低收入群体	中低收入群体	中间收入群体	中高收入群体	高收入群体	合计
亲人亲戚间的社交圈	81.2	79.1	79.3	82.8	84.0	81.9
朋友间的社交圈	76.9	70.1	72.2	75.1	82.5	76.8
同学、校友群	65.7	55.6	46.8	53.5	61.3	57.7
同事群	16.8	26.4	48.6	65.1	73.7	50.4
邻居间的社交群	29.5	30.4	38.4	39.5	37.9	35.7
兴趣群	29.6	25.3	17.4	17.9	25.2	23.5
同乡群	20.7	23.5	23.8	21.7	24.2	22.8
行业、同行、协会群	7.8	8.3	15.9	22.7	37.8	21.6
公益社团群	13.0	13.9	11.5	10.0	13.4	12.4
维权群	1.6	1.4	1.9	2.0	3.4	2.3
宗教信仰群	1.2	2.3	2.1	1.6	1.6	1.7
以上都没有	4.2	8.7	7.0	4.1	3.3	4.8
N	1467	736	1160	1242	2181	6786

结果显示，除低收入组外，收入水平与线上群/圈参与水平成正比，随着收入的增加，公众参与线上群/圈的比例上升。低、中低、中间、中高和高收入组各群体加入线上群/圈的比例分别为95.8%、91.3%、93.0%、95.9%和96.7%，高收入和低收入群体在加入同事群和行业、同行、协会群方面存在显著差异。各收入群体在其他类型线上群/圈参与方面虽也存在差异，但群体差异不显著。

（四）基于职业的线上群/圈参与水平

表7-9　　不同职业群体线上群/圈参与情况　　（单位：%）

	单位负责人	专业技术人员	办事人员	商业人员	服务业人员	农业生产人员	工人	合计
亲人亲戚间的社交圈	84.1	85.6	85.2	84.6	82.8	78.0	83.5	82.9
朋友间的社交圈	84.0	84.9	82.4	78.5	76.6	63.8	76.6	76.4

续表

	单位负责人	专业技术人员	办事人员	商业人员	服务业人员	农业生产人员	工人	合计
同学、校友群	66.5	70.3	64.1	55.5	55.1	34.6	47.2	53.1
同事群	85.3	90.3	88.0	55.4	65.6	24.3	71.8	63.9
邻居间的社交群	45.9	36.1	38.2	41.0	36.1	42.6	38.0	39.1
兴趣群	23.7	29.9	28.8	21.6	19.7	9.4	15.8	19.8
同乡群	23.1	18.2	17.3	25.6	23.5	29.3	29.8	24.7
行业、同行、协会群	51.2	39.2	32.4	33.6	30.0	10.5	25.0	28.0
公益社团群	29.4	13.1	17.8	11.7	9.9	3.8	6.5	10.6
维权群	2.9	3.1	3.3	3.4	2.2	1.8	2.3	2.6
宗教信仰群	2.9	1.3	1.2	2.1	1.7	2.4	0.9	1.7
以上都没有	2.9	1.5	2.8	4.2	4.4	10.4	4.6	5.3
N	170	549	601	717	757	884	879	4576

结果显示，不同职业群体的线上群/圈参与程度存在一定差异。专业技术人员参加线上群/圈比例最高，为98.5%；农业生产人员参加线上群/圈比例最低，为89.6%。不同职业群体参与的线上群/圈类型差异较大。亲人亲戚间的社交圈参与率最高的是专业技术人员，为85.6%，最低的是农业生产人员，为78.0%；朋友间的社交圈参与率最高的是专业技术人员，为84.9%，最低的是农业生产人员，为63.8%；同学、校友群参与率最高的是专业技术人员，为70.3%，最低的是农业生产人员，为34.6%；同事群参与率最高的是专业技术人员，为90.3%，最低的是农业生产人员，为24.3%；邻居间的社交群参与率最高的是单位负责人，为45.9%，最低的是专业技术人员和服务业人员，均为36.1%；兴趣群参与率最高的是专业技术人员，为29.9%，最低的是农业生产人员，为9.4%；同乡群参与率最高的是工人，为29.8%，最低的是办事人员，为17.3%；行业、同行、协会群参与率最高的是单位负责人，为51.2%，最低的是农业生产人员，为10.5%；公益社团群参与率最高的是单位负责人，为29.4%，最低的是农业生产人员，为3.8%；维权群参与率最高的是商业人员，为3.4%，最低的是农业生产人员，为1.8%；宗教信仰

群参与率最高的是单位负责人，为2.9%[1]，最低的是工人，为0.9%。

（五）基于城乡的线上群/圈参与水平

表7-10　城乡居民线上群/圈参与情况　（单位：%）

	城镇	乡村	合计
亲人亲戚间的社交圈	81.9	81.5	81.8
朋友间的社交圈	78.8	71.7	76.7
同学、校友群	61.2	48.8	57.5
同事群	55.3	37.3	50.0
邻居间的社交群	34.0	39.0	35.5
兴趣群	26.4	16.5	23.5
同乡群	19.7	29.5	22.7
行业、同行、协会群	23.5	16.5	21.4
公益社团群	13.8	9.1	12.4
维权群	2.6	1.4	2.3
宗教信仰群	1.7	1.6	1.7
以上都没有	4.6	6.1	5.1
N	4843	2852	7028

结果显示，城镇居民参加线上群/圈的比例略高于乡村居民，城镇和乡村居民参加线上群/圈的比例分别为95.4%和93.9%。城乡居民参加的群/圈具体类型在比例上存在一定差异。例如，乡村居民仅参与邻居间的社交群和同乡群的比例高于城镇居民。城乡居民参加线上亲人亲戚间的社交圈和宗教信仰群的比例虽然存在差异，但在统计上并不显著。

第三节　中国公众政治参与水平

一　村/居委会选举参与水平

CSS 2021数据显示，39.8%的受访者表示参与了村/居委会最近一次选举，意味着超过六成的受访者未参与过最近一次村/居委会选举。但是，

① 在CSS 2021"单位负责人"职业群体的受访者中10.6%为少数民族。

62.0%未参与过最近一次村/居委会选举的受访者表示愿意参与下一次选举，表达出较高的参与意愿，说明我国基层民主自治存在广泛的群众基础。

（一）基于代际的村/居委会选举参与水平

表7－11　不同代际群体村/居委会选举参与情况　（单位：%）

	村/居委会选举参与率	村/居委会选举参与意愿
50后	57.1	66.3
60后	55.6	62.2
70后	47.2	64.0
80后	35.7	57.9
90后及以后	19.7	62.1
N	8653	4246

结果显示，在我国居民中，代际越远，参与过村/居委会最近一次选举的比例越高。"50后""60后""70后""80后"和"90后及以后"各代际群体参与过村/居委会最近一次选举的比例依次为57.1%、55.6%、47.2%、35.7%和19.7%，年龄越大参与比例越高。在未参与过村/居委会最近一次选举的群体中，"50后"群体的参与意愿最高，为66.3%；参与意愿最低的是"80后"，为57.9%。村/居委会选举参与率的群体差异一定程度上和当前我国村居内部常住人口的年龄结构存在较强相关关系。

（二）基于教育程度的村/居委会选举参与水平

表7－12　不同教育程度群体村/居委会选举参与情况　（单位：%）

	村/居委会选举参与率	村/居委会选举参与意愿
初中及以下	49.4	60.8
高中/中专/技校	34.5	61.6
大专	31.3	61.7
本科及以上	20.5	64.8
N	8652	4307

结果显示，在我国居民中，受教育程度越低，参与过村/居委会最近一次选举的比例越高；受教育程度越高，参与过村/居委会最近一次选举的比例越低。初中及以下、高中/中专/技校、大专和本科及以上四种受教育程度群体中，参与过村/居委会最近一次选举的比例依次为49.4%、34.5%、31.3%和20.5%。其中，初中及以下受教育程度群体参与过村/居委会最近一次选举的比例最高。未参与过村/居委会最近一次选举的不同受教育程度群体参与意愿均较高，其中本科及以上受教育程度群体对村/居委会选举的参与意愿最高，为64.8%，参与意愿最低的是初中及以下受教育程度群体，为60.8%。不同受教育程度群体参与村/居委会选举的意愿虽有一定差别，但未通过统计上的显著性检验。

（三）基于收入的村/居委会选举参与水平

表7－13　　不同收入群体村/居委会选举参与情况　　（单位：%）

	村/居委会选举参与率	N	村/居委会选举参与意愿	N
低收入群体	30.4	535	64.4	654
中低收入群体	50.4	621	61.6	325
中间收入群体	49.2	800	63.9	446
中高收入群体	41.1	604	60.8	437
高收入群体	34.3	771	60.8	713

结果显示，在我国居民中，个体收入水平与参与过村/居委会最近一次选举的比例呈倒“U”形态势；低、中低、中间、中高和高各组别收入群体参与过村/居委会最近一次选举的比例依次为30.4%、50.4%、49.2%、41.1%和34.3%。随着个体收入升高，参与过村/居委会最近一次选举的比例呈先上升再下降趋势。其中，中间（中低、中间、中高）收入组群体参与村/居委会选举的比例比其他收入组别群体更高。未参与过村/居委会最近一次选举的群体中，低收入组群体对村/居委会选举的参与意愿最高，为64.4%；参与意愿最低的是中高、高收入组群体，均为60.8%。

（四）基于职业的村/居委会选举参与水平

表7－14　　不同职业群体村/居委会选举参与情况　　（单位：%）

	村/居委会选举参与率	村/居委会选举参与意愿
单位负责人	52.9	71.4
专业技术人员	26.6	59.5
办事人员	41.5	65.8
商业人员	34.3	52.5
服务业人员	33.8	58.3
农业生产人员	64.2	64.9
工人	43.3	60.7
N	5724	2563

结果显示，在我国居民中，参与过村/居委会最近一次选举的群体在职业分布上存在较大差异。其中，单位负责人、专业技术人员、办事人员、商业人员、服务业人员、农业生产人员和工人各职业群体参与比例分别为52.9%、26.6%、41.5%、34.3%、33.8%、64.2%和43.3%。农业生产人员参与比例最高，为64.2%；专业技术人员参与比例最低，为26.6%。在村/居委会选举的参与意愿方面，各职业群体间也存在一定差异。其中，单位负责人、专业技术人员、办事人员、商业人员、服务业人员、农业生产人员和工人各职业群体表示愿意参与村/居委会选举的比例分别为71.4%、59.5%、65.8%、52.5%、58.3%、64.9%和60.7%，单位负责人、办事人员、农业生产人员职业群体相较于其他群体的参与意愿更高。

（五）基于城乡的村/居委会选举参与水平

表7－15　　城乡居民村/居委会选举参与情况　　（单位：%）

	村/居委会选举参与率	村/居委会选举参与意愿
城镇	29.8	60.3
乡村	57.7	66.7
样本量	8653	4308

结果显示，乡村居民参与过村/居委会最近一次选举的比例高于城镇居民，分别为57.7%和29.8%。在未参与过村/居委会最近一次选举的居民中，60.3%的城镇居民表示愿意参与村/居委会选举，66.7%的乡村居民表示愿意参与村/居委会选举，乡村居民的参与意愿同样高于城镇居民。

二　日常政治参与水平

除参与村/居委会选举外，我国公众还可以通过日常生活的各种政治活动表达政治见解、参与国家治理。CSS 2021的数据结果显示，在我国居民日常各类政治行为中，近两年参与率最高的是“与他人或网友讨论政治问题”。居民近两年参与各类日常政治行为的比例由高到低依次为：与他人或网友讨论政治问题（17.0%），参加社区组织或者自发的社会公益活动（11.2%），参加所在村/居委会重大决策讨论（8.4%），向政府部门反映意见（6.9%），向报刊、电台、网络论坛等媒体反映社会问题（3.2%），通过各种渠道对政府公布的政策发表个人意见（3.0%），出席政府部门组织的有关公共政策的听证会（2.3%），参加线上/线下集体性维权行动（2.3%），到政府部门上访（2.1%），利用专业知识参与公共政策、公共事务论证会（2.0%），参加宗教活动（1.8%）。虽然我国居民日常政治参与途径日益丰富，但总体参与率相对较低。

表7－16　近两年日常政治参与情况　（单位：%）

	频率	占比
与他人或网友讨论政治问题	1553	17.0
向报刊、电台、网络论坛等媒体反映社会问题	297	3.2
向政府部门反映意见	635	6.9
利用专业知识参与公共政策、公共事务论证会	183	2.0
通过各种渠道对政府公布的政策发表个人意见	271	3.0
出席政府部门组织的有关公共政策的听证会	209	2.3
到政府部门上访	188	2.1
参加所在村/居委会重大决策讨论	765	8.4
参加社区组织或者自发的社会公益活动	1027	11.2
参加宗教活动	169	1.8

续表

	频率	占比
参加线上/线下集体性维权行动	215	2.3
以上都没有	5915	64.9

(一)基于代际的日常政治参与水平

表7-17　不同代际群体日常政治参与情况　(单位:%)

	50后	60后	70后	80后	90后及以后	合计
与他人或网友讨论政治问题	6.3	7.1	9.7	16.7	32.6	16.9
向报刊、电台、网络论坛等媒体反映社会问题	1.5	1.8	1.8	3.4	5.7	3.2
向政府部门反映意见	6.7	6.5	7.4	8.6	5.7	6.9
利用专业知识参与公共政策、公共事务论证会	1.2	2.0	2.2	1.7	2.4	2.0
通过各种渠道对政府公布的政策发表个人意见	1.8	1.9	2.6	3.0	4.3	3.0
出席政府部门组织的有关公共政策的听证会	1.5	2.3	2.7	2.6	2.0	2.3
到政府部门上访	3.1	2.1	2.3	1.7	1.6	2.1
参加所在村/居委会重大决策讨论	9.3	10.3	9.9	9.2	5.1	8.3

续表

	50 后	60 后	70 后	80 后	90 后及以后	合计
参加社区组织或者自发的社会公益活动	6.4	8.2	11.3	14.0	13.0	11.2
参加宗教活动	2.4	2.4	1.7	2.0	1.4	1.9
参加线上/线下集体性维权行动	1.2	1.5	2.0	3.0	3.1	2.3
以上都没有	75.7	73.4	68.9	63.3	53.7	64.9
N	1016	1647	1978	1843	2679	9163

结果显示，在我国居民中，“50 后”“60 后”“70 后”“80 后”“90 后及以后”五个代际群体的日常政治参与存在一定差异，代际越近，日常政治参与的比例越高。在不同代际之间，“90 后及以后”群体在“与他人或网友讨论政治问题”“向报刊、电台、网络论坛等媒体反映社会问题”“利用专业知识参与公共政策、公共事务论证会”“通过各种渠道对政府公布的政策发表个人意见”“参加线上/线下集体性维权行动”方面的代际参与比例最高；“50 后”群体在“到政府部门上访”和“参加宗教活动”方面的代际参与比例最高；“60 后”群体在“参加所在村/居委会重大决策讨论”和“参加宗教活动”方面的代际参与比例最高；“70 后”在“出席政府部门组织的有关公共政策的听证会”方面的代际参与比例最高；“80 后”在“参加社区组织或者自发的社会公益活动”方面的代际参与比例最高。在代际内部，“50 后”和“60 后”参与比例最高的是“参加所在村/居委会重大决策讨论”；“70 后”参与比例最高的是“参加社区组织或者自发的社会公益活动”，“80 后”和“90 后”参与比例最高的是“与他人或网友讨论政治问题”。

(二) 基于受教育程度的日常政治参与水平

表7-18　不同受教育程度群体日常政治参与情况　(单位:%)

	初中及以下	高中/中专/技校	大专	本科及以上	合计
与他人或网友讨论政治问题	6.8	20.4	27.3	38.8	17.0
向报刊、电台、网络论坛等媒体反映社会问题	1.6	3.4	4.7	7.5	3.2
向政府部门反映意见	5.5	7.3	9.8	9.2	6.9
利用专业知识参与公共政策、公共事务论证会	0.9	1.6	3.2	5.0	2.0
通过各种渠道对政府公布的政策发表个人意见	1.6	3.6	4.5	5.7	3.0
出席政府部门组织的有关公共政策的听证会	1.9	2.1	3.3	3.2	2.3
到政府部门上访	2.4	2.6	0.9	1.0	2.1
参加所在村/居委会重大决策讨论	8.8	8.2	8.2	7.0	8.3
参加社区组织或者自发的社会公益活动	6.9	12.2	16.0	20.7	11.2
参加宗教活动	2.1	2.1	1.5	0.9	1.8
参加线上/线下集体性维权行动	1.4	2.6	4.7	3.2	2.3
以上都没有	75.1	61.4	53.0	43.9	64.9
N	4746	1942	1075	1393	9156

结果显示,在我国居民中,初中及以下、高中/中专/技校、大专、本科及以上四种受教育程度群体日常政治参与存在一定差异,受教育程

度越高，日常政治参与比例越高。在不同受教育程度群体之间，本科及以上群体在“与他人或网友讨论政治问题”“向报刊、电台、网络论坛等媒体反映社会问题”“利用专业知识参与公共政策、公共事务论证会”“通过各种渠道对政府公布的政策发表个人意见”“参加社区组织或者自发的社会公益活动”等方面的参与比例在所有群体中最高；大专群体在“向政府部门反映意见”“出席政府部门组织的有关公共政策的听证会”“参加线上/线下集体性维权行动”等方面的参与比例在所有群体中最高；高中/中专/技校群体在“到政府部门上访”和“参加宗教活动”等方面的参与比例在所有群体中最高；初中及以下群体在“参加所在村/居委会重大决策讨论”和“参加宗教活动”等方面的参与比例在所有群体中最高。在各教育程度群体内部，初中及以下群体参与比例最高的是“参加所在村/居委会重大决策讨论”；高中/中专/技校、大专和本科及以上群体参与比例最高的均是“与他人或网友讨论政治问题”。

（三）基于收入的日常政治参与水平

表7－19　不同收入群体日常政治参与情况　（单位：%）

	低收入群体	中低收入群体	中间收入群体	中高收入群体	高收入群体	合计
与他人或网友讨论政治问题	19.9	14.6	11.6	13.8	22.7	17.2
向报刊、电台、网络论坛等媒体反映社会问题	2.6	2.4	2.3	3.3	5.1	3.3
向政府部门反映意见	5.0	5.4	6.5	7.3	9.6	7.0
利用专业知识参与公共政策、公共事务论证会	1.1	2.1	1.7	1.5	3.3	2.0
通过各种渠道对政府公布的政策发表个人意见	2.7	2.4	2.7	2.3	4.2	3.0
出席政府部门组织的有关公共政策的听证会	0.9	1.7	3.0	2.9	2.9	2.3
到政府部门上访	2.3	1.8	2.5	2.5	1.6	2.1
参加所在村/居委会重大决策讨论	5.2	8.6	9.3	10.3	9.2	8.5

续表

	低收入群体	中低收入群体	中间收入群体	中高收入群体	高收入群体	合计
参加社区组织或者自发的社会公益活动	9.2	7.9	10.5	13.4	14.3	11.4
参加宗教活动	1.6	2.3	2.2	1.2	2.2	1.9
参加线上/线下集体性维权行动	2.3	1.6	1.3	2.7	3.4	2.4
以上都没有	65.8	68.1	68.8	66.0	57.3	64.4
N	1864	1286	1713	1542	2407	8813

结果显示，我国居民中不同收入群体的日常政治参与存在一定差异。在不同收入群体之间，高收入组群体在“与他人或网友讨论政治问题”“向政府部门反映意见”“向报刊、电台、网络论坛等媒体反映社会问题”“利用专业知识参与公共政策、公共事务论证会”“通过各种渠道对政府公布的政策发表个人意见”“参加社区组织或者自发的社会公益活动”等方面的参与比例在所有群体中最高；中高收入组群体在“到政府部门上访”和“参加所在村/居委会重大决策讨论”等方面的参与比例在所有群体中最高；中间收入组群体在“出席政府部门组织的有关公共政策的听证会”和“到政府部门上访”等方面的参与比例在所有群体中最高；中低收入组在“参加宗教活动”方面的参与比例在所有群体中最高。在各收入组群体内部，参与比例最高的均为“与他人或网友讨论政治问题”。

（四）基于职业的日常政治参与水平

表7-20　　不同职业群体日常政治参与情况　　（单位：%）

	单位负责人	专业技术人员	办事人员	商业人员	服务业人员	农业生产人员	工人	合计
与他人或网友讨论政治问题	24.7	27.7	23.4	17.6	11.2	6.8	13.8	14.6
向报刊、电台、网络论坛等媒体反映社会问题	4.5	6.6	4.6	3.8	3.2	1.5	2.4	3.1

续表

	单位负责人	专业技术人员	办事人员	商业人员	服务业人员	农业生产人员	工人	合计
向政府部门反映意见	19. 0	9. 9	11. 5	7. 8	6. 3	6. 1	5. 0	7. 5
利用专业知识参与公共政策、公共事务论证会	11. 7	5. 5	3. 3	0. 8	1. 3	0. 9	1. 4	2. 0
通过各种渠道对政府公布的政策发表个人意见	7. 3	3. 4	4. 7	1. 9	3. 4	1. 9	2. 3	2. 8
出席政府部门组织的有关公共政策的听证会	15. 6	2. 0	5. 4	1. 7	1. 9	2. 2	1. 5	2. 7
到政府部门上访	1. 7	1. 1	0. 6	2. 6	1. 6	2. 4	2. 4	2. 0
参加所在村/居委会重大决策讨论	29. 8	6. 6	15. 3	5. 7	6. 7	12. 3	8. 2	10. 1
参加社区组织或者自发的社会公益活动	35. 4	15. 6	22. 8	10. 7	10. 2	6. 4	7. 8	11. 4
参加宗教活动	2. 2	0. 4	1. 3	1. 7	1. 9	2. 4	2. 1	1. 8
参加线上/线下集体性维权行动	1. 7	3. 9	2. 7	3. 1	2. 0	1. 5	2. 2	2. 3
以上都没有	32. 4	53. 2	49. 8	67. 8	70. 0	72. 4	69. 9	65. 6
N	179	563	633	835	952	1717	1113	6040

结果显示，在我国居民中，不同职业群体的日常政治参与存在一定差异。在不同职业之间，单位负责人在“向政府部门反映意见”“利用专业知识参与公共政策、公共事务论证会”“通过各种渠道对政府公布的政策发表个人意见”“出席政府部门组织的有关公共政策的听证会”“参加所在村/居委会重大决策讨论”和“参加社区组织或者自发的社会公益活动”等方面的参与比例在所有群体中最高；专业技术人员在“与他人或网友讨论政治问题”“向报刊、电台、网络论坛等媒体反映社会问题”和“参加线上/线下集体性维权行动”等方面的参与比例在所有群体中最高；商业人员在“到政府部门上访”方面的参与比例在所有群体中最高；农业生产人员在“参加宗教活动”方面的参与比例在所有群体中最高。在不同职业群体内部，单位负责人群体中参与比例最高的是“参加社区组

织或者自发的社会公益活动”，专业技术人员、办事人员、商业人员、服务业人员和工人参与比例最高的是“与他人或网友讨论政治问题”，农业生产人员参与比例最高的是“参加所在村/居重大决策讨论”。

（五）基于城乡的日常政治参与水平

表 7-21　城乡居民日常政治参与情况　（单位：%）

	城镇	乡村	合计
与他人或网友讨论政治问题	19.9	11.5	17.0
向报刊、电台、网络论坛等媒体反映社会问题	4.0	1.8	3.2
向政府部门反映意见	7.6	5.7	6.9
利用专业知识参与公共政策、公共事务论证会	2.2	1.6	2.0
通过各种渠道对政府公布的政策发表个人意见	3.3	2.4	3.0
出席政府部门组织的有关公共政策的听证会	2.2	2.4	2.3
到政府部门上访	2.0	2.2	2.1
参加所在村/居委会重大决策讨论	6.5	11.7	8.3
参加社区组织或者自发的社会公益活动	12.6	8.6	11.2
参加宗教活动	1.6	2.2	1.8
参加线上/线下集体性维权行动	2.8	1.5	2.3
以上都没有	63.2	68.1	64.9
N	5949	3214	9163

结果显示，我国城乡居民的日常政治参与存在一定差异。城镇居民参与“与他人或网友讨论政治问题”“向报刊、电台、网络论坛等媒体反映社会问题”“向政府部门反映意见”“利用专业知识参与公共政策、公共事务论证会”“通过各种渠道对政府公布的政策发表个人意见”“参加社区组织或者自发的社会公益活动”和“参加线上/线下集体性维权行动”的比例高于农村居民；乡村居民在“出席政府部门组织的有关公共政策的听证会”“到政府部门上访”“参加所在村/居重大决策讨论”和“参加宗教活动”方面的参与比例高于城镇居民。城镇居民和农村居民参与比例最高的均为“与他人或网友讨论政治问题”。

第四节　中国公众政治效能感水平

一　个体效能感水平

CSS 2021 的数据结果显示，受访者对“我有能力和知识对政治进行评论”这一表述的看法，表示非常同意的比例为 7.2%，比较同意的比例为 43.2%，不太同意的比例为 33.3%，很不同意的比例为 9.8%，另有 6.6% 的居民表示不知道。整体而言，50.4% 的居民认同“我有能力和知识对政治进行评论”，可见我国居民的个体效能感水平仍有较大提升空间。

表 7－22　居民对“我有能力和知识对政治进行评论”的看法　（单位：%）

	频率	占比
非常同意	660	7.2
比较同意	3956	43.2
不太同意	3052	33.3
很不同意	894	9.8
不知道	601	6.6

（一）基于代际的个体效能感水平

表 7－23　不同代际群体对“我有能力和知识对政治进行评论”的看法　（单位：%）

	非常同意	比较同意	不太同意	很不同意	不知道	N
50 后	12.8	36.0	22.6	14.1	14.6	1015
60 后	9.9	39.6	26.9	12.2	11.4	1647
70 后	8.4	39.4	33.4	10.8	8.0	1978
80 后	4.7	41.9	39.8	10.0	3.6	1843
90 后及以后	4.2	51.8	36.8	5.7	1.5	2679
合计	7.2	43.2	33.3	9.8	6.6	9162

结果显示，我国居民的个体效能感存在一定的代际差异。在“50后”“60后”“70后”“80后”和“90后及以后”五个代际中，个体效能感最强的是“90后及以后”群体，最弱的是“80后”。五个代际群体表示非常同意“我有能力和知识对政治进行评论”看法的比例依次为12.8%、9.9%、8.4%、4.7%和4.2%；比较同意的比例依次为36.0%、39.6%、39.4%、41.9%和51.8%；不太同意的比例依次为22.6%、26.9%、33.4%、39.8%和36.8%；很不同意的比例依次为14.1%、12.2%、10.8%、10.0%和5.7%；表示“不知道”的比例依次为14.6%、11.4%、8.0%、3.6%和1.5%。

（二）基于受教育程度的个体效能感水平

表7-24　不同受教育程度群体对“我有能力和知识对政治进行评论”的看法

（单位：%）

	非常同意	比较同意	不太同意	很不同意	不知道	N
初中及以下	9.2	37.5	30.6	12.7	10.0	4745
高中/中专/技校	6.7	45.1	36.2	7.7	4.3	1941
大专	3.3	46.4	40.9	7.3	2.0	1075
本科及以上	4.3	57.1	32.7	4.6	1.4	1393
合计	7.2	43.1	33.3	9.8	6.6	9154

结果显示，我国不同受教育程度居民群体的个体效能感水平存在一定差异，受教育程度越高个体效能越强。在初中及以下、高中/中专/技校、大专和本科及以上四个群体中，个体效能感最强的是本科及以上群体，最弱的是初中及以下群体。四个群体表示非常同意“我有能力和知识对政治进行评论”看法的比例依次为9.2%、6.7%、3.3%和4.3%；比较同意的比例依次为37.5%、45.1%、46.4%和57.1%；不太同意的比例依次为30.6%、36.2%、40.9%和32.7%；很不同意的比例依次为12.7%、7.7%、7.3%和4.6%；表示“不知道”的比例依次为10.0%、4.3%、2.0%和1.4%。

（三）基于收入的个体效能感水平

表7－25　不同收入群体对“我有能力和知识对政治进行评论”的看法

（单位：%）

	非常同意	比较同意	不太同意	很不同意	不知道	N
低	5.7	44.8	33.2	9.7	6.6	1864
中低	10.2	39.0	28.8	12.4	9.5	1286
中	8.1	39.2	33.5	10.4	8.8	1713
中高	8.0	43.7	33.6	9.9	4.7	1543
高	5.3	47.3	36.5	8.0	2.9	2408
合计	7.1	43.4	33.6	9.8	6.1	8814

结果显示，我国居民不同收入组群体的个体效能感存在一定差异。高收入组群体的个体效能感最高，为52.6%；中间收入组群体的个体效能感最低，为47.3%；各收入组群体的个体效能感差异不显著。在低、中低、中间、中高和高五个收入组群体中，表示非常同意“我有能力和知识对政治进行评论”看法的比例依次为5.7%、10.2%、8.1%、8.0%和5.3%；比较同意的比例依次为44.8%、39.0%、39.2%、43.7%和47.3%；不太同意的比例依次为33.2%、28.8%、33.5%、33.6%和36.5%；很不同意的比例依次为9.7%、12.4%、10.4%、9.9%和8.0%；表示“不知道”的比例依次为6.6%、9.5%、8.8%、4.7%和2.9%。

（四）基于职业的个体效能感水平

表7－26　不同职业群体对“我有能力和知识对政治进行评论”的看法

（单位：%）

	非常同意	比较同意	不太同意	很不同意	不知道	N
单位负责人	9.5	45.3	35.8	7.3	2.2	179
专业技术人员	5.5	50.5	35.6	6.8	1.6	562
办事人员	5.5	47.5	35.9	7.9	3.2	632
商业人员	5.8	41.6	39.4	9.0	4.2	834
服务业人员	7.0	41.5	36.1	9.2	6.1	952
农业生产人员	11.8	37.2	26.7	13.6	10.7	1717
工人	6.5	40.3	36.2	11.1	5.9	1113
合计	7.9	41.8	33.7	10.3	6.3	5989

结果显示，我国居民不同职业群体的个体效能感存在一定差异。专业技术人员的个体效能感最高，为56.0%；工人的个体效能感最低，为46.8%；不同职业群体的个体效能感差异较小。在单位负责人、专业技术人员、办事人员、商业人员、服务业人员、农业生产人员和工人七类职业群体中，表示非常同意“我有能力和知识对政治进行评论”看法的比例依次为9.5%、5.5%、5.5%、5.8%、7.0%、11.8%和6.5%；比较同意的比例依次为45.3%、50.5%、47.5%、41.6%、41.5%、37.2%和40.3%；不太同意的比例依次为35.8%、35.6%、35.9%、39.4%、36.1%、26.7%和36.2%；很不同意的比例依次为7.3%、6.8%、7.9%、9.0%、9.2%、13.6%和11.1%；表示“不知道”的比例依次为2.2%、1.6%、3.2%、4.2%、6.1%、10.7%和5.9%。

（五）基于城乡的个体效能感水平

表7－27　城乡居民对“我有能力和知识对政治进行评论”的看法　（单位：%）

	非常同意	比较同意	不太同意	很不同意	不知道	N
城镇	5.9	44.9	35.1	8.6	5.5	5949
乡村	9.7	40.0	30.0	11.9	8.5	3215
合计	7.2	43.2	33.3	9.8	6.6	9164

结果显示，我国城镇居民的个体效能感水平为50.8%，乡村居民为49.7%，差异不显著。城镇居民表示非常同意“我有能力和知识对政治进行评论”的比例（5.9%）低于乡村居民（9.7%）；城镇居民表示比较同意的比例（44.9%）高于乡村居民（40.0%）；城镇居民（35.1%）不太同意的比例高于乡村居民（30.0%）；乡村居民（11.9%）表示很不同意的比例高于城镇居民（8.6%）；表示“不知道”的比例，城镇居民（5.5%）低于乡村居民（8.5%）。

二　政府效能感水平

CSS 2021的数据显示，39.7%的受访居民非常同意或比较同意“参与政治活动没有用，对政府不能产生什么根本的影响”这一看法，52.0%的受访居民表示不太同意或很不同意，我国居民整体的政府效能感水平有待进一步提升。在受访居民中，对“参与政治活动没有用，对政府不能产生什么根本的影响”表示非常同意、比较同意、不太同意、很不同意和不知道的占比分别为8.4%、31.3%、40.2%、11.8%和8.4%。

表7-28 对“参与政治活动没有用，对政府不能产生什么根本的影响”的看法

（单位：%）

	频率	占比
非常同意	766	8.4
比较同意	2867	31.3
不太同意	3685	40.2
很不同意	1079	11.8
不知道	766	8.4

（一）基于代际的政府效能感水平

表7-29 不同代际群体对“参与政治活动没有用，对政府不能产生什么根本的影响”的看法

（单位：%）

	非常同意	比较同意	不太同意	很不同意	不知道	N
50后	14.5	35.3	22.6	8.5	19.2	1017
60后	11.9	36.6	27.3	8.9	15.2	1646
70后	9.6	33.8	37.1	10.0	9.5	1978
80后	7.1	32.3	45.3	10.2	5.2	1843
90后及以后	3.8	23.9	53.6	17.1	1.5	2679
合计	8.4	31.3	40.2	11.8	8.4	9163

结果显示，在“50后”“60后”“70后”“80后”“90后及以后”五个代际中，政府效能感最强的是“90后及以后”群体，为70.7%；最弱的是“50后”，为31.1%；代际越年轻群体的政府效能感水平越高。五个代际群体表示非常同意“参与政治活动没有用，对政府不能产生什么根本的影响”看法的比例依次为14.5%、11.9%、9.6%、7.1%和3.8%；比较同意的比例依次为35.3%、36.6%、33.8%、32.3%和23.9%；不太同意的

比例依次为22.6%、27.3%、37.1%、45.3%和53.6%；很不同意的比例依次为8.5%、8.9%、10.0%、10.2%和17.1%；表示“不知道”的比例依次为19.2%、15.2%、9.5%、5.2%和1.5%。

（二）基于受教育程度的政府效能感水平

表7-30 不同受教育程度群体对“参与政治活动没有用，对政府不能产生什么根本的影响”的看法（单位：%）

	非常同意	比较同意	不太同意	很不同意	不知道	N
初中及以下	11.5	35.7	30.7	8.7	13.4	4747
高中/中专/技校	6.8	31.6	44.6	12.4	4.6	1942
大专	4.5	26.6	52.3	14.5	2.1	1075
本科及以上	2.9	19.6	57.1	19.2	1.1	1393
合计	8.4	31.3	40.2	11.8	8.4	9157

结果显示，初中及以下、高中/中专/技校、大专和本科及以上四个群体中，政府效能感最强的是本科及以上群体，为76.3%；最弱的是初中及以下群体，为39.4%；受教育程度越高群体的政府效能感水平越高。四个群体表示非常同意“参与政治活动没有用，对政府不能产生什么根本的影响”看法的比例依次为11.5%、6.8%、4.5%和2.9%；比较同意的比例依次为35.7%、31.6%、26.6%和19.6%；不太同意的比例依次为30.7%、44.6%、52.3%和57.1%；很不同意的比例依次为8.7%、12.4%、14.5%和19.2%；表示“不知道”的比例依次为13.4%、4.6%、2.1%和1.1%。

（三）基于收入的政府效能感水平

表7-31 不同收入群体对“参与政治活动没有用，对政府不能产生什么根本的影响”的看法（单位：%）

	非常同意	比较同意	不太同意	很不同意	不知道	N
低收入群体	7.4	26.8	43.3	14.5	7.9	1866
中低收入群体	11.1	30.5	33.9	11.9	12.7	1285
中间收入群体	9.8	34.5	35.7	8.7	11.3	1713

续表

	非常同意	比较同意	不太同意	很不同意	不知道	N
中高收入群体	8.4	34.3	39.0	11.2	7.1	1542
高收入群体	6.5	30.7	46.6	12.4	3.8	2407
合计	8.3	31.2	40.6	11.9	8.0	8813

结果显示，高收入组群体的政府效能感水平最高，为59.0%；中间收入组群体最低，为44.4%；各收入组群体的政府效能感水平差异不显著。在低、中低、中间、中高、高五个收入组群体中，表示非常同意"参与政治活动没有用，对政府不能产生什么根本的影响"看法的比例依次为7.4%、11.1%、9.8%、8.4%和6.5%；比较同意的比例依次为26.8%、30.5%、34.5%、34.3%和30.7%；不太同意的比例依次为43.3%、33.9%、35.7%、39.0%和46.6%；很不同意的比例依次为14.5%、11.9%、8.7%、11.2%和12.4%；表示"不知道"的比例依次为7.9%、12.7%、11.3%、7.1%和3.8%。

（四）基于职业的政府效能感水平

表7-32　不同职业群体对"参与政治活动没有用，对政府不能产生什么根本的影响"的看法　（单位：%）

	非常同意	比较同意	不太同意	很不同意	不知道	N
单位负责人	2.2	21.2	53.1	21.8	1.7	179
专业技术人员	4.4	26.8	54.0	13.3	1.4	563
办事人员	4.0	27.7	49.1	15.8	3.5	632
商业人员	9.3	34.1	43.4	7.9	5.3	835
服务业人员	7.1	37.3	37.3	10.2	8.1	952
农业生产人员	14.5	35.3	27.8	9.3	14.1	1717
工人	8.9	25.0	37.6	9.5	8.6	1113
合计	9.1	33.2	38.8	10.7	8.2	5991

结果显示，单位负责人的政府效能感最强，为74.9%；农业生产人员的政府效能感最低，为37.1%；单位负责人、专业技术人员、办事人

员三类职业群体的政府效能感整体高于商业人员、服务业人员、农业生产人员和工人群体。在单位负责人、专业技术人员、办事人员、商业人员、服务业人员、农业生产人员、工人七类职业群体中，表示非常同意“参与政治活动没有用，对政府不能产生什么根本的影响”看法的比例依次为2.2%、4.4%、4.0%、9.3%、7.1%、14.5和8.9%；比较同意的比例依次为21.2%、26.8%、27.7%、34.1%、37.3%、35.3%和25.0%；不太同意的比例依次为53.1%、54.0%、49.1%、43.4%、37.3%、27.8%和37.6%；很不同意的比例依次为21.8%、13.3%、15.8%、7.9%、10.2%、9.3%和9.5%；表示“不知道”的比例依次为1.7%、1.4%、3.5%、5.3%、8.1%、14.1%和8.6%。

（五）基于城乡的政府效能感水平

表7－33　城乡居民对“参与政治活动没有用，对政府不能产生什么根本的影响”的看法（单位：%）

	非常同意	比较同意	不太同意	很不同意	不知道	N
城镇	7.1	30.9	43.2	11.9	6.9	5949
乡村	10.7	32.0	34.7	11.6	11.0	3214
合计	8.4	31.3	40.2	11.8	8.4	9163

结果显示，我国城镇居民（55.1%）的政府效能感总体高于乡村居民（46.3%），总体差异不太显著。城镇居民表示非常同意“参与政治活动没有用，对政府不能产生什么根本的影响”看法的比例（7.1%）略低于乡村居民（10.7%）；城镇居民表示比较同意的比例（30.9%）略低于乡村居民（32.0%）；城镇居民表示不太同意的比例（43.2%）略高于乡村居民（34.7%）；城镇居民表示很不同意的比例（11.9%）略高于乡村居民（11.6%）；城镇居民（6.9%）表示“不知道”的比例略低于乡村居民（11.0%）。

第五节　小结

本章基于CSS 2021数据，从社会参与、政治参与和政治效能感三个方面的指标综合分析了我国公众当前的社会赋权状况。

在社会参与方面，相较于2019年数据结果，我国公众参加各类社会组织的整体比例有所提升、参加社会组织的类型也更多样，但仍存在一定群体差异。从代际来看，代际越近的群体社会组织参与比例越高，社会参与呈现年轻化趋势，但在特定社会组织如宗教团体、宗亲会/同乡会、职业团体、维权组织和其他团体的参与方面未呈现明显的代际趋势。从受教育程度来看，受教育程度越高的群体社会组织参与比例越高，反映出教育对社会参与程度的持续性影响；需要特别指出的是，在宗教团体参与方面，受教育程度越低参加比例越高。从收入水平来看，2021年的数据结果与往年一致，即低收入组群体的整体社会参与比例高于除高收入组外的其他收入组群体，一定程度上源于低收入组群体参加校友会和文体娱乐组织的比例相对更高。从职业来看，与2019年数据结果不同的是，单位负责人和专业技术人员不论是总体参与水平还是不同类型社会组织的参与水平均远高于其他职业群体，农业生产人员不论是总体参与水平还是不同类型社会组织的参与水平都远低于其他职业群体。从城乡属性来看，城乡居民之间整体的社会组织参与水平差距相较于2019年缩小了，但是城镇居民在校友会、文体娱乐组织和职业团体方面的参与比例远高于农村居民。CSS 2021调查期间正逢疫情防控常态化，居民线下社会参与形式受限，线上参与方式日趋多元，线上群/圈参与成为居民社会参与的重要组成部分。在当代青少年的政治社会化进程中，社交媒体正日益成为影响该群体政治效能感的关键因素；经由社交媒体新闻接触生成的政治效能感，正成为青年政治参与的重要影响变量，[①] 我国公众整体的线上群/圈参与水平相较于2019年有所提升、线上群/圈类型也更为丰富，但是存在一定群体差异。整体呈现：代际越近，线上群/圈参与比例越高；收入水平越高，线上群/圈参与比例越高；不同职业群体的线上群/圈参与水平差异显著；城镇居民的线上群/圈参与水平高于乡村居民。

政治参与方面，我国公众参加最近一次村/居委会选举的比例相较于

① 张明新、黄欣欣：《青少年的社交媒体新闻接触和网络政治参与——政治效能感和媒介素养的中介与调节作用》，《华中科技大学学报》（社会科学版）2022年第1期。

2019年有所提升，但仍有超过六成村/居民未参加过；而未参加过最近一次村/居委会选举的村/居民表现出比2019年更高的参与意愿。从代际来看，代际越远，参加最近一次村/居委会选举的比例越高，且参与意愿越强。从受教育程度来看，受教育程度越低，参加最近一次村/居委会选举的比例越高，但参与意愿也越低。从收入来看，低收入组群体和高收入组群体参加最近一次村/居委会选举的比例较低；中间收入组群体的参与比例较高，且参与意愿也更高。从职业来看，农业生产人员和单位负责人参加最近一次村/居委会选举的比例均超过50%，而专业技术人员的参与比例仅为25%；在参与意愿方面，各职业群体的参与意愿均超过50%。从城乡属性来看，农村居民参加最近一次村/居委会选举的比例和未来参与意愿均高于城镇居民。对我国公众日常政治参与水平的分析发现，民众日常政治参与水平较2019年有所下降，代际、受教育程度、收入、职业和城乡群体的差异总体较小；且参与形式和内容相对单一，以“与他人或网友讨论政治问题”为主，其他类型政治参与比例相对较低。

政治效能感分别从个体效能感和政府效能感两方面进行了分析。我国公众的个体效能感水平相较2019年有所提升，但总体水平偏低。从代际来看，个体效能感最强的是“90后”，最弱的是“80后”。从受教育程度来看，受教育程度越高，个体效能感越强。从收入来看，个体效能感与收入之间并没有明确的线性关系。从职业来看，从事农业生产的群体个体效能感最低，其他职业群体之间的个体效能感差异相对较小。从城乡属性来看，虽然城乡居民的个体效能感存在差异，但城乡差距相较2019年缩小了。我国公众的政府效能感相较2019年有所提升，但整体水平仍偏低，且存在群体差异。代际越近群体的政府效能感越强；受教育程度越高群体的政府效能感越强；低收入组和高收入组群体的政府效能感更强，中间收入组群体的政府效能感最低；农业生产人员的政府效能感最低，其他职业群体的政府效能感差异相对较小；城镇居民的政府效能感高于农村居民。

此外，本章从CSS 2021数据中尝试把“90后及以后”群体进一步区分为“90后”和“00后”[①]。对比分析发现，“00后”群体与“90后”

---

① “00后”样本量为970，占样本总量的10.6%。

群体在诸多方面存在较为显著的差异。社会组织参与方面，“00 后”参与同乡群、行业协会群、公益社团群体的比例远高于“90 后”，两个群体的参与比例分别为 92.7%、48.1%、26.3% 和 63.1%、28.4%、11.5%。线上群/圈参与方面，“00 后”参与同学校友群、同事群的比例远低于“90 后”，两个群体的参与比例分别为 15.7%、15.5% 和 29.9%、61.5%；“90 后”（28.8%）参与维权群的比例远高于“00 后”（9.7%）。村/居委会选举参与方面，“00 后”（67.9%）未来参与村/居委会选举的意愿既高于“90 后”（58.3%），也高于其他代际。日常政治参与方面，“00 后”（42.7%）“与他人或网友讨论政治问题”的比例既显著高于“90 后”（26.9%），也高于其他代际群体；“00 后”（16.1%）“参加社区组织或者自发的社会公益活动”的比例既高于“90 后”（11.2%），也高于其他代际群体。政治效能感方面，虽然“00 后”（36.7%）的个体效能感水平显著低于“90 后”（52.5%），也显著低于其他代际群体，但是，“00 后”（81.1%）的政府效能感水平既显著高于“90 后”（65%），也显著高于其他代际群体。数据呈现的这些“00 后”群体性差异，既包含该群体人生阶段性的发展特征，又包含以时代变迁和重大历史性事件（例如新冠肺炎疫情）为背景的世代特征，值得关注。

第八章

社会质量综合评估报告

社会质量理论缘起于欧洲学界，研究者们则期待建立一套基于宏观数据和调查数据的、国际通用的社会测量指标体系。因此，社会质量的测量与评价需要宏观统计指标的支撑。建立在社会大调查基础上的宏观统计指标可以真实有效地对社会发展状况进行综合分析，可以通过了解经济社会发展的速度与质量来对经济社会转型进行预测，并勾画出社会整体的各个维度。社会质量理论提倡以人为本和以民生为导向的政策意向，关注社会建设、增进社会和谐，为社会治理现代化体系的建设提供了理论分析基础。

本章根据社会质量的发展评价体系，从社会经济保障水平、社会凝聚状况、社会包容性发展水平、社会赋权状况四个方面综合评估社会整体的发展质量，并依据2021年中国社会状况综合调查（CSS 2021）的数据报告中的主要内容进行归纳、分析与评估，同时梳理往期CSS调查数据及相关结论，提取出其中较为明显的变化趋势并加以分析。

第一节　中国社会经济保障水平评估

社会经济保障是社会质量理论用以考察社会质量的首要维度——一个具有较高社会质量的社会必须使人们能够获得社会经济保障。这是因为，个体只有在物质层面上获得安全感，才有可能对社会产生认同感并参与建设。当前，我国覆盖城乡居民的社会保障体系基本建立，人民健康和医疗卫生水平大幅提高，保障性住房建设也在稳步推进。但是，通过数据可以看出，当前我国的社会经济保障体系也存在着一些问题，对整个社会质量的提升造成了一定的负面影响。

一　家庭经济安全状况评估

本章从收入充足性、收入贫困与保障和收入不平等三个维度来报告当前我国民众家庭的社会经济保障状况。收入充足性的测量指标具体包括居民家庭收入和消费性支出的基本情况，家庭收支平衡的测算结果和主观评估，家庭消费性支出的基本构成及主要部分占比，以及居民主观感知的家庭经济困难；收入贫困与保障的测量指标包括收入相对贫困的测算和家庭收入来源上对转移性收入的依赖程度；收入不平等的测量指标主要有人均收入的对比和消费性支出的差异。

（一）收入充足性

收入充足性包含家庭收入与支出基本状况、家庭经济收支平衡状况、家庭生活消费支出的构成与各类支出占总收入的比例状况、居民对其家庭经济困难的主观感知状况四个方面的内容。

1. 家庭收支状况概述

从收入角度来看，2021 年的 CSS 调查结果显示，我国民众的家庭总收入和家庭人均收入与上一轮调查结果相比都有所增加。就家庭总收入而言，2020 年的民众家庭总收入的加权后均值为 103889 元，中位值是 70000 元，相比于 2018 年分别提升了 12603 元和 10000 元。在全国六大区域中，华东地区家庭总收入均值最高，超过了 131548 元，而其他五大地区的家庭总收入均值都低于全国平均水平的 103889 元。其中，东北地区的家庭年总收入均值在六大区域中垫底，仅为 74904 元，比最高的华东地区低了 56644 元。就家庭人均收入而言，2020 年全国家庭人均收入的加权后均值和中位值相比于 2018 年都有所增加。全国六大区域中，家庭人均收入均值和中位值最高的地区为华东地区，最低的地区则是西南地区。

从支出角度来看，2020 年民众家庭生活消费总支出的加权后均值为 76586 元，中位值为 51850 元，分别比 2018 年增长了 14000 多元和约 10000 元。全国六大区域中，依旧是华东地区的家庭生活消费总支出均值居于首位，达 90787 元；东北地区则排在最后，比全国平均水平低了近 20000 元。

从收支比的角度来看，2020 年全国家庭总收入与总支出的均值比为 1.36。全国六大区域中，华东地区家庭总收入与总支出的均值比为 1.45，中位值比为 1.46，在各地区中均为最高。在人均收支比方面，全国家庭人均收入与人均支出的均值比同样为 1.36。在全国六大区域中，华东地区的人均收与支出的均值比最高，达 1.46；人均收入与支出的中位值比则是西北地区最高，达 1.47。数据显示，无论是全国层面还是六大区域的层面，家庭总收入和人均收入的中位值都普遍低于均值，这说明我国依旧存在着数量较为庞大的低收入群体。

2. 家庭内部收支平衡状况

就家庭内部收支平衡状况而言，2020 年全国家庭收支比均值为 2.18，收支比中位值为 1.33，即全国有一半家庭的总收入是总支出的 1.33 倍及以上。并且，全国收支比大于等于 1 的家庭比例为 65.97%，即大约有 2/3 的家庭收支状况良好。在全国六大区域中，华东地区的家庭收支平衡状况最好，西北地区和东北地区的家庭收支状况也较为平衡，而西南地区的家庭收支平衡状况则比较严峻，其收支比均值仅为 1.65，中位值是 1.16，大约有 40% 的西南地区家庭收不抵支。

3. 家庭支出构成与占比

就家庭支出构成与占比而言，食品类消费在我国居民家庭生活消费支出中占比最高，达 28.8%；占比最低的为交通通信类消费，为 8.1%。在全国六大区域中，中南地区的食品消费开支在总支出中的占比位居第一，达 32.1%；而西北地区的食品消费开支在总支出中的占比则垫底，为 24.4%。一般而言，一个家庭中食品消费开支在家庭总支出中的占比是衡量一个国家居民生活水平的重要标准（即恩格尔系数）。恩格尔系数越低，则国民生活水平越高，越接近于“富裕”。而在我国，在恩格尔系数之外还需要综合考虑各地区历史文化传统、民风习俗和经济实际发展的影响。例如饮食文化比较丰富、物价水平也较高的西南、中南地区，其恩格尔系数会相对偏高；而西北地区较低的恩格尔系数则与当地的饮食结构、物价水平以及本地人节俭的生活习惯都有关联。

在我国居民家庭生活消费支出占比中排名第二的是居住相关支出，为 12.5%。居住相关支出包含了缴纳房租和电费、税费、燃气费、物业费、取暖费等费用，反映了居民家庭基本生活必需的开支。一般而言，城镇居民家庭的居住负担要高于农村居民家庭。在全国六大区域中，城市化水平较高的华东地区和华北地区的居住相关支出占比位居前列，前者的居住相关支出占总支出的比重为 15.6%，后者为 13.3%；居住相关支出占总支出的比重最低的为东北地区，仅有 9.0%。

在家庭教育支出占比方面，2020 年家庭教育支出占我国居民家庭生活消费总支出的比重为 11.9%。其中，华东地区和华北地区的教育支出占家庭生活消费总支出的比重最高，超过 12%；而西南和西北地区最低，在 10% 左右。在医疗保健支出占比方面，2020 年全国医疗保健支出占总支出的比例为 9.0%，相比于 2018 年下降显著。这得益于 2019 年以来我国在医疗保健领域开展的一系列政策改革，大幅度地提高了医保领域的补助水平和覆盖范围，大大缓解了民众在医保方面的负担。然而，医保领域依旧存在地区不平等、不均衡的状况——西北地区的医疗保健支出占总支出的比重显著高于其余五大地区，达 20.2%，占总收入的比重也有 15.2%。

4. 居民感知的家庭经济困难

从全国范围来看，2020 年，全国民众家庭经济困难方面的问题占比由高到低依次为"物价上涨，影响生活水平"（44.9%）、"家庭收入低，日常生活困难"（36.0%）、"医疗支出大，难以承受"（26.8%）、"家人无业、失业或工作不稳定"（26.0%）、"子女教育费用高，难以承受"（24.9%）、"住房条件差，建/买不起房"（21.9%）。在全国六大区域中，排名前两名的经济困难问题也都是"物价上涨，影响生活水平"和"家庭收入低，日常生活困难"，而物价上涨和收入低往往是相伴而生的同质性问题，这反映出我国经济下行期民众生活水平的真实状况。其中，对"物价上涨，影响生活水平"感受最严重的是中南地区的居民家庭，达 49.2%；而对"家庭收入低，日常生活困难"感受最严重的则是西北地区，达 45.6%。除此以外，排名第三的经济困难问题在全国六大区域有所不同：在华北地区、东北地区和中南地区，为"医疗支出大，难以承受"；在华东地区，为"子女教育费用高，难以承受"；在西南地区和西北地区，为"家人无业、失业或工作不稳定"。在全国范围内都排名前二的"物价上涨，影响生活水平"和"家庭收入低，日常生活困难"，在宏观层面上反映了当下民众对于生活问题的共同境遇，而排在后面的问题则是这些宏观困难之下的一个个具体的问题类型，反映了不同区域社会发展的差异。在西南地区和西北地区，"家人无业、失业或工作不稳定”排名前列，结合前面对家庭支出等方面的分析，在一定程度上反映了西部地区就业机会较为缺乏、经济发展缓慢的问题。在华东地区，“子女教育费用高，难以承受”位居前列，可能是因为华东地区作为全国经济最发达的地区，人们主观上重视子女教育，希望子女能够超越或保持其家庭原有的阶层地位；客观上则是因为华东地区作为全国主要的人口流入地，面临着资源竞争烈度增加的问题。在华北地区、东北地区和中南地区，“医疗支出大，难以承受”问题困扰民众，这可能是因为这些地区一方面收入水平不够高，而其他方面的生活开支又比较大，导致能够留给医疗保健的支出比较有限；另一方面，也可能是这些地区的医疗资源有限，需要政策倾斜扶助。

（二）收入贫困与保障

对收入贫困的测量采用“最低生活保障线法”和“相对贫困标准法”两种方法进行测量。“最低生活保障线法”采用各省/市/自治区 2020 年第 4 季度发布的城乡最低生活保障标准来定义家庭人均收入低于对应省/市/自治区城乡低保标准的为低保边缘家庭。“相对贫困标准法”以调查数据中城镇居民家庭人均收入中位值的 40% 和农村居民家庭人均收入中位值的 50% 为标准来测算处于相对贫困状态的家庭比例。

对收入保障的测量主要考察城乡居民的家庭收入来源。我国城乡居民的家庭收入来源主要包括工资性收入、农业生产收入、经营性收入、财产性收入和转移性收入五类收入来源。收入来源的测量指标有三个：其一，拥有各类收入的家户比例，考察居民家庭收入来源的丰富性；其二，某类收入占家庭总收入 80% 及以上的家户比例，考察居民家庭对单一收入来源的依赖性；其三，相对贫困家庭各类收入来源占家庭总收入的比例，考察转移性收入对相对贫困家庭的影响。

1. 收入贫困状况

从“最低生活保障线法”来看，有 16.2% 的居民家庭人均收入在本省低保线水平以下，其中城镇居民家庭人均收入在本省低保线水平以下的比例为 13.0%，乡村居民家庭人均收入在本省低保线水平以下的比例为 22.0%，乡村比城市高出 9 个百分点。分全国六大区域来看，农村居民家庭人均收入在本省低保线水平以下的比例普遍高于城市居民家庭，其中城乡贫困差距最大的地区为华东地区，中南地区和西南地区的城乡贫困差距并列第二，城乡贫困差距最小的地区则为东北地区。居民家庭人均收入在本省低保线水平以下比例最高的地区为西北地区，达 19.0%，并且该地区的城镇居民家庭人均收入在本省低保线水平以下比例也为最高，达 16.0%；居民家庭人均收入在本省低保线水平以下比例最低的地区为东北地区，达 8.6%，并且该地区的城镇和乡村居民家庭人均收入在本省低保线水平以下的比例也最低，分别为 7.5% 和 11.6%。乡村居民家庭人均收入在本省低保线水平以下比例最高的地区为中南地区，达 23.6%，并且该地区的总体和城镇居民家庭人均收入在本省低保线水平以下比例都位列第二，分别达 18.2% 和 14.6%。从“相对贫困标准法”来看，全国有 19.1% 的家庭处于相对贫困状态。其中，城镇地区的相对贫困家庭占比 18.2%，乡村地区的相对贫困家庭占比 20.6%，乡村比城镇高出 2.4 个百分点。

2. 收入来源与保障

就工资性收入而言，全国超过 75% 的家庭有工资性收入，有约 50% 的家庭工资性收入占家庭总收入的 80% 及以上。在全国六大区域中，东北地区享有工资性收入的居民家庭比例最低，高度依赖工资性收入的家庭比例也最低。就农业生产收入而言，全国仅有不到三成的家庭拥有农业生产收入，以农业生产收入为主要收入来源的家庭大约占 5%。在全国六大区域中，西北和西南地区有农业生产收入的家庭比例最高，而东北地区高度依赖农业生产收入的家庭比例最高。就转移性收入而言，我国所有家庭都享有转移性收入，其中有 6.7% 的家庭转移性收入占到家庭总收入 80% 及以上。在全国六大区域中，东北地区高度依赖转移性收入的居民比例在六大区中最高，而西南地区最低。在相对贫困家庭中，农业生产收入和转移性收入占总收入的比重较大，工资性收入的平均占比偏低。在全国六大区域中，西部地区的相对贫困家庭收入来源中转移性收入占比最低，华东地区则最高。从城乡地区来看，乡村地区相对贫困家庭对转移性收入的依赖程度较高。

（三）收入不平等

1. 城乡不平等

总体而言，我国城乡居民的收入差距仍然显著。其中，从均值来看，华北地区的城乡差距最为突出，其城市居民人均收入是乡村居民人均收入的 2.5 倍；从中位值来看，东北地区是城乡差异最大的地区，其城乡中位值比为2.3。

从消费支出具体类型来看，城乡消费支出比例差距最大的是医疗保健类，全国范围内城镇家庭在医疗保健方面的支出占家庭总消费的7.6%，平均比乡村家庭少5.2个百分点。全国六大区中，东北地区的医疗保健类城乡消费支出差距最大，其乡村地区家庭比城镇地区家庭高出8.1个百分点。在医疗保健之后，城乡消费支出比例差异最大的是居住支出，其差距在全国范围内达到4.5%，且在统计上显著。在全国六大区中，东北地区家庭居住负担最低，但该地区居住消费占比的城乡差异又是各地区中最大的——其城镇家庭在居住分项的支出占比高于乡村家庭10.1个百分点。

2. 收入阶层不平等

总体而言，我国不同阶层间收入差距明显，高收入组的收入均值为117484元，是低收入组收入均值的30倍。这一比例数值最大的是经济发展水平最高的华东地区，其高收入组的收入均值是低收入组的33.7倍。从具体消费支出类型上来看，医疗保健类支出为高收入组与低收入组家庭消费支出比例差距最大的条目，其低收入组家庭的医疗保健支出占比比高收入组家庭高出了13.3个百分点。在医疗保健支出之后，家庭设备及用品类的消费支出比例差异最大。高收入组在这一类别中的消费比低收入组高出8.7个百分点。此外，在居住消费支出中，高收入组家庭比低收入组家庭高出7.4个百分点；在饮食消费支出中，低收入组家庭比高收入组家庭高出7.4个百分点；在衣着消费支出中，高收入组家庭比低收入组家庭高出2.3个百分点；在交通通信、教育支出等方面，高低收入组家庭之间不存在显著差异。

（四）小结

总的来说，根据CSS 2021数据可知，我国居民家庭在2020年财务状况良好，家庭经济安全风险较低，但也存在着一定的风险隐患。具体来说，存在以下问题：其一，家庭收入地区差距显著，呈现出“北低南高，西低东高”的状况，这进一步影响了不同地区家庭的消费支出额度和消费构成，以及不同地区家庭对经济困难状况的主观感知。其二，“物价上涨，影响生活水平”和“家庭收入低，日常生活困难”这两项问题在全国范围内都很突出，说明经济下行和新冠肺炎疫情的打击切实影响到了广大民众的生活水平。而在具体的经济问题中，不同地区家庭的首要经济问题各不相同：在华北地区、东北地区和中南地区，为“医疗支出大，难以承受”；在华东地区，为“子女教育费用高，难以承受”；在西南地区和西北地区，为“家人无业、失业或工作不稳定”。这反映出了不同地区的经济结构和实际情况不同。其三，收入不平等状况依然严峻，在分城乡、地区、职业、阶层、受教育程度等各个层面都非常显著，而不同收入家庭在医疗保健类支出上的消费差距最大，反映出收入与居民家庭抗风险能力的关系。

二　居住和社会保障状况评估

社会经济保障中的第二个子维度是“居住和社会保障”。本部分主要根据 CSS 2021 调查数据，对我国城乡居民的房屋财产状况（包括住房套数、人均住房面积、住房性质、住房价值）、房屋居住状况（包括现居住住房性质、住房来源）及社会保障状况（社会保障享有率、社会保障满意度、公众期望—体验感知）等方面进行描述和分析。

（一）城乡居民房屋状况

1. 住房套数

根据 CSS 2021 数据可知，2021 年我国城乡居民家庭住房自有率为 94.97%，与 2019 年基本持平，但多套自有住房的持有比例有所增加：拥有两套及以上自有住房的占比为 22.86%，比 2018 年提升了 2.29 个百分点。从城乡角度来看，一方面，乡村居民家庭的自有住房率为 98.45%，比城镇居民家庭高出了 5.37 个百分点；另一方面，城镇居民家庭多套住房的持有比例高于乡村，有 26.11% 的城镇居民家庭拥有两套及以上住房，比乡村居民家庭高出了 10 个百分点。

2. 人均住房面积

CSS 2021 数据显示，2021 年居民家庭人均建筑面积为 42.23 平方米，其中城镇地区居民家庭人均建筑面积为 42.29 平方米，乡村地区居民家庭人均建筑面积为 42.12 平方米，城乡差距不显著。从全国六大区域来看，华东地区和中南地区的人均住房面积高于全国平均水平，分别为 46.17 平方米和 42.94 平方米；低于全国平均水平的西南地区、华北地区、西北地区、东北地区的人均住房面积分别为 40.83 平方米、39.09 平方米、

36.70 平方米、36.45 平方米。其中，东北地区城乡差异最为显著，其城镇居民人均住房面积比农村多出 4.18 平方米；其次为华东地区，其农村居民人均住房面积比城镇多出 2.76 平方米。西南地区的城乡人均住房面积差距最小，其城镇人均住房面积仅比农村多出 0.42 平方米。从家庭收入上来看，居民家庭收入与人均住房面积大体呈正相关关系。并且，收入分组的家庭人均住房面积呈偏态分布：80% 的家庭人均住房面积低于平均值，而最高 20% 收入家庭组的住房面积显著拉升了总体人均住房面积水平。其中，高收入家庭组的人均住房面积为 52.72 平方米，高出平均值 10.49 平方米，高出低收入家庭组 15.21 平方米。

3. 住房性质

住房性质通常指住宅的产权归属，主要包括商品房、经济适用房/两限房、原公房、集资房、小产权房、安置房和农村私有住房（自建房）等几种类型。CSS 2021 数据显示，我国居民家庭住房的性质以乡村私有住房和商品房两种类型为主，城乡二元形态特征明显。其中，乡村私有住房在所有住房中占比 60.27%，主要分布于乡村地区；商品房在所有住房中占 35.12%，主要分布于城市地区（直辖市、省会城市、地/县级市、县城）；乡镇地区作为城乡二元格局的交汇点，其农村私有住房和商品房的比重大致相当，分别为 45.11% 和 48.06%。

4. 住房来源

住房来源主要包括自建、购买、继承或赠与、拆迁补偿四种形式。CSS 2021 数据显示，自建与购买是我国居民目前主要的两种获房方式：58.24% 的居民家庭自有住房为自建房，43.92% 的居民家庭自有住房来自购买。分城乡来看，乡村居民家庭中拥有自建房比例最高，达 89.50%，比城镇地区高了 55.02 个百分点；城镇家庭通过购买获得房屋的比例最高，达 55.68%，比乡村地区高了 49.84 个百分点。此外，城镇地区的拆迁补偿所得住房占比比乡村地区高了 4.34 个百分点；继承或赠与以及其他方式所得住房的城乡差距不显著。从收入分组来看，收入对自建和购买的住房来源影响最为显著：收入越高的家庭，其住房越可能为购买；收入越低的家庭，其住房越可能为自建。

5. 住房价值情况

CSS 2021 数据显示，我国居民家庭平均住房资产为 60.58 万元，标准差为127.98万元，家庭间差异较大。从城乡层面来看，城镇居民住房资产均值为78.39万元，比乡村居民多出50.79万元。住房资产可以很大程度上解释城乡家庭总资产的差距。从家庭住房资产分段情况来看，住房资产最低的52%家庭，在全部家庭住房资产中只拥有9%的份额；而住房资产最高的2%家庭，其占全部家庭住房资产的份额接近20%，住房资产不平等状况非常严重。

就住房增值情况来看，2021年我国居民家庭住房的名义增值平均为8.77倍。其中，城镇居民的住房现价值平均是购房（或建房）时价值的9.36倍，乡村居民的住房现价值平均是购房（或建房）时价值的6.92倍，城镇居民住房增值高于农村居民住房。

（二）城乡居民居住状况

1. 居住自有住房和非自有住房状况

总体而言，2021年，82.5%的居民居住在自有住房内，10.4%的居民租住在私人住房内，其他类型的居住状况一共只占7.1%。从城乡来看，乡村居民94.10%都居住在自有住房中，比城镇居民高出17.9个百分点；城镇居民家庭超过20%是以租住、借住或集体宿舍等形式居住。

2. 目前自有住房居住情况

CSS 2021数据显示，有86.32%的自有住房为本人居住或家人亲属居住，有3.57%的自有住房出租给他人，有9.29%的自有住房无人居住。分城乡来看，乡村居民家庭自有住房为本人或家人亲属居住的高达91.91%，比城镇居民家庭高出8.55个百分点；另外，城镇地区居民家庭自有住房出租他人的比例为5.20%，比乡村地区高出4.7个百分点。分地区来看，居民自有住房本人或家人亲属居住的比例在城乡地区都为最高，占比都超过了3/4。出租他人这一类别与城镇等级、规模呈正相关，城镇等级越高，出租他人比例则越高。出租他人比例最高的直辖市城区和省会城市城区的占比均在10%左右，而乡村地区这一比例仅为1.07%。空置房在县城和市/县城城区以外的镇占比较高，均超过10%。

（三）社会保障状况

CSS 2021将我国居民社会保障分为养老保险、医疗保险、失业保险、工伤保险、生育保险、城乡最低生活保障（以下简称“低保”）六大类型。调查数据显示，2021 年我国养老保险、医疗保险、失业保险、工伤保险、生育保险和低保的享有率分别是 32.3%、63.0%、16.2%、19.0%、14.3%和3.7%。其中，失业保险、工伤保险、生育保险的享有率相比于 2019 年分别提升了 2.96、3.9、2.47 个百分点；城乡最低生活保障享有率则较 2019 年下降了 1.08 个百分点。

从年龄组来看，30—39 岁群体的失业保险、工伤保险、生育保险的享有率最高；60 岁及以上群体的失业保险、工伤保险、生育保险的享有率最低，而其低保享有率则最高。社会保障享有率的年龄差异主要体现在失业保险、工伤保险和生育保险中。

从城乡地区来看，城镇地区居民的社会保障享有率总体高于农村地区居民。其中，城镇地区居民在失业保险、工伤保险、生育保险这三个险种的享有率上明显高于乡村地区；而在低保享有率上，则是乡村地区高于城镇地区。

从职业类型来看，专业技术人员的失业保险、工伤保险、生育保险享有率均为最高分别为 60.24%、62.99%、56.78%；办事人员次之，机构负责人则位列第三。失业保险、工伤保险和生育保险享有率最低的是农、林、牧、渔、水利业生产人员，分别仅为 1.53%、2.38%、1.83%。从单位类型来看，体制内单位的失业保险、工伤保险、生育保险享有率分别为 51.44%、58.18%、45.28%，分别比体制外单位高出 16.29 个、18.38 个和 13.71 个百分点。这说明，我国体制外工作单位的社会保障覆盖水平急需得到提升，以促进社会保障公平。

从收入层面来看，收入水平与社会保障享有程度大体上呈正相关关系：收入水平越高，则相应的失业保险、工伤保险和生育保险享有率就越高。低保享有率则与收入水平呈负相关关系，收入越低的居民，低保享有率越高。

从教育层面来看，受教育程度和社会保障享有率的关系与收入水平类似：受教育程度越高，则失业保险、工伤保险、生育保险的享有率越高；受教育程度越低，则低保享有率越高。

从地区层面来看，华东地区在失业保险、工伤保险、生育保险上享有率最高，西北地区则在这三项保险的享有率上最低。另外，西北地区的城乡最低生活保障享有率最高。总的来说，社会保障享有率的地区差异与地区间经济发展水平的差异紧密相关。

（四）公众对社会保障状况的主观态度

1. 公众对社会保障满意度的总体评价

CSS 2021 数据显示，2021 年社会保障公众评价的均值为 7. 14 分，比 2019 年提升了 0. 45 分。分年龄来看，不同年龄段对社会保障状况的评价呈现出明显的“U”形趋势：对社会保障状况评价最高的是 18—29 岁年龄段的居民，均值为 7. 45 分；其次为 60 岁及以上年龄段的居民，均值为 7. 29 分；评分均值最低的为 40—49 岁年龄段的居民，仅有 6. 93 分。

分城乡来看，2021 年主城区、城乡结合区、镇中心区、镇乡接合区、村庄地区对社会保障的评价都有小幅提升，而乡中心区地区则有微弱下滑。城镇地区民众对社会保障状况的评价要高于乡村地区民众。

分职业来看，社会保障评价的职业差异和职业地位相关——职业群体的社会保障评价大致依职业地位由高向低递减。其中，职业地位最高的机构负责人群体对社会保障状况的评分均值比职业地位最低的“生产工人、运输工人和有关人员”群体高出 1. 1 分。

分工作单位类型来看，总体特征是体制内单位人员的评分均值高于体制外单位人员，两者相差 0. 89 分。其中，对社会保障评价均值最高的“党政机关、人民团体、军队就业者”比评价均值最低的“无单位群体”（自由职业者、灵活就业者等）高出 1. 8 分。可以看出，人们对不同单位特别是体制内外的社会保障享有差异有深刻的主观感知，今后应重点提升体制外与无单位人群的社会保障水平。

分收入来看，收入水平与对社会保障的总体评价大体上呈正相关关系，即社会保障评价随着收入水平的提升而提升，但这种差距并不如社会保障的享有程度那么大。

从受教育程度上来看，受教育程度与对社会保障的总体评价同样大体上呈正相关关系，受教育程度高的群体对社会保障的评价高于受教育程度低的群体。值得注意的是，大学本科及以上群体对社会保障的总体评价低于专科群体。

从不同地区来看，各区域对我国社会保障的评分从高到低分别是：西南地区、华东地区/华北地区、东北地区、西北地区、中南地区。其中，评分均值最高的西南地区比评分均值最低的中南地区高 0. 63 分。

2. 公众对各类社会保障的满意度评价

调查数据显示，城乡居民对各类社会保障的评分均超过 6 分，评分从高到低分别是：养老保障（7. 27 分）、医疗保障（7. 16 分）、城乡低保（6. 61 分）、住房保障（6. 54 分）、就业保障（6. 32 分），相比于 2019 年均有增长。其中，民众对住房保障的满意度评分对社会保障总体评价的影响最大，其后依次是就业、低保、医疗和养老保障。

分年龄段来看，18—29 岁群体对各项社会保障的评分均最高，50—59 岁群体对养老保障、医疗保障、就业保障、低保的评分最低，30—39 岁群体对于住房保障的评分最低。

分城乡来看，对各项社会保障评分最高的均是主城区，反映出城市居民所能享受到的各类社会保障资源普遍多于乡村居民。

分职业来看，机构负责人对各项社会保障评分最高，比评分最低的“生产工人、运输工人和有关人员”群体高出 1. 41 分。并且，“商业工作人员”“服务业人员”“生产运输工人”“农、林、牧、渔业生产人员”群体对五类社会保障的评分均低于全体成员，说明蓝领和农民群体的社会保障获得感较低。

分收入来看，收入水平与对各项社会保障的评价大体上呈现正相关关系。其中，评分最高的高收入群体比评分最低的低收入群体高出 1. 15 分。

分受教育程度来看，受教育程度与对各项社会保障的评价大体上呈现正相关关系。其中，评分最高的本科及以上学历群体比评分最低的初中及以下学历群体高出 1. 01 分。

（五）公众对社会保障状况的期望—体验感知

1. 公众对社会保障状况的“刚性期望”和“现实体验”

CSS 2021 调查数据显示，超过六成的民众认为应该是将政府而不是社会成员个人作为社会保障的主要承担者，体现出民众对政府供给社会保障的“刚性期望”程度。另外，半数民众对当前社会保障水平的现实体验偏低。与 2019 年相比，2021 年公众在社会保障的“刚性期望”认知上变化微弱，而在社会保障的“现实体验”方面则所有改善。

2. 不同群体对社会保障的“期望—体验指数”

分城乡来看，乡村地区居民比城市地区居民对社会保障的刚性期望更高，对社会保障的现实体验则呈现出从城市到乡村的下降趋势。

分年龄段来看，年龄与对社会保障的刚性期望大体上呈正相关关系，即居民对社会保障的刚性期望随着年龄的增长而增长。另外，居民对于社会保障的现实体验则随着年龄增长而下降。

分职业来看，农业从业人员、服务业工作人员、不便分类人员、生产工人、运输工人和有关人员对社会保障的刚性期望较高；现实体验则与职业地位呈正相关关系，职业地位越高则现实体验越好。

分就业单位来看，体制内单位就业人员对社会保障的刚性期望略低于体制外就业单位，但其对社会保障的现实体验明显高于体制外就业单位。

分收入来看，不同收入群体对社会保障的刚性期望差距不大，但现实体验差距显著：最高取值的高收入组比最低的中低收入组高出 13. 48 个百分点。

分受教育程度来看，受教育程度与民众对社会保障的刚性期望呈负相关关系，与民众对社会保障的现实体验则呈正相关关系。

（六）小结

1. 城乡居民住房状况

当前我国的城乡居民自有住房率已经非常高，相比于 2019 年还有提升。然而，城乡住房差距却不容忽视，城镇居民家庭拥有多套住房的比例比农村高了近 10 个百分点；并且，城镇居民住房的增值水平明显高于农村居民住房，前者的住房资产价值往往更高——城镇居民住房资产均值为 78. 39 万元，农村居民为 27. 60 万元，前者为后者的 2. 84 倍。

2. 社会保障状况

2021 年数据显示，各项社会保险的覆盖率都有所提升，城乡最低生活保障的享有率则有所下降。各方面差距依然显著，城镇居民各类社会保障的享有率均高于乡村居民；体制内工作人员的社会保险享有率明显高于体制外工作人员；高收入群体的社会保障享有率高于低收入者；高受教育水平群体的社会保障享有率高于低受教育水平群体。

在对社会保障的主观感知方面，不同群体的主观感知差异与客观的社会保险享有状况大致对应，但差距相对较小。其中，城市居民在社会保障方面的获得感高于乡村居民；中老年群体的获得感远远低于青年群体；中高层职业群体的获得感明显高于一线生产、服务群体；体制内单

位就业者的社会保障获得感大幅高于体制外单位和无单位就业者，

三 就业和教育状况评估

社会经济保障中的第三个子维度是“就业与教育评估”。按照马斯洛需求层次理论来看，“家庭财务”维度属于人的基本生存需要层次，“居住和社会保障”维度属于人的安全需要层次，“就业和教育评估”维度则属于人的自我实现需要层次。“就业和教育评估”的数据反映了当前社会分层与流动的客观状况以及民众对社会发展机会的主观认知，可以揭示出当前社会有机体运作的健康状态和社会质量发展的真实水平。本部分首先从客观层面分析当前的就业基本形势和教育发展状况，随后从民众的主观评价层面分析其对我国就业、教育领域发展的感知，最后给出一些政策上的相关建议。

（一）就业保障水平

1. 就业基本形势

（1）就业基本分布

就受访者所从事的职业类型而言，2021 年的中国社会状况综合调查数据显示，“农、林、牧、渔、水利业生产人员”在有效受访样本中占比最高，达 28.43%；其余行业按从业人员在有效受访样本中的占比依次为“生产工人、运输工人和有关人员”（18.44%）、“服务性工作人员”（15.76%）、“商业工作人员”（13.82%）、“办事人员和有关人员”（10.47%）、“专业技术人员”（9.32%）、“国家机关、党群组织、企业、事业单位负责人”（2.96%）、“警察及军人”（0.33%）和“其他不便分类人员”（0.47%）。当前的职业分布现状反映了第一产业在我国的就业格局中仍占有相当重要的位置，这说明了我国目前的经济社会发展应重点关注第一产业相关从业者的经济保障，完善行业制度规范，通过政策手段切实提升第一产业相关从业者的收入待遇。

就受访者所属就业单位的性质而言，无论是全部非农就业受访者还是只从事非农工作的受访者，在私营企业就业的人群占比都为最高，分别为 30.18% 和 31.77%；其次则为个体工商户，占比分别为 23.82% 和 23.17%。由此可以看出，非公有制经济已经在当前我国的就业格局中占有相当重要的位置，超过半数的受访者都在私营企业或个体工商户中就业，其为满足当前就业市场的需求做出了相当的贡献。

（2）未工作的原因

就受访者未工作的原因而言，2021 年的 CSS 调查数据显示，排名前三的未工作原因依次为“料理家务、照看家人”（42.34%）、“已离/退休”（21.38%）和“丧失劳动能力”（14.42%）。分性别来看，男性受访者排名前三的未工作原因依次为“已离/退休”（27.72%）、“丧失劳动能力”（20.95%）和“其他原因”（16.29%）；女性受访者排名前三的未工作原因依次为“料理家务、照看家人”（56.01%）、“已离/退休”（18.36%）和“丧失劳动能力”（11.31%）。这说明，男女两性在未工作的原因占比上差异极大，特别是在“料理家务、照看家人”这一项上，有超过一半的未工作原因是“料理家务、照看家人”；而在未工作的男性中，这一比例仅为 13.68%。可以看出，目前的性别分工上，女性依旧承担了绝大多数的家务劳动，“男主外、女主内”的社会分工习惯在整体上依旧存在，当家庭中因为有额外的家务负担而与夫妻二人的工作时间产生冲突时，往往女性群体选择放弃工作、回归家庭。这就需要重点关注、保护女性在就业市场上的合法、平等权益，并额外关注女性在家庭中的权益保护。

2. 就业保障水平

（1）工作收入状况

就工作收入基本状况而言，一方面，非农工作和农业工作之间的收入差距极大，“只从事非农工作”的受访者和“以务农为主、但同时也从事非农工作”的受访者的平均每月总收入分别为 6471.88 元和 2916.78 元，前者比后者多了 3555.10 元；另一方面，从城乡地区来分析，如果单看“只从事非农工作”的受访者，那么城镇地区“只从事非农工作”的受访者的月总收入均值为 6644.98 元，比乡村地区“只从事非农工作”的受访者高出 1132.33 元，其差距相对于农业工作和非农工作之间的差距而言要小很多。可以看出，城乡之间的收入不平等主要体现在工作类型的不平等中，以农业工作为主的民众收入较低。

分职业类型来看，平均月总收入排名前三的职业类型依次为“国家机关、党群组织、企业、事业单位负责人”（14399.74 元）、“警察及军人”（7290.02 元）和“专业技术人员”（7114.41 元）；平均时薪排名前三的职业类型则为“国家机关、党群组织、企业、事业单位负责人”(77.48元)、“专业技术人员”(38.49元)和“办事人员和有关人员”(37.50元)。需要指出的是，一方面，各类职业之间的平均月总收入差距很大，平均月总收入最低的“农、林、牧、渔、水利业生产人员”(2759.08元)比平均月总收入最高的“国家机关、党群组织、企业、事业单位负责人”(14399.74元)要少11640.66元，两者差距超过一万元；而另一方面，这种平均值之间的较大差异也与极端值的存在有关。比较各职业类型的中位值来看，月总收入中位值最高的“国家机关、党群组织、企业、事业单位负责人”(5000元)和月总收入中位值最低的“农、林、牧、渔、水利业生产人员”(1500元)之间的差距为3500元，比起二者平均值之间的差距而言要小很多，这说明极端值对月平均总收入的数值存在影响。

总的来说，收入差距主要体现在两方面：一方面是农业工作和非农工作之间的差距，只从事非农工作的受访者平均月总收入比以农业工作为主的受访者要高得多，城乡之间的收入差距也主要体现在这里；另一方面则是非农工作中不同职业类型之间的差距，主要体现在职业阶层的差距上。“国家机关、党群组织、企业、事业单位负责人”作为社会阶层较高的职业类型，其月均总收入要远高于其他职业；而“农、林、牧、渔、水利业生产人员”“不便分类人员”(主要是一些灵活就业者)、“生产工人、运输工人和有关人员”和“服务性工作人员”等社会阶层较低的职业类型，其平均月总收入要远少于收入排名前三位的“国家机关、党群组织、企业、事业单位负责人”“警察及军人”和“专业技术人员”。这说明，对于基层一线工作人员而言，其收入待遇状况急需得到提升。一方面这些基层一线工作人员面临较为艰苦的工作环境和较大的工作量；另一方面其收入待遇却处于较低水平，长期来看不利于我国经济社会健康发展。并且，在基层一线工作人员中，从事第一产业的一线生产人员待遇也是最低的。从我国农业农村现代化发展和粮食安全角度出发，必须首先提升“农、林、牧、渔、水利业生产人员”的收入待遇，从而保障乡村振兴战略的顺利实施。

(2) 工作时长状况

就工作时长状况而言，总的来说，从事非农工作的受访者平均每天工作8.69小时，每日工作时间的中位值是8小时；平均每月工作23.18天，每月工作天数的中位值是25天。分工作性质来看，对于“只从事非农工作”的受访者而言，有38.22%的人每天工作超过8小时；对于“从事非农工作同时也务农”的兼业受访者而言，有53.63%的人每天工作超过8小时。

分职业类型来看，平均每天工作小时数最长的前三种职业类型为“警察及军人”（9.80小时）、“商业工作人员”（9.24小时）和“生产工人、运输工人和有关人员”（9.07小时）；平均每月工作天数最长的前三种职业类型为“警察及军人”（26.45天）、“商业工作人员”（26.00天）和“服务性工作人员”（24.13天）。“警察及军人”和“商业工作人员”因职业性质要求，需要付出更长的工作时间和更多的工作天数，因此其工作时长位列前两名，高于其他职业类型；“生产工人、运输工人和有关人员”往往需要在规定的工作计划期限内完成一定的工作任务，因此容易加班，其平均每日工作时间会比较长；“服务性工作人员”往往需要在节假日内也进行工作，因此其平均每月工作天数会比较长。

对比前面对不同工作平均时薪的分析，可以看出，平均时薪靠前的职业类型与工作时长靠前的职业类型之间不匹配，高工作时长的职业类型往往平均时薪较低，这些高工作时长的人员往往是从事一线基层工作的生产人员、服务人员，工作环境较为恶劣，不同职业之间的劳动薪资不平等状况事实存在。

（3）劳动技能

就劳动技能状况而言，专业职称持有者占比排名前三的职业类型依次为“专业技术人员”（58.60%）、“国家机关、党群组织、企业、事业单位负责人”（27.14%）和“办事人员和有关人员”（19.72%）；技术等级持有者占比排名前三的职业类型依次为“警察及军人”（22.64%）、“生产工人、运输工人和有关人员”（16.60%）和“服务性工作人员”（10.10%）；“需要较高或很高专业技能”的人员占比排名前三的职业类型依次为“专业技术人员”（70.95%）、“警察及军人”（55.18%）和“国家机关、党群组织、企业、事业单位负责人”（45.67%）。

综合前面对工作时长和收入待遇的分析来看，对专业技能要求高的职业类型往往也拥有比较高的收入待遇。相对而言，“商业工作人员”和

“农、林、牧、渔、水利业生产人员”对专业技能的要求就比较低，其专业职称持有度、技术等级持有度和主观专业技能水平认知度均比较靠后，平均时薪收入也较低。由此可见，加强各行业特别是基层行业的专业技能培训和技术评级，提升基层工作的技术含量，让工农业一线生产人员持续学习所在生产领域的相关技能知识，提升其专业技术能力，可以帮助其改善提升收入待遇。

（4）劳动合同保障

就劳动合同保障而言，在全部非农就业劳动者中，没有签订劳动合同的受访者占比54.42%，签订劳动合同的受访者占比30.56%，签订劳务合同的受访者占比5.07%，签订人事合同的受访者占比4.29%，不需要签劳动/劳务合同的受访者占比3.71%。分就业类型来看，在“只从事非农工作”的受访者中，没有签订劳动合同的受访者占比49.15%，签订劳动合同的受访者占比34.50%，签订劳务合同的受访者占比5.44%，签订人事合同的受访者占比5.14%，不需要签劳动/劳务合同的受访者占比3.73%。在“从事非农工作同时也务农”的受访者中，没有签订劳动合同的受访者占比75.24%，签订劳动合同的受访者占比15.02%，签订劳务合同的受访者占比3.60%，签订人事合同的受访者占比0.92%，不需要签劳动/劳务合同的受访者占比3.67%。

可以看出，“只从事非农工作”的受访者的劳动合同签订率要明显高于“从事非农工作同时也务农”的兼业受访者。总的来说，劳动合同签订率仍存在提升空间，特别是对于“从事非农工作同时也务农”的兼业劳动者来说，需要加强普及劳动合同法律宣传，从而保障劳动者的合法权益。

（5）劳动关系状况

就劳动关系状况而言，总的来说，在全部非农就业劳动者中，“有明确的劳动关系”者占比为38.56%。分年龄段来看，18—29岁的受访者中“有明确的劳动关系”者占比最高，达48.91%。并且，随着年龄段数值的增长，“有明确劳动关系”者的占比逐渐递减。分区域来看，华北地区有47%的受访者“有明确的劳动关系”，其比例在六大区域中最高；在其余地区的受访者中“有明确的劳动关系”者占比排序依次为东北地区（41.00%）、华东地区（40.82%）、西南地区（40.25%）、西北地区

（35.61%）和中南地区（31.59%）。分职业类型来看，职业类型为“专业技术人员”的受访者中“有明确的劳动关系”者占比最高，达74.22%；“有明确的劳动关系”者占比排名第二、第三的职业类型依次为“警察及军人”（70.11%）和“办事人员和有关人员”（68.26%）；“有明确的劳动关系”者占比排名最低的职业类型为“农、林、牧、渔、水利业生产人员”，只有12.35%。分工作单位来看，“有明确的劳动关系”者占比排名前三的工作单位为“三资企业”（88.87%）、“国有/集体事业单位”（79.46%）和“国有企业及国有控股企业”（70.67%）；“有明确的劳动关系”者占比排名最低的工作单位为“私营企业”（46.51%）。

总之，随着时代的发展进步和教育的普及，越年轻的世代越重视保护自身劳动权益，劳动合同签订率和“有明确的劳动关系”者占比要明显高于中老年世代；在全国六大区域中，西北地区和中南地区中“有明确的劳动关系”者占比明显低于其他区域，其区域内的工作环境和劳动者权益状况有待提升；在不同职业类型中，“商业工作人员”“服务性工作人员”以及“生产工人、运输工人和有关人员”建立明确劳动关系的比例均不足三成，特别是“农、林、牧、渔、水利业生产人员”，仅有12.35%，因此需要额外注意保护基层工作人员的工作权益，提升其劳动权利意识，规范基层行业制度建设；不同单位在建立明确劳动关系的比例上差异极大，三资企业与劳动者建立明确劳动关系的比例要远高于其他工作单位，社区居委会、村委会等基层组织在这方面则远落后于其他工作单位，这说明基层工作单位的劳动保护状况堪忧，需要重点关注。

3. 工作环境质量

（1）失业预期

就主观失业预期而言，在所有非农就业受访者中，其对自身未来失业前景持悲观态度的受访者占比26.47%，而对自身未来失业前景持乐观态度的受访者占比58.66%。可以看出，半数以上的受访者对自己的就业稳定状况持乐观态度，我国的就业环境整体呈健康发展趋势。分职业类型来看，“农、林、牧、渔、水利业生产人员”的失业预期最高，其认为自身未来失业风险较高的人占比高达40.22%；其次为“生产工人、运输工人和有关人员”，其认为自身未来失业风险较高的人占比为37.25%。

与之相对，“国家机关、党群组织、企业、事业单位负责人”“专业技术人员”以及“办事人员和有关人员”这三种职业的受访者的失业预期均比较乐观，其认为自身未来失业风险较高的受访者占比分别为14.33%、12.14%和16.39%，均不到20%。可以看出，专业技能水平较高人员、收入水平较高人员和体制内人员的失业预期远低于一线生产、服务人员，这表明职业阶层地位较低、收入待遇较差、专业技能水平较弱的一线生产、服务人员承担了巨大的失业风险，就业环境比较恶劣。分就业单位性质来看，在“党政机关、人民团体、军队”“国有企业及国有控股企业”和“国有/集体事业单位”中工作的受访者的失业预期均较低，分别为10.45%、15.17%和10.17%；而在“私营企业”和“个体工商户”中工作的受访者往往面临着较高的失业预期，其认为自身未来失业风险较高的受访者占比分别为25.83%和25.07%。这与前面对职业类型的分析较为一致：体制内人员往往集中于“党政机关、人民团体、军队”“国有企业及国有控股企业”和“国有/集体事业单位”中，而一线生产、服务人员则往往集中于“私营企业”和“个体工商户”中，两者面临的客观工作环境和社会保障状况差异极大，对于未来失业的主观预期也就产生了巨大的反差。

（2）工作满意度评价

就主观工作满意度评价而言，非农工作受访者满意度较高的项目是“与同事的关系”和“与领导的关系”，平均值分别为8.62分和8.13分；满意度较低的项目是“收入及福利待遇”和“晋升机会”，平均值分别为6.33分和5.84分。非农工作受访者的总体工作满意度评分均值为7.58分，中位值为8分。可以看出，当前非农工作者的总体工作满意度保持在较高水平，尤其是在职场人际关系方面。而在工作机会与待遇方面，民众的主观满意度感知则偏低，亟须改善。

分城乡地区来看，城镇地区受访者的总体工作满意度评分均值为7.63分，乡村地区受访者的总体工作满意度评分均值则为7.43分，两者差距微弱。分区域来看，总体工作满意度评分均值由高到低依次为东北地区（7.84分）、华东地区（7.75分）、华北地区（7.69分）、西南地区（7.51分）、西北地区（7.46分）和中南地区（7.32分），总体上六大区的评分差距在1分以内，区域差异并不显著。分职业类型来看，“生产工人、运输工人和有关人员”和“农、林、牧、渔、水利业生产人员”的总体工作满意度评分均值偏低，分别为7.06分和6.82分；“国家机关、党群组织、企业、事业单位负责人”“办事人员和有关人员”和“警察及军人”三类职业受访者的总体工作满意度评分均值则都在8分以上。可以看出，工作满意度评分的高低与受访者的工作待遇状况和工作时长有着内在关联：一般来说，体制内、收入高、工作时间较短的职业群体往往拥有较高的工作满意度，反之则工作满意度较低。从就业单位归属来看，有明确单位归属的劳动者的工作满意度普遍较高，如在“党政机关、人民团体、军队”“国有/集体事业单位”“民办事业单位（民办非企业单位）”和“社区居委会、村委会等自治组织”中工作的受访者普遍拥有8分以上的工作满意度；而单位归属明确度较弱的受访者的工作满意度普遍较低，如在“个体工商户”中工作的受访者的工作满意度在所有职业类型中垫底，为7.43分。这说明，单位归属明确度的强弱与工作满意度的高低存在联系，单位归属明确度越强，工作满意度越高，反之则满意度越低。这可能是因为，较明确的工作单位归属往往意味着较稳定的工作环境、较完善的制度建设、较全面的福利保障和较合理的工作时间，因此带来较高的工作满意度。

（3）工作机会评价

就工作机会的评价而言，认为当前的工作与就业机会“不公平”的受访者占比27.09%，而认为工作与就业机会“公平”的受访者占比65.30%。由此可见，多数受访者认为我国目前的就业环境是相对公平的。分工作状态来看，正在工作的群体认为工作与就业机会“公平”的受访者占比67.28%，比未在工作的群体高出5.96个百分点，工作群体的就业公平感更强。这可能说明，未工作群体正是因为遭遇就业不公等原因导致其当前处于待业状态，因此其对就业不公平的感受更强烈。分性别来看，男性认为工作与就业机会“公平”的受访者占比67.41%，比女性高出4.27个百分点，男性的就业公平感更强。分城乡地区来看，城镇地区居民认为工作与就业机会“公平”的受访者占比65.72%，比乡村地区居民高出1.19个百分点，城乡就业公平感差别微弱。从年龄上来看，就业公平感与年龄值大体上呈负相关关系，即随着受访者年龄的增加，其就业公平感逐渐下降。这可能是因为，当前我国就业环境存在年龄歧视问题，很多企业招聘设置年龄上的限制，导致中高年龄民众就业存在困难。分受教育水平来看，“初中及以下学历”且认为工作与就业机会“公平”的受访者占比 62.47%，“高中、中专、技校学历”且认为工作与就业机会“公平”的受访者占比 65.33%，“大专学历”且认为工作与就业机会“公平”的受访者占比 72.02%，“大学本科及以上学历”且认为工作与就业机会“公平”的受访者占比 69.65%。总的来说，随着受教育程度的提高，受访者的就业公平感呈上升趋势。可以看出，女性、待业群体、低学历人群和中高年龄群体对于就业公平的看法更加负面，需要额外关注这些人群的就业权益保障。

（4）政府就业工作评价

2021 年中国社会状况综合调查对“政府就业工作评价”采用“政府提供的就业保障状况”的评价和“政府扩大就业、增加就业机会”的评价两个指标进行衡量。就“政府提供的就业保障状况”而言，受访者的满意程度评分均值为 6.32 分，中位值为 7 分，满意度处于较高水平。分工作状态来看，已工作群体的评分均值为 6.33 分，中位值为 7 分；未工作群体的评分均值为 6.30 分，中位值也为 7 分，两者的满意程度非常接近，基本没有差别。分性别来看，男性受访者的满意程度稍高于女性，前者的评分均值为 6.43 分，中位值为 7 分；后者的评分均值为 6.22 分，中位值为 6 分。分城乡地区来看，城镇地区受访者的满意程度显著高于乡村地区，前者的评分均值为 6.49 分，中位值为 7 分；后者的评分均值为 5.98 分，中位值为 6 分。分年龄段来看，从 18 岁到 59 岁，随着年龄的增长，受访者对于政府就业保障状况的满意程度逐步下降，其评分均值从 18—29 岁的 6.82 分下降到 50—59 岁的 5.90 分；而到了 60—69 岁这个年龄区间，评分均值又上升到了 6.33 分，年龄与满意度的评价总体呈现“U”形关系。从受教育程度来看，受访者的受教育程度与满意度基本呈正相关关系，受访者的受教育程度越高，则满意度越高。总的来看，政府在就业保障方面的工作做得不错，但需要针对女性、农村居民、中年人群、受教育程度较低人群等社会群体给予更多的就业保障支持，制定专门的就业照顾政策。

在“政府扩大就业、增加就业机会”的评价方面，71.19% 的受访者对政府在就业方面的工作给予了积极评价，大多数民众对政府的就业工作持肯定态度。分工作状态来看，已工作的受访者中有72.19%的人认为政府在就业方面的工作做得比较好，比未工作受访者高出3.03个百分点。分性别来看，男性受访者中有72.84%的人认为政府在就业方面的工作做得比较好，比女性受访者高出3.36个百分点。从城乡地区来看，城镇地区受访者中有72.46%的人认为政府在就业方面的工作做得比较好，比农村地区高出3.64个百分点。从年龄上来看，受访者越年轻，其对政府在就业方面工作的评价就越好。从受教育程度来看，受访者受教育程度越高，其对政府在就业方面工作的评价越好。总之，在“政府扩大就业，增加就业机会”这一指标上，待业者、女性、农村居民、中高年龄群体和受教育程度较低者的满意度相对更低。综合两个指标评价来看，政府在就业保障方面需要更多地照顾女性、农村居民、中年人群、受教育程度较低人群等社会群体，消减性别、户籍、年龄和学历等方面的歧视，营造一个相对公平的就业环境。

（二）教育保障状况

1. 平均受教育水平

就平均受教育程度而言，有5.4%的受访者未上过学；学历层次为“小学学历”的受访者占比16.46%；学历层次为“初中学历”的受访者占比29.93%；学历层次为“高中、中专、职高技校”的受访者占比为21.19%；学历层次为“大学专科及以上”的受访者占比为26.93%。可以看出，有78.02%的受访者完成了九年义务教育，有超过1/4的受访者接受过高等教育。

就平均受教育年限而言，我国18—69周岁居民的受教育年限总体上已达10.47年。同时，不同群体在受教育年限上也存在差距。分性别来看，男性群体的平均受教育年限为10.97年，比女性群体高1年。从城乡地区来看，城镇地区受访者的受教育年限为11.53年，比农村地区的受访者高3.01年。从年龄上来看，受访者的年龄与其受教育年限大体上呈负相关关系，即受访者的年龄越小，则其受教育程度越高。也就是说，越年轻的世代越有可能接受更长时间、更高质量的教育。分地区来看，华北地区受访者的受教育年限最长，为11.50年，其后依次为东北地区（11.01%）、华东地区（10.70%）、中南地区（10.41%）、西北地区（9.62%）、西南地区（9.35%）。总的来说，女性、中高年龄人群、农村地区和西部地区受访者的受教育年限在受访者群体中相对较短。以上数据显示，我国目前的教育事业总体发展良好，九年义务教育普及率已经很高，且高等教育普及率和教育质量随着时代发展在不断进步。然而，依旧存在着性别不平等、城乡不平等、区域不平等等方面的问题。

2. 政府的教育保障

就政府的教育保障水平而言，在给出明确评价的受访者中，74.40%的受访者给出了正面评价，认为政府在教育保障方面做得“非常好”或“比较好”。这说明，我国民众总体上对于政府在教育公平和发展方面的工作较为满意。分性别来看，男性与女性中对政府在教育保障方面评价积极的受访者占比分别为77.86%和76.93%，男性只比女性高了0.93个百分点，两者差别不大。分城乡地区来看，城镇地区对政府在教育保障方面评价积极的受访者占比为77.58%，乡村地区的这一比例为77.07%，两者差距也很微弱。分年龄来看，18—29岁群体对政府在教育保障方面评价积极的受访者占比82.45%；其余的年龄段按这一比例由高到低排列依次为50—59岁（77.46%）、40—49岁（77.19%）、30—39岁（75.18%）、60—69岁（71.84%）。其中，60—69岁人群的满意度较低，这可能与该群体的受教育水平普遍较低有关。分地区来看，华北地区、东北地区、华东地区和中南地区四个地区对政府在教育保障方面评价积极的受访者占比都很接近，分别为76.41%、77.81%、77.62%和76.21%；西南地区的满意度很高，其比例为83.21%；西北地区的满意度则相对较低，其比例为71.01%。总的来说，在教育保障的主观评价方面，民众总体上持认可态度；性别和城乡差异非常微弱；老年群体和西北地区民众的主观评价相对偏低。

（三）小结

本部分从就业保障质量和教育保障质量两方面评估了当前我国的社会经济保障状况，发现诸如就业基本形势、就业保障水平、平均受教育水平等客观评估指标在不断提升，且民众对政府在就业、教育等方面所做的工作也给予了较为积极的主观评价。但是，当前就业和教育保障方面还存在着一些问题。

首先，单位类型和职业类型之间客观待遇的差距。CSS 2021数据显示，体制内工作单位和体制外工作单位，中高层管理人员和一线生产、服务人员之间的不平等状况极其显著。一般而言，体制外就业人员和一线生产、服务人员往往面临着艰苦的工作环境、超时的工作时长、微薄的收入待遇和低水平的社会保障，因此需要给予更多的扶持和保障。

其次，单位类型和职业类型之间的主观满意度感知差距也很明显，在工作收入和社会地位上处于劣势的一线生产、服务人员在就业和教育保障层面的指标都不容乐观，他们往往对当前的就业、教育保障等方面的满意度也偏低。因此，提升基层劳动者的社会保障水平，改善基层劳动者的工作环境，建立透明、合理、高效的行政管理系统，形成相对公平的社会流动体系，对于缓解目前基层劳动者的困难来说格外重要。

最后，需要注意削减性别、年龄歧视，建立透明、高效的职业上升渠道，为有志于终身学习、提升自身专业技能的劳动者提供足够的时间、机会和资源去提升其专业技能，特别是专业技能相对薄弱的一线生产、服务人员。这就需要社会建立各层次人才的培训机制，重视人力资源的投资，健全培训成果机制，提升各类就业群体的整体就业竞争力。

第二节 中国社会凝聚状况评估

社会凝聚是社会质量理论用以考察社会质量的第二个维度。党的十九大报告提出，我国社会的主要矛盾转变为“人民日益增长的美好生活需要和不平衡不充分的发展之间的矛盾”，这一转变将人民群众对美好生活需要的广泛性置于新的高度，这意味着一个高质量的社会不仅要提供丰富的物质生活条件，还要丰富人们的精神生活，使个体与个体之间关系紧密、互动频繁，使社会成员享有一套共同的价值观念，避免社会分裂等现象及其不良后果。而社会凝聚强调集体认同感，致力于使社会成员享有一致的价值观念、遵循共同的社会规范，从而有助于促进社会整合与社会团结。社会凝聚的测量分为社会信任、社会规范与价值观和国家认同三个维度。

一 社会信任水平

（一）人际信任

就人际信任的总体情况来看，一方面，2021 年我国社会的人际信任水平（6.69分）较2019年（6.33分）有所增加，且新冠肺炎疫情以来“愿意相信陌生人的善意增加了”的受访者占比为31%，认为没变化的受访者占比为52.9%，认为减少了的受访者占比有16.1%，其反映了社会建设的进步和社会凝聚力的提升。不过，社会信任的整体水平依然存在较大的进步空间。

就人际信任状况的城乡差异而言，乡村居民与城镇居民的平均信任水平差异未通过显著性检验，城乡居民的人际信任水平趋于一致。就地区差异而言，全国六大区域按照平均人际信任水平分值由高到低排列依次为华东地区（6.88分）、西南地区（6.83分）、东北地区（6.62分）、华北地区（6.59分）、中南地区（6.58分）、西北地区（6.30分），排名前二的华东地区和西南地区的平均人际信任水平与后面的地区存在较大差异。就代际层面的差异而言，我国代际群体的平均人际信任水平呈现出两端高、中间低的“U”形分布特征：平均人际信任水平排名前三的代际群体分别为“50后”（6.87分）、“90后”（6.72分）和“60后”（6.66分）；平均人际信任水平分值最低的则是“70后”，为6.58分。就职业层面来看，不同职业群体按平均人际信任水平由高到低排序依次为“机构负责人”（7.42分）、“办事人员”（7.04分）、“专业技术人员”（6.97分）、“农、林、牧、渔、水利业生产人员”（6.71分）、“商业工作人员”（6.70分）、“服务业工作人员”（6.56分）和“生产工人、运输工人和有关人员”（6.49分）。可以看出，从事一线生产劳动和服务工作的“农、林、牧、渔、水利业生产人员”“服务业工作人员”以及“生产工人、运输工人和有关人员”平均信任水平较低。职业阶层较高的“机构负责人”“办事人员”和“专业技术人员”则拥有较高的平均人际信任水平。就受教育程度层面来看，大学本科及以上学历的受访者的平均人际信任水平最高，为6.94分；其余受教育程度按平均人际信任水平排列依次为专科学历（6.90分），高中、中专和技校学历（6.64分），初中及以下学历（6.63分）。可以看出，受教育程度与受访者的平均人际信任水平基本呈现正相关关系，即受教育程度越高的人往往拥有更高的平均人际信任水平。就收入层面来看，将受访者的收入等级按平均人际信任水平排列依次为“中高收入群体”（6.82分）、“高收入群体”（6.81分）、“中间收入群体”（6.64分）、“中低收入群体”（6.61分）、“低收入群体”（6.58 分）。可以看出，中间收入及以下的受访者的平均人际信任水平较低。

（二）制度信任

就制度信任的总体情况来看，2021 年民众对各制度机构的信任水平相对于 2019 年都有所提升，但不同制度机构之间仍旧存在差距。和 2019 年的调查结果类似，我国民众对中央政府的信任程度仍为最高（96.6%）；信任水平排名第二至第四的制度机构为公安部门（87.6%）、工作单位（87.6%）、法院（86%）。信任水平最低的三个机构为慈善机构（69.5%）、新闻媒体（73.7%）和乡镇政府（75.3%）。可以看出，我们民众对政府机构的信任水平呈现出明显的差序格局，即层级越高、距离越远的政府部门受信任程度越高，而距离最近、层级最低的乡镇政府则受信任水平最低。同样受信任程度低的还有慈善机构，这可能是由于近年来国内慈善领域的不规范运作、不合理运营等负面新闻的影响造成的。

从城乡层面来看，城乡居民对中央政府、群团组织、工作单位和医院的制度信任不存在显著差异；城镇居民对区县政府、乡镇政府的信任显著更高，对慈善机构、新闻媒体、法院和公安部门的信任显著更低。

从地区层面来看，六大区域均对中央政府的信任水平稳定地保持在 95% 以上的高度信任水平；在区县政府和乡镇政府的信任层面，华北地区对区县政府和乡镇政府的信任最高，中南地区对区县政府的信任最低，西北地区对乡镇政府的信任最低；在公共部门的信任层面，西南地区、华东地区和西北地区对医院、法院和公安部门的信任水平都位列前三，东北地区对医院、法院和公安部门的信任水平都垫底；在其他社会组织的信任层面，华东地区对群团组织的信任最高、对新闻媒体的信任最低，东北地区对群团组织的信任最低，西北地区对新闻媒体的信任最高。

从代际层面来看，不同代际群体对不同制度代表机构的信任水平呈现出不同的特点。就对中央政府的信任水平而言，不同代际群体之间的差异较小，均保持较高的信任水平。就对区县政府和乡镇政府的信任水平而言，不同代际群体显示出出生年份越晚、信任水平越高的趋势。就对公共部门的信任而言，不同代际群体对医院、法院和公安部门的信任水平呈现出“两端高、中间低”的“U”形分布，其中，“90 后”群体对医院、法院和公安部门的信任水平都最高，“60 后”群体对医院、法院和公安部门的信任水平都最低。就对其他社会组织的信任而言，不同代际群体对群团组织的信任水平在“50 后”和“60 后”群体中相对更高，在“70 后”“80 后”和“90 后”群体中则相对较低。就对慈善机构和新闻媒体的信任水平而言，总体趋势是出生年份越晚、信任水平越低，其中“50 后”对慈善机构和新闻媒体的信任水平最高，“80 后”对慈善机构的信任水平最低，“90 后”对新闻媒体的信任水平最低。由此可见，“80 后”“90 后”等新生代青年群体对政府和公共部门的信任水平都相对最高，“50 后”和“60 后”对其他社会组织的信任水平相对较高。

从职业层面来看，所有职业群体都对中央政府保持 95% 以上的信任度，对区县政府和乡镇政府的信任水平的分值差距则随着政府层级的降低而增加。就对公共部门的信任而言，不同职业群体对医院的信任差距较大，对法院和公安部门的信任差距相对较小：生产工人、运输工人和有关人员对医院的信任程度最低（75.1%），其他职业群体对医院的信任程度则相对较高。就对其他社会组织的信任而言，不同职业群体对群团组织和工作单位的信任水平均相对较高，而对慈善机构和新闻媒体的信任水平则相对较低。

从受教育程度层面来看，2021 年的 CSS 调查结果显示，受访者对各级政府、群团组织、工作单位和医院的信任水平与其受教育程度呈现出正相关关系，即随着受访者受教育程度的增加，其对以上各机构的信任水平也相应提升；与之相反的是，受访者对慈善机构和新闻媒体的信任水平与受教育程度呈负相关关系，即随着受访者受教育程度的增加，其对以上各机构的信任水平逐渐降低。在对法院和公安部门的信任上，不同受教育程度之间的信任水平差距较小。

从收入层面来看，对于群团组织、法院和公安部门，不同家庭年收入群体的信任水平不存在显著差异；对于政府部门，存在随着家庭年收入的提高而信任水平也波动上升的趋势。其中，不同收入群体对中央政府的信任水平都很高，其差距较小；而对于区县政府和乡镇政府的信任水平则差距较大。对于工作单位，也存在随着家庭年收入的提高而信任水平也波动上升的趋势。对于慈善机构和新闻媒体，存在随着家庭年收入的提高而信任水平先升后降的倒“U”形趋势，中低收入群体对慈善机构和新闻媒体的信任水平均最高。对于医院，随着家庭年收入的提高，受访者的信任水平呈现出两端高、中间低的“U”形分布，中低收入群体和中间收入群体的信任水平相对较低，高收入群体的信任水平最高。

二　社会规范与价值观评估

（一）道德水平评价

在道德水平评价上，总的来看，公众的社会信仰水平较 2019 年提升了 0.64 分，上升幅度显著。从城乡层面来看，乡村地区的受访者对我国社会道德水平的评价均值为 7.33 分，比城镇地区的受访者高 0.2 分。从地区层面来看，不同地区间居民对社会普遍道德水平的评价按评分均值排列依次为西南地区（7.38 分）、华东地区（7.29 分）、东北地区（7.20 分）、中南地区（7.19 分）、华北地区（6.99 分）、西北地区（6.91 分）。评分最高的西南地区比评分最低的西北地区高出了 0.47 分。从代际层面来看，不同代际群体对我国社会普遍道德水平的评价由高到低依次为“50 后”（7.49 分）、“60 后”（7.44 分）、“70 后”（7.20 分）、“80 后”（7.17 分）、“90 后及以后”（6.96 分）。可以看出，随着受访者出生年份的晚近，其对社会普遍道德水平的评价也逐渐降低。从职业层面来看，2021 年不同职业群体对社会普遍道德水平的评价为 7.27 分，比 2019 年提升了 0.65 分。从受教育程度层面来看，受访者的受教育程度与其对社会普遍道德水平的评价总体呈波动下降趋势，其评分从高到低依次为“初中及以下学历”（7.34 分）、“专科学历”（7.11 分）、“高中/中专/技校学历”（7.03 分）和“大学本科及以上学历”（7.03 分）。从收入层面来看，受访者的收入水平与其对社会普遍道德水平的评价呈现出波动相关趋势，低收入群体与高收入群体对社会普遍道德水平的评价最低，中间收入群体次之，中低收入群体和中高收入群体的评价则最高。

（二）遵纪守法水平和道德水平

总的来说，CSS 2021 调查的结果显示，我国居民对于社会普遍遵纪守法水平的评分均值为 7.61 分，比 2019 年提升了 0.57 分。我国法治建设和公民道德建设工作成效显著，整体社会规范水平稳步上升。从城乡层面上来看，农村地区的受访者对我国社会遵纪守法水平的评分均值为 7.73 分，比城镇地区的受访者高 0.18 分。从地区层面来看，六大地区按评分均值排序依次为华东地区（7.74分）、东北地区（7.71分）、西南地区（7.67分）、中南地区（7.54分）、华北地区（7.48分）、西北地区（7.43分）。从代际层面来看，越年轻的世代往往对社会遵纪守法水平的评价越低："50后"受访者对我国社会的遵纪守法水平的评分均值为7.87分，"60后"受访者的评分均值为7.86分，"70后"受访者的评分均值为7.69分，"80后"受访者的评分均值为7.55分，"90后及以后"受访者的评分均值为7.35分。从职业层面来看，2021年我国各职业群体对社会遵纪守法水平的评分均值为7.70分，比2019年提升了0.62分。其中，各单位、机构负责人群体对社会遵纪守法水平的评分均值最高，达7.99分；"农、林、牧、渔、水利业生产人员"和"生产工人、运输工人和有关人员"群体的评分均值次之，分别为7.84分和7.76分，高于平均水平；其余职业群体对社会遵纪守法水平的评分均值均处于较低水平。从受教育程度层面来看，受访者的受教育程度总体上与其对社会遵纪守法水平的评价呈负相关关系，即受访者的受教育程度越高，则其对社会遵纪守法水平的评分均值就越低。从收入层面来看，家庭年收入对于不同收入群体对我国社会的遵纪守法水平的评价不具有显著影响。

（三）价值观取向

改革开放以来，一方面随着生产方式及所有制形式的变化，民众价值观表现出由单一向多元发展的趋势；另一方面，在价值观多元自由发展的基础上，初步建立起一套统一的集体主义和规范性价值取向，形成了基本的社会共识。CSS调查将民众的价值取向划分为"个人取向""家庭取向"和"社会取向"三大类型，受访者总体选择比例最高的为"社会取向"（达39.6%），即民众总体倾向于能为社会做出贡献、能和周围大多数人和谐相处、有好人品等促进社会发展的价值观。从城乡层面来看，一方面，城镇地区和乡村地区的受访者选择比例最高的价值取向都为"社会取向"；另一方面，在"社会取向"之外，农村地区的受访者更看重"家庭取向"，即重视"家庭幸福美满""培养出优秀的孩子"等；城镇地区的受访者更看重"个人取向"，即重视"个人能力很强""比别人更有权或更有钱""拥有个人美貌和好身材""拥有健康的身体""有精神信仰"等。从地区层面来看，不同地区的居民在价值取向上不存在显著差异。从代际层面来看，不同代际在价值取向上存在显著差异。从“50后”群体到“70后”群体，整体呈现出“个人取向”价值观不断弱化的趋势，其中“50后”和“70后”群体最为看重“社会取向”价值观，“60后”群体最为看重“家庭取向”价值观。而到了新生代的“80后”和“90后”群体，一方面“个人取向”价值观相比于“70后”群体开始大幅度抬升；另一方面“家庭取向”价值观明显削弱，从“70后”的36.3%下降到“90后”的18.5%。值得一提的是，“90后”群体的“社会取向”价值观大幅度增强，达到各代际群体最高的45.6%。这种趋势一方面反映了社会主义核心价值观凝聚力的增强趋势；另一方面也反映了传统大家庭解体、核心小家庭与单身家庭成为主流的趋势。从职业层面来看，不同职业群体在价值取向上差距显著：“农、林、牧、渔、水利业生产人员”最为看重“家庭取向”价值观，其余职业群体则都更看重“社会取向”价值观，其中各单位、机构负责人群体选择社会取向的比例最高，为56.8%；最看重“个人取向”价值观的为专业技术人员，达35.9%。从受教育程度层面来看，不同受教育程度之间的差别主要体现在“家庭取向”价值观和“社会取向”价值观的选择上，受教育程度越高的群体往往选择“社会取向”价值观的比例更高，反之则选择“家庭取向”价值观的比例更高。选择“个人取向”价值观的比例在不同受教育群体之间差别不大。从收入层面来看，中高收入和高收入群体的“社会取向”价值观选择比例更高；中间收入群体更加看重“家庭取向”价值观；而低收入和中低收入群体最偏向于“个人取向”价值观。

总体而言，我国居民在正式规范和非正式规范的遵守状况方面保持着较高水平，统一的集体主义、规范性价值倾向正逐步形成。但是，我国居民共同信仰建设略有下滑，仍需进一步努力。

三 国家认同水平评估

（一）国家认同现状

总的来看，CSS 2021调查数据显示，民众对国家认同的平均得分为21.83分，中位值为23分，对国家的认同程度普遍较高。从城乡层面来看，城镇地区的受访者对国家的认同程度均值为21.81分，仅比乡村地区的受访者低了0.04分，说明城乡地区的国家认同差异很微弱。从地区层面来看，全国六大区域居民的国家认同程度在数值上有一定差异，但未通过显著性检验，说明不同地区居民在国家认同程度上的差异并不显著。从代际层面来看，不同代际群体的国家认同程度差距比较微弱，国家认同程度最高的“80后”与国家认同程度最低的“90后”之间仅相差0.31分。从职业层面来看，一方面，各单位、机构负责人群体的评分均值最高，为22.38分，比评分均值最低的专业技术人员群体高出0.80分；另一方面，职业群体间的这种分值差异并不具有统计学意义上的显著性。从受教育程度来看，不同受教育程度群体的国家认同程度呈现出倒“U”形的显著差异：国家认同程度最高的为专科学历群体，其认同程度均值为22.14分；国家认同程度最低的为大学本科及以上群体，其认同程度均值为21.56分。从收入层面来看，不同收入群体的国家认同程度也呈现倒“U”形的分布，收入群体按国家认同度排序依次为：中间收入群体(21.94分)、中高收入群体（21.92分)、中低收入群体（21.87分)、高收入群体（21.83分)、低收入群体（21.57分)。

（二）新冠肺炎疫情以来的国家自信

根据CSS 2021的调查数据，自新冠肺炎疫情发生以来，89.4%的受访者表示对于国家发展的信心增强了，9.7%的受访者表示没有变化，0.9%的受访者表示信心减弱。从城乡层面来看，新冠肺炎疫情以来，城乡居民对国家发展的信心都显著增强，89.1%的城镇居民表示信心增强，89.8%的乡村居民表示信心增强，两者仅相差0.07个百分点。从地区层面来看，新冠肺炎疫情以来，全国六大区域的受访者对国家发展的信心都显著增强，各区域之间无显著差异。从代际层面来看，不同代际群体的受访者对国家发展的信心也都显著增强，并存在一定差异：对国家发展的信心增强占比最大的为“90后”受访者，达90.8%；对国家发展的信心削弱占比最大的为“50后”受访者，达1.8%。从职业层面来看，对国家发展的信心增强占比最高的职业群体为单位、机构负责人群体，达95.2%；对国家发展的信心增强占比最低的职业群体为商业工作人员群体，达84.1%；对国家发展的信心削弱占比最高的群体为农业生产人员，达1.5%。就受教育程度而言，对国家发展的信心增强占比最高的为高中/中专/技校学历群体，达91.8%；对国家发展的信心增强占比最低的为初中及以下学历群体，达87.8%。就收入层面而言，对国家发展的信心增强占比最高的收入群体为中间收入群体，达91.0%；对国家发展的信心增强占比最低的收入群体为低收入群体，为86.2%。

四　结论

总的来说，与2019年相比，我国居民在社会信任、社会规范与价值观和国家认同方面均有所提升，但同时存在着明显的不平衡状况。例如，在社会信任的人际信任层面，存在着地区、代际、职业、受教育程度和家庭年收入方面的显著差距；在社会规范与价值观的道德和遵纪守法水平评价层面，存在着代际、地区与收入层面的显著差距；在国家认同层面，存在着收入、受教育程度层面的显著差距。主观感知上的差距往往对应着现实中社会资源分配的不合理现状，例如不同社会群体对医院的信任水平参差不齐反映了医疗资源分配不均的问题。这就需要结合前面章节对社会经济保障状况的分析，改善目前社会公共资源和公共服务分配不均的状况，最大限度地拉平不同群体的资源、服务享有程度，促进社会公平有序发展。

第三节　中国社会包容性发展水平评估

社会包容是社会质量理论用以考察社会质量的第三个维度。经济发展与社会发展紧密相连，但经济发展状况并非衡量社会进步与否的主要标准，在一个高质量的社会中，高速发展的社会经济还应当与较高的社会包容水平相匹配。在当前人们物质经济生活有所保障的基础上，要想实现发展成果更多更公平地惠及全体人民，更大程度地满足人民日益增长的美好生活需要，增强全体人民幸福感，促进和谐社会建设，需要进一步提升全社会的包容水平，构建包容性社会。随着经济持续快速发展，社会结构进入快速转型时期，社会阶层不断分化，一些社会问题如贫富差距拉大、社会排斥及阶层流动壁垒等日益凸显。为了进一步缓和社会矛盾，减少社会冲突，促进社会公平与正义，加强对当前社会包容状况的研究就显得更为迫切而必要。

一 社会宽容水平评估

针对社会宽容水平的测量主要从两个方面展开：其一是受访者对其他社会成员生活方式选择的接受程度；其二是受访者对社会中一些特殊群体的接纳程度。CSS 2021 调查结果显示，我国目前的社会整体宽容水平与2019年相比有所提升，特别是对同性恋群体的接纳程度提升得最为明显，体现了社会宽容水平逐渐向好的趋势，但总体上仍然处于较低水平，离高度包容性社会还有一定差距。

从年龄看，社会宽容度与受访者年龄成反比，越年轻的群体，其社会宽容度水平越高，体现出随着时代的进步，年轻世代的思想趋于开放，包容性更强，唯一特殊的是，“70后”对于同性恋的不接纳比例反而要高于“60后”，这大概率与“70后”的子女正及婚配之龄，都期望他们的子女能够组建一个正常的家庭有关；从教育水平看，社会宽容度与受教育程度呈正比，个体的受教育程度越高，其社会宽容水平也就越高。教育水平的提升能够让个体不自觉地受到平等、自由等思想观念的熏陶，并在很大程度上拓宽人们看待问题的视野，从而对社会中的特殊群体或其他行为有着更高的包容度。另外，2021年不同受教育程度等级的社会宽容水平都得到了不同程度的提升，可见随着社会整体文明程度的提升，社会的包容度也在逐步提高；从收入水平看，社会宽容水平与受访者收入基本上呈正比，高收入群体的社会宽容度水平也会更高，但在对部分特殊群体的接纳上呈现出一定特殊性，具体表现在两个方面，第一，在对乞讨者的接纳态度上，高收入群体反而表现出更低的包容度，这可能与二者之间存在着较大的阶级差距，无法共情有关；第二，在对同性恋者和艾滋病患者的接纳态度上，低收入群体表现出比中间收入群体更高的宽容度，这可能与中间收入群体相对保守有关。从城乡来看，与2019年别无二致，2021年城市居民的社会宽容度水平依然高于乡村居民，不过，城乡居民社会宽容度水平的差距却更加明显，特别是在城镇居民的宽容水平有明显提升的情况下，乡村居民对多类特殊群体的接纳程度反而呈现降低的趋势；从地域看，不同地域间公众的社会宽容度存在差异，经济发展水平高的地域通常对不同生活方式和性取向表现出更高的宽容度，而经济发展水平较低的区域则对乞讨者等弱势群体表现出更强的包容度，由此可见，社会宽容水平也会在一定程度上受到地区经济发展状况的影响。总体来看，2021 年各地区的社会宽容水平均有所提升，特别是对婚前同居者和艾滋病患者宽容程度提升明显。

二　社会歧视水平评估

从公众对当前社会各类不公正待遇的整体评价来看，个体在家庭背景及社会关系、受教育程度、职业、户口、年龄性别等方面受到社会歧视的现象仍然普遍存在。对比之下，个体因种族/民族、宗教信仰而受到歧视的现象则较少，由此可见，我国的歧视性待遇更大概率地出现在年龄、性别及阶层之间。此外，从 CSS 2021 的数据来看，尽管目前社会整体的包容度仍然比较低，但个体所受到的各类不公正待遇与 2019 年相比均显著降低。可见，旨在减少、预防社会歧视的相关政策与制度的实施取得了一定成效。

从不同代际来看，年龄越大的非退休人群如“50 后”“60 后”，越容易受到来自年龄的社会歧视，而年轻人则认为自身更容易受到来自性别、受教育程度、职业、家庭背景和社会关系的歧视；从教育水平来看，学历越高的群体，对社会中各类不公正待遇评价的比例也越高，并且高学历人群认为其更易因受教育程度而遭受不公正待遇，这或许与高等教育群体平等意识的觉醒、倾向于寻找学历要求较高的工作和以能力为衡量人的价值标准有关；从收入水平看，收入越高的群体，其对于社会不公正待遇的评价越高，特别是在受教育程度、职业、家庭背景及社会关系方面，这种趋势更为明显，这可能与高收入职业对学历的高要求以及部分求职者为得到炙手可热的工作岗位而动用自身较强的社会支持网络为自己获取优势，而使他人遭受不公有关，不过，不同收入群体对于各类社会不公正待遇评价的差距有缩小的趋势；从城乡看，城乡居民对于各类社会不公正待遇评价差异较小。与以前年度相比，2021 年城乡居民对社会不公正待遇评价比例明显降低，对各歧视类别评价占比的差距也趋于缩小，这深刻反映了我国城乡融合趋势深入发展，社会公平公正再上新台阶；从不同地区看，各地区社会不公正待遇评价变动并未表现出明显的规律性。与户口、民族等多个其他社会歧视类别相比，各区域在受教育程度、职业、家庭背景及社会关系方面的不公正待遇评价相对较高，但总体来看，不同地区受访者受到各类社会歧视的比例均显著降低，只是下降程度表现出一定的差异性。

三 社会公平感评估

整体来看，当前我国公众在社会各个领域中的公平感评价都处于较高水平，特别是认为高考制度公平的受访者占比最高，这与近年来高考制度改革有着密切的联系，而对城乡之间的权利待遇、财富及收入分配的公平感评价水平则相对较低。此外，2021 年调查数据显示公众在各个领域的公平感均都有所提升，特别是在城乡之间的权利、待遇方面提升幅度最大，可见政府努力保障农民利益，不断增进农民福祉，推进城乡协调发展相关政策与措施取得了较大成效。

从代际看，不同世代群体对于各个领域的公平感评价存在一定差异，总体而言，“70 后”“80 后”的不公平感相对较高，“90 后”群体的不公平感相对较低，由此可见新生代感受到了更大的社会公平感，不过在工作与就业机会领域，“90 后”不公平感最高，由此可见青年人群体面临着不小的就业压力与困境。从教育水平看，受教育程度较高的群体，其不公平感相对更低，但是这种趋势并不表现在所有社会领域中，如在工作与就业机会、资源和财富及收入分配领域，教育水平较高的群体不公平感相对较高；而对于医疗、养老等社会保障类待遇，教育水平较低的群体其则表现出更高的不公平感。总体来看，除高中/中专/技校群体对于财富收入与分配的不公平感显著提升外，不同受教育程度群体在各个领域的不公平感均呈现出下降的趋势。从不同地区、收入水平和城乡来看，不同地区居民对于社会各领域的公平感存在一定的地域差异，而不同收入群体及城乡居民之间则无显著差异。不过，调查结果表明，乡村居民在城乡之间的权利、待遇方面的不公平敏感度更高，而城镇居民在资源和财富分配领域的不公平敏感度更高。

四 结论

综上所述，我国居民在社会宽容、社会歧视以及社会公平感三个维度上的测量结果显示，近年来，我国社会整体包容水平呈现出不断上升的趋势，但当前社会整体宽容度仍然处于较低水平，社会成员在家庭背景及社会关系、受教育程度、职业、户口、年龄、性别等方面遭受社会歧视的现象依旧普遍存在，部分领域的社会公平感较低，社会整体包容度有较大的提升空间。

历史经验和实践表明，社会整体发展水平的提高，需要经济建设和社会建设齐头并进，二者缺一不可，而从目前社会的整体发展状况来看，我国经济已进入高质量发展阶段，社会建设层面却略微滞后。社会质量理论认为，一个社会的包容程度是衡量其发展水平的重要标志之一，当前社会包容水平评估结果在一定程度上凸显了我国在相关制度建设与法律法规健全方面仍有不足，对于社会个体成员及各种特殊社会群体发展的关注度也有待加强，因此，为了进一步改善民众的生存与发展环境，提升社会整体包容水平，我们依据评估结果，从就业、教育及城乡发展三个角度出发提出以下建议。

第一，完善企业人才录用、管理制度，促进平等就业。

通过本次调查可以看出，社会成员所面临的几类社会歧视，如年龄、性别、家庭背景与社会关系等在不同程度上都与平等就业存在着一定关联性，可以说，社会成员在求职的过程中或多或少都会因这些因素而受到用人单位的歧视。因此，为了在更大程度上避免此类社会歧视出现的频率，同时进一步提升社会成员在工作与就业机会方面的公平感，我们应当不断完善企业在用人与招聘方面的法律法规，鼓励企业采用合理、合法、公正的人才录用方式，并将录用过程进一步透明化。与此同时，将企业是否存在就业歧视的行为纳入相关监察条例，对违反条例的企业施以相应的行政处罚。另外，还可以通过给予企业一定的优惠政策与补贴，引导企业积极承担社会责任，以动态的眼光衡量劳动者素质，将求职者的能力放在人才录用标准的首位，在加强对招聘人员进行相关法律法规知识培训的同时，对雇佣者进行职业培训以提升其劳动技能，从而改变企业设立各类歧视性求职准入门槛的现象，更好地保障求职者平等就业的权利。

第二，加大教育投入，促进教育公平与质量提升。

教育与社会发展相辅相成，此次调查结果表明，高学历者对于其他社会成员的生活方式以及一些特殊的社会群体都会有更高的包容度，在部分社会领域的不公平感也相对较低。因此，大力发展教育，促进社会成员整体素质提升，能够在一定程度上提高社会包容度，推动社会进步。具体而言，我们可以从以下几点出发：合理分配教育资源，努力加大对乡村、欠发达地区以及非重点院校教学资源的分配，推动优质教学资源共享；在完善高等教育人才培养体制的同时，努力提升职业教育的质量，优化职业教育人才培养模式；深化高考制度改革，努力探索更加公平公正的人才选拔制度，促进教育公平；各阶段教育均要坚持知识素养与思想道德素养并重，使社会成员在潜移默化的过程中形成平等、尊重、包容的价值理念。

第三，加速推进城乡融合发展，切实保障农村居民权益。

随着持续多年的脱贫攻坚战最终取得胜利，农村居民的生活获得了根本性改善，城乡融合趋势进一步发展，但是由于城乡二元的经济结构与社会结构的长期存在，与城市相比，农村居民目前在资源享有和权益保障等方面仍然不可避免地处于相对劣势的地位。此次调查结果也显示，与其他社会领域相比，社会成员对城乡之间的权利、待遇不公平感的评价比例依然较高。由此可见，要进一步促进社会公平，提升社会成员公平感，构建包容性社会，就必须要加速推进城乡融合发展，以城带乡，促进城乡资源要素交互流动，全面推进乡村振兴，充分挖掘农村发展潜力，从而逐渐提高农村居民在资源分配与福利待遇方面处于相对劣势的地位，才能真正实现发展成果由全体人民共享。

第四节　中国社会赋权状况评估

社会赋权是社会质量理论用以考察社会质量的第四个维度。“社会赋权”指通过社会关系的增进来推动人们社会行动能力的提高，强调个体有能力在社会、经济、政治生活等方面有效参与且最大限度地发挥个体能力和保有个人尊严，其核心目的是在实现社会与个体良性互动的基础上提升个体的社会能动性，促进个体发展。在现代社会治理模式下，一个高质量的社会应当能够充分调动个体的社会能动性，赋予个体社会参与的能力，实现个体和公共领域间的有效互动。随着经济持续发展和政治制度的健全与完善，进一步提升社会发展的质量和效益，促进人的全面发展和社会进步已成为新时代社会建设的主要任务之一。社会赋权状况研究聚焦于个体发展，能够通过对个体参与社会事务与公共治理的主观意愿、能力和其他外在条件等主客观指标的测量，有效地反映出个体潜能的激发与实现程度，个体政治与社会参与的资源供给程度，进而揭示出其所考察指标涉及范围内社会发展的成效与缺口，对于推进社会高质量发展具有重大意义。

一 社会参与水平评估

整体来看，我国当前的社会参与水平仍然需要进一步提升。就社会组织参与水平而言，CSS 2021 调查数据显示，我国公众参加各类社会组织的整体比例与 2019 年相比有所提升，参加社会组织的类型也更多样，但公众加入的社会组织存在一定群体间差异。从年龄来看，年龄与社会组织的参与比例成反比，年龄越小，公众参加社会组织的总体比例越高，特别是在校友会、文体娱乐组织及民间公益社团的参与方面，这种趋势较为明显，这也在一定程度上体现出该类社会组织参与的年轻化倾向；从教育水平看，教育水平与社会组织的参与比例基本成正比，即学历越高的群体，社会组织的参与比例会更高，不过，宗教团体的参加比例则呈现出相反的变动趋势；从收入水平看，除低收入组群体外，公众参加社会组织的比例整体呈现出随收入的提升而逐渐增加的趋势。在各类团体的参与比例中，各收入组群体参加校友会及文体娱乐组织的比例普遍较高，低收入组群体参加校友会和文体娱乐组织的比例仅次于高收入组；从职业看，不同职业群体的社会组织参与情况存在一定差异，参加各类社会组织比例最高的为单位负责人群体，最低的为农业生产人员。就宗教团体而言，各职业群体的参与比例无显著差异，不过，农业生产人员的参加比例最高；从城乡看，CSS 2021 调查结果显示，城镇居民参加社会组织的比例整体上要高于乡村居民，但与 2019 年相比，二者之间的差距趋于缩小。

就线上群/圈参与水平而言，CSS 2021 调查数据显示，我国居民线上社会参与范围广泛、参与程度较高，其中，亲人亲戚间的社交圈参与率最高，公众参与的线上社交群/圈类型具有“差序格局”式的功能性特征。具体来看，我国公众线上群/圈参与水平在不同代际、受教育程度、收入、职业和城乡等方面存在明显差异。从代际来看，代际越近，公众线上参与水平越高，年青一代已经成为线上社会参与的重要群体，不过，从同事群、邻居间的社交群以及行业、同行、协会群的参与率来看，“90后及以后”群体反而出现下降趋势，这可能与部分“90后及以后”群体还未走入社会，进入工作领域有关；从教育水平看，学历越高的群体，其线上群/圈参与率也越高，不同受教育程度群体的线上群/圈参与类型存在较大差异；从收入水平看，除低收入组外，收入水平与群体线上群/圈参与水平都成正比，特别是在对同事群和行业、同行、协会群的参加比例上，这种关系较为明显，且高收入组与低收入组群体对于该类型社会团体的参加比率有较大差距；从职业来看，不同职业群体的线上群/圈参与程度存在一定差异，且不同职业群体参与的线上群/圈类型差异较大；从城乡看，城镇居民参加线上群/圈的比例整体上略高于乡村居民。

二　政治参与水平评估

我国政治参与水平有较大提升空间。就村/居委会选举而言，CSS 2021 数据结果显示，有接近四成受访者表示参加过最近一次村/居委会选举，且其中超过六成的受访者表示愿意参与下一次选举，与2019年相比，我国居民整体村/居委参与水平有所提升，居民参与选举意愿更为强烈。具体来看，年龄与村/居委会选举参与率成正比，年龄越大，参与过村/居委会最近一次选举的比例越高，选举参与意愿最高的为“50后”，最低的为“80后”；受教育程度与村/居委会选举参与率成反比，教育水平越高，参与过村/居委会最近一次选举的比例越低，选举参与意愿随着教育程度的提升呈现出不太明显的增长趋势；从收入来看，个体收入水平与参与过村/居委会最近一次选举的比例呈倒“U”形态势，且低收入组参与选举的意愿最为强烈；从不同职业群体来看，参与过村/居委会最近一次选举的群体在职业分布上存在较大差异，其中农业生产人员的选举参与率最高，单位负责人员的选举参与意愿最为强烈；从城乡居民来看，乡村居民参与过村/居委会最近一次选举的比例及选举参与意愿均高于城镇居民。

就日常各类政治行为参与来看。整体而言，随着政治参与机制不断健全与完善，居民参与日常政治行为的渠道日益拓宽，但总体参与水平依然不容乐观。具体来看，代际越近，日常政治参与的比例越高，教育程度越高，日常政治参与比例越高；不同代际、受教育程度、收入、职业群体及城乡居民的日常政治活动参与形式表现出一定差异。

三　政治效能感评估

我国居民政治效能感水平整体偏低。就个体效能感而言，通过居民对“我有能力和知识对政治进行评论”的同意程度进行测量，我们发现仅有接近五成的居民对其表示认同，与2019年相比差别不大，可见我国居民个体效能感水平仍有待提升。具体来看，不同代际、不同收入组、不同职业群体间的个体效能感存在一定差异；学历越高个体效能越强；城镇居民的个体效能感略高于农村居民。

就政府效能感而言，代际越近，政府效能感越强；教育水平越高，政府效能感越强；不同收入组群体政府效能感水平无明显差异；不同职业群体政府效能感水平存在一定差异，政府效能感水平最高的为单位负责人员，最低的为农业生产人员；城镇居民效能感要高于乡村居民。

四　结论

综上所述，我国居民在社会参与、政治参与和政治效能感三个维度上的测量结果显示，我国当前整体的社会赋权水平相对较低。评估结果在一定程度上体现了我国现阶段社会发展的水平，同时也揭示了其未来进一步提升的可能性方向。社会公共性的持续增长是社会建设、社会治理的重要任务，而社会赋权则是社会建设成效的重要体现，因此，社会建设需要在个体赋能的基础上，进一步提升个体的社会参与水平、增强个体能动性。与此同时，也要进一步增强社会的公共性，形成真正意义上的共建共治共享的社会治理共同体，从而进一步提升我国的社会质量，造福于人民。

较高的社会赋权水平不仅有利于增强个体活力，提升个体应对各类社会问题的知识与能力，而且有利于形成良好的社会风气，推动个体与社会良性互动，促进社会健康有序发展。此外，较高的社会赋权水平还能够在提升居民政治参与积极性，激发居民潜能的同时提升政府公信力，对于推进社会治理现代化具有重要意义。而我国目前的社会整体赋权依然处于较低水平，个体与社会尚未形成持续有效互动的关系，离共建共治共享的社会治理格局的形成还有不小差距。因此，为了进一步加快推进社会治理现代化，最大限度地激发个体社会参与、政治参与的积极性与能力，我们依据调查结果并综合其他因素提出以下参考性建议。

第一，健全法律法规，维护公民有序政治参与权利。

法律法规是公民有序参与政治活动的重要保障，近年来，公民日常政治活动参与方式日益多样化，但与其相关的法律法规还存在些许欠缺，这在一定程度上影响到了公民参与政治活动的效果，也不可避免地降低了一些公民参与政治生活的积极性。法律法规的健全与完善，能够让更多公民在行使自身政治参与权利受限时，拿起法律武器，维护自己的权益，这在客观上能够激发公民们向有关部门反映相关政治问题与相关意见的欲望及得到反馈的信心，进而提升公民的政治参与水平。

第二，强化基层治理，加速推进社会治理现代化。

共建共治共享的社会治理格局要求我们必须将过去的政府单向管理模式转变为双向互动模式，重视社会的力量与作用，强调多主体协同参与社会治理，这对于提升社会赋权水平有重要意义。推动社会治理重心下移，强化基层治理，是社会治理现代化进程之中极其重要的一环。因此，只有重视基层组织的力量，不断增强基层组织在人民群众中的影响力与号召力，才能在更大程度上激发社会活力，让更多公民、社会力量参与到社会治理中来，早日形成共建共治共享的社会治理新格局。

第三，加强公民政治参与意识培育，提高公民政治参与的能力。

此次调查结果显示，受访者中有超过六成的公民未参与村/居委会最近一次选举。较低的选举参与水平与我国公民政治参与意识相对淡薄有很大关系。尽管一直以来我国政府不断完善政治制度，为广大公民依法参与国家公共事务与政治生活提供了良好的外在条件，但仍有很多公民由于缺乏社会责任感与政治参与意识，或自我权利意识不强，容易受他人或其他利益因素诱导，参与各类政治活动积极性不高，影响到了我国各类民主制度的实施效果。为此，政府需要加强对公民政治参与意识的培养，通过教育、宣传等多种途径，不断培育公民的政治参与意识。与此同时，努力优化公民政治参与的条件，鼓励公民依法行使自己的政治权利，积极向有关部门建言献策，并及时给予其反馈，使公民能够不断提高政治参与的能力和信心，不断增强个体效能感与政府效能感，进而提升社会整体赋权水平。